Wie man das Pentagramm-Ritual zum Leben erweckt

Das Mandala des Abendlandes und das grundlegende Magie-Ritual

Kontakt: www.HarryEilenstein.de
Harry.Eilenstein@web.de
Harry Eilenstein bei youtube

Herstellung und Verlag: BoD – Books on Demand, Norderstedt

ISBN: 9783756223350

Inhaltsverzeichnis

3

A Über die Benutzung dieses Buches

Das „Kleine bannende Pentagramm-Ritual" ist recht sicher das Ritual, das die meisten Zauberlehrlinge und Hexereischülerinnen als erstes Ritual kennenlernen. Es ist ein Vielzweck-Ritual, das jedoch in erster Linie der Anrufung von Hilfe, der Bannung von Unerwünschtem und der Zentrierung in sich selber dient. Dies sind die Dinge, die man als Zauberlehrling immer wieder einmal braucht, wenn man die Magie von der experimentellen Seite her angeht.

Es ist das Ritual, das Goethes Zauberlehrling gebraucht hätte, als er den Wasserzauber, den er in Gang gesetzt hatte, nicht wieder stoppen konnte …

Vermutlich ist auch über kaum ein anderes Magie-Ritual schon mehr geschrieben worden als über das Kleine Pentagramm-Ritual. In der Regel wird jedoch nur das Ritual dargestellt, aber nicht seine Struktur genauer betrachtet und auch nicht angegeben, wie man dieses Ritual kraftvoll werden lassen kann – außer natürlich durch endlose Übung …

In diesem Buch werden verschiedene Methoden dargestellt, die helfen, dieses Ritual lebendig und wirkungsvoll werden zu lassen.

Das bedeutet nun natürlich keinesfalls, daß erst nach der Durchführung all der Anleitungen in diesem Buch das Pentagramm-Ritual funktionieren kann. Alles, was in diesem Buch steht, sind Anregungen – und da jeder Mensch anders ist (und ein anderes Horoskop hat), sind all diese Anregungen auch für jeden Menschen verschieden nützlich.

Das Ziel dieses Buches ist es, die Vielfalt und die Tiefe der Strukturen dieses Rituals deutlich zu machen und mithilfe der sich daraus ergebenden Imaginationen, Intonationen, Traumreisen, Anrufungen, Meditationen usw. das Ritual zu einem Werkzeug werden zu lassen, mit dem man vertraut ist, dessen Handhabung man kennt und das daher seine Aufgaben effektiv erfüllen kann.

Dieses Buch ist in zwei Teile gegliedert:

1. „das Mandala der Abendlandes", in dem die vier Elemente und die Quintessenz sowie der Zusammenhang zwischen diesen Elementen beschrieben werden, und

2. das Pentagramm-Ritual selber, das auf diesem Elemente-Mandala aufbaut.

B Das Mandala des Abendlandes

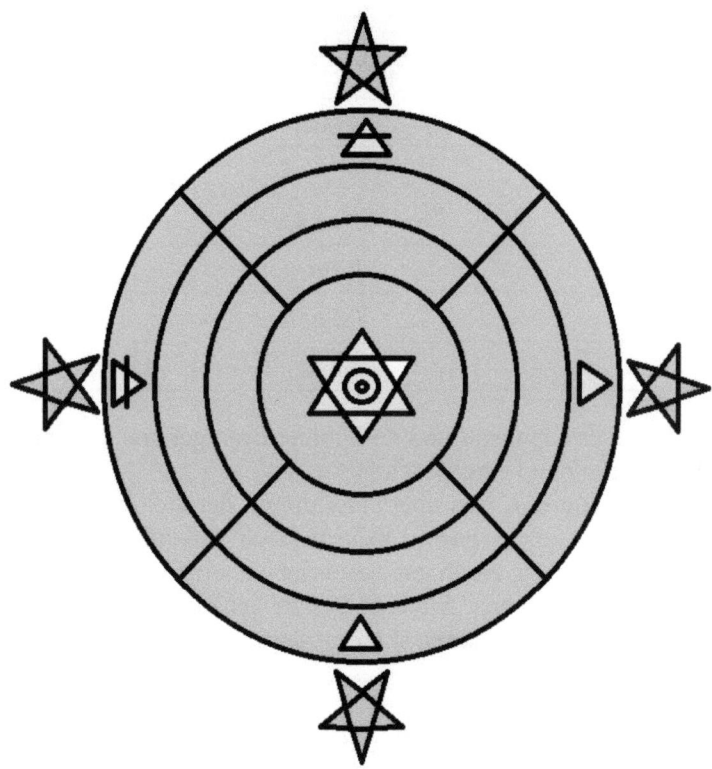

    Die Gruppe der vier Elemente und der Quintessenz („fünftes Element"), aus der die vier anderen Elemente entstanden sind, ist eines der bekanntesten Systeme in der westlichen Kultur. Sie waren für die antike und die mittelalterliche Medizin von großer Bedeutung, sie prägen in hohem Maße die abendländischen Magie und sie finden sich als grundlegende Einteilung auch im astrologischen Tierkreis wieder.

    Diese vier Elemente sind das, was die Menschen im allgemeinen interessiert. Jeder, der eine Zeitlang als Wahrsager, Astrologe, Berater, Therapeut o.ä. gearbeitet hat, weiß, wonach die Menschen ihn fragen: *„Ich* (Licht) *will etwas über Geld* (Erde), *Liebe* (Wasser) *und Gesundheit* (Feuer) *wissen* (Luft). "

    Die vier abendländischen Elemente plus die Quintessenz stimmen zumindestens teilweise auch mit den fünf Elementen plus dem Tao in der chinesischen Medizin und Philosophie überein:

Die Elemente in Europa und China	
Europa	*China*
Quintessenz (Licht)	Tao
Feuer	Feuer
Luft	-
Wasser	Wasser
Erde	Erde
-	Metall
-	Holz

Die Kenntnis der vier Elemente und der Quintessenz gehören zu dem Handwerkszeug eines jeden Magiers und einer jeden Hexe.

Da ein gutes Werkzeug das, was man unternimmt, deutlich erleichtert, werden die vier Elemente und die Quintessenz in diesem Buch genauer betrachtet, es werden Anleitungen zu Traumreisen zu ihnen beschrieben, eigene Traumreisen berichtet, magische Taten und Wunder aus früheren Zeiten genauer untersucht, Meditationen angeleitet, Anrufungen von Gottheiten skizziert usw.

Es ist natürlich nicht möglich, einen Weg zum Kennenlernen und Vertrautwerden mit den Elementen zu schreiben, der für alle gleichermaßen „paßt" – dazu sind die Menschen einfach zu verschieden. Andererseits gibt es auch Dinge, die bei allen Menschen übereinstimmen. Daher ist jeder Mensch eine Variante eines allgemeinen Grundprinzips – was auch für seine Art, die Elemente kennenzulernen und sie dann anschließend zu nutzen, gilt.

Eine Möglichkeit, diese beiden Seiten – also die allgemeine und die individuelle – zu beschreiben, sind die Chakren und das Horoskop: Die Chakren sind bei allen Menschen gleich aufgebaut und können daher als allgemeines Grundmuster benutzt werden – das Horoskop ist bei jedem Menschen anders und kann daher für die Beschreibung der individuellen Besonderheit verwendet werden.

Die in diesen fünf Büchern ausgewählte praktische Lösung für das Dilemma, das durch die Vielfalt der möglichen Wege, die Elemente kennenzulernen, entsteht, ist zum einen der systematische Aufbau dieses Buches und zum anderen das Bestreben, möglichst viele verschiedene Ansätze zu beschreiben. Dadurch kann sich jeder an einem Grundmuster orientieren und sich zugleich die Ansätze heraussuchen, die ihm sympathisch sind.

Die folgende Betrachtung der vier Elemente und der Quintessenz ist entsprechend der Mittleren Säule des kabbalistischen Lebensbaum aufgebaut:

Der Aufbau des 1. Teils dieses Buches: Das Elemente-Mandala		
1. Malkuth – die physischen Elemente	der äußere Kreisring des Mandalas	- Der Aggregatzustand
		- Die Elementarteilchen
		- Das Element
2. Yesod – die Elemente im Bereich der Lebenskraft	der zweitäußere Kreisring des Mandalas	- Symbole
		- Astrologie
		- Rituale
		- Traumreise
		- Lebenskraft
		- Anrufung
		- Kunst
		- Trancetanz
		- Anwendung
3. Tiphareth – der Kern der Elemente	der drittäußereste Kreisring des Mandalas	- Essenz
		- Vision
		- Anwendung
4. Da'ath – das Kontinuum der Elemente	der innere Kreisring	- Elemente-Mandala
		- Gottheiten
		- Wunder
5. Kether – die Quintessenz der Elemente	der zentrale Kreis	

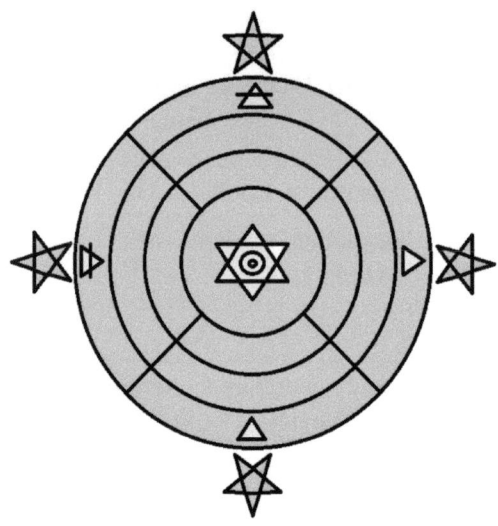

Das Elemente-Mandala ist wie folgt aufgebaut:

- In der Mitte ist ein Symbol des Lichtes, d.h. der Quintessenz. Dieser Bereich entspricht auf der Mittleren Säule bzw. auf dem kabbalistischen Lebensbaum Kether, d.h. dem Ursprung, der Einheit.

- Die ungegliederte Fläche rings um das Quintessenz-Symbol entspricht auf der Mitteleren Säule bzw. auf dem kabbalistischen Lebensbaum Da'ath, d.h. dem Kontinuum. Dies ist der Bereich der Erzengel.

- Der drittäußerste Kreisring entspricht auf der Mittleren Säule bzw. auf dem kabbalistischen Lebensbaum Tipahreth. Das ist der Bereich der Seelen, was man bei den Elementen als „Herz der Elemente" bezeichnen könnte.

- Der zweitäußerste Kreisring entspricht auf der Mitteleren Säule bzw. auf dem kabbalistischen Lebensbaum Yesod. Das ist der Bereich der Lebenskraft, also das, was man in der Magie normalerweise mit „Element" bezeichnet.

- Der äußerste Kreisring entspricht auf der Mittleren Säule bzw. auf dem kabbalistischen Lebensbaum Malkuth. Das ist der materielle Bereich, d.h. der Bereich der physischen Aggregatzustände.

- Das vier Viertel des Mandalas sind wie beim Pentagramm-Ritual angeordnet:

      - oben: das Element Luft im Osten,
      - rechts: das Element Feuer im Süden,
      - unten: das Element Wasser im Westen, und
      - links: das Element Erde im Norden.

- Die alchemistischen Symbole der vier Elemente in dem äußersten Kreisring stehen so, wie man sie von der Mitte des Mandalas her sehen würde.
- Ganz außen außerhalb des Mandalas stehen die vier Pentagramme des Pentagramm-Rituals.
- Das Sonnen-Hexagramm in der Mitte ist als Symbol der Quintessenz gewählt worden, weil dieses Hexagramm auch in dem Pentagramm-Ritual als Symbol der Mitte verwendet wird.

In den Mandalas, die am Anfang eines Kapitel stehen, ist der in dem betreffenden Kapitel behandelte Bereich des Mandalas zur besseren Übersicht stets dunkelgrau gekennzeichnet.

- - -

Im 2. Teil dieses Buches folgt dann – aufbauend auf das Elemente-Mandala – die Betrachtung des Pentagramm-Rituals.

I Der physische Leib der Elemente

(Malkuth)

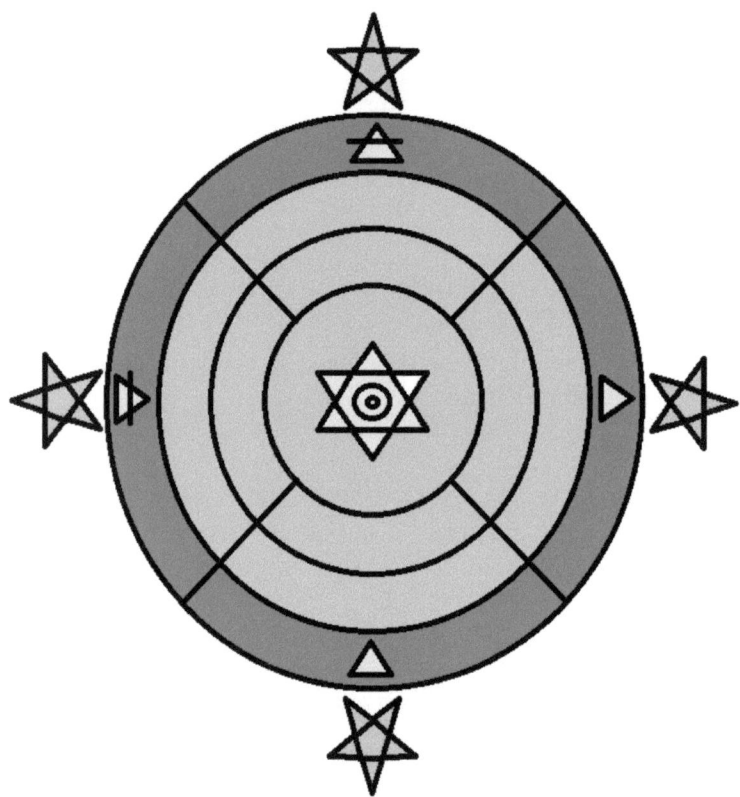

Wenn man in der Magie von den vier Elemente spricht, sind natürlich nicht die physischen Phänomene Erde, Wasser, Luft und Feuer (sowie das Licht als Quintessenz) gemeint, aber da die Qualitäten der „Lebenskraft-Elemente" von den Eigenschaften der physischen Phänomene abgeleitet worden sind, lohnt es sich, die Zusammenhänge zwischen den „Lebenskraft-Elementen" und den physischen Phänomenen genauer zu betrachten.

Dadurch kann man sie sowohl besser unterscheiden als auch klarer ihre Eigenschaften erkennen.

I 1. Erde

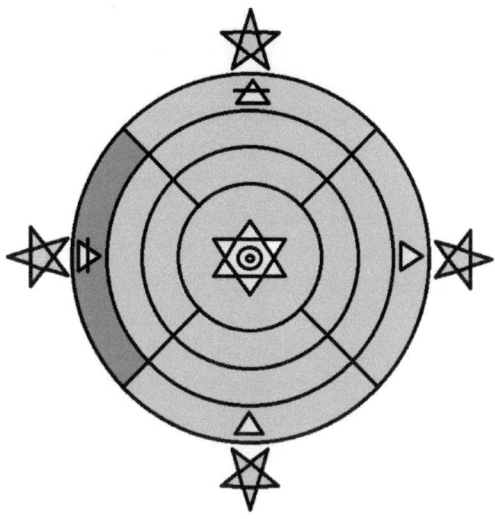

I 1. a) Der Erde-Aggregatzustand

Die drei Aggregatzustände „fest", „flüssig" und „gasförmig" entsprechen den drei Elementen „Erde", „Wasser" und „Luft". Sie unterscheiden sich deutlich in ihrer Konsistenz:

- Feste Stoffe („Erde") kann man greifen – ihre Oberfläche leistet Widerstand und sie lassen sich nicht so einfach verformen. Man kann einen festen Stoff daher auf die eigene Handfläche legen – z.B. einen Apfel.

- Flüssige Stoffe („Wasser") kann man zwar greifen, aber man muß darauf achten, daß sie nicht fortfließen, d.h. man braucht ein Gefäß, das verhindert, daß die Flüssigkeit der Schwerkraft folgt und nach unten hin fortfließt. Flüssigkeiten reagieren sehr viel stärker auf einen äußeren Einfluß als feste Stoffe.
Dies liegt daran, daß in einem festen Stoff alle Atome einen festen Platz eingenommen haben, der für sie energetisch gesehen deutlich günstiger ist als andere Plätze. Daher wollen sich feste Stoffe nicht verändern. Bei einer Flüssigkeit haben die einzelnen Atome hingegen keine Platz-Vorliebe, sondern bewegen sich frei umeinander herum und reagieren auf die kleinsten Einflüsse

19

von außen – wie z.B. die Schwerkraft, die einem das Wasser durch die Finger rinnen läßt.

Flüssige Stoffe sind wie eine große Menge an kleinen Kugeln, während ein fester Stoff aus vielen kleinen Kugeln besteht, die sozusagen aneinandergeklebt sind und sich wie eine einzige große Kugel verhalten.

- In gasförmigen Stoffen haben die einzelnen Atome nicht nur dieselbe Unabhängigkeit wie in flüssigen Stoffen, sondern zudem auch noch einen Impuls, also eine Richtung, in die sie fliegen – sie haben kinetische Energie. Das führt dazu, daß Wasserdampf (im Gegensatz zu Wasser, das reglos im Trinkglas „liegen" bleibt) aufbrechen und die Weite erkunden will. Wasserdampf in einem Topf steigt aus diesem Topf auf und verteilt sich im Raum.

Die feste Form von Wasser, also Eis, hat so viel Zusammenhalt, daß man ein Eisstück einfach in der Hand halten kann.

In gasförmigen Stoffen haben die einzelnen Teilchen also eine Bewegungs-Energie – was bei festen und flüssigen Stoffen nicht der Fall ist (zumindestens nicht in einem auch nur annähernd vergleichbaren Ausmaß).

Feste Stoffe können sich direkt in flüssige und gasförmige Stoffe verwandeln und auch wieder zurück. Diese Vorgänge zwischen diesen drei „verwandten Zuständen" bzw. zwischen diesen drei „Elementen" haben verschiedene Namen:

fest	→ flüssig	= schmelzen
flüssig	→ fest	= erstarren („gefrieren")
fest	→ gasförmig	= sublimieren
gasförmig	→ fest	= resublimieren

I 1. b)   Das down-Quark

Es gibt vier verschiedene Arten von grundlegenden Elementarteilchen: das up-Quark, das down-Quark, das Elektron und das Neutrino. Aus ihnen ist jegliche Materie aufgebaut:

> Protonen bestehen aus zwei up-Quarks und einem down-Quark.
> Neutronen bestehen aus einem up-Quark und zwei down-Quarks.
> Atomkerne bestehen aus Protonen und Neutronen.
> Atome bestehen aus Atomkernen und Elektronen.
> Neutrinos befinden sich u.a. in den Atomkernen.

Protonen, Neutronen und Elektronen sind die Gruppe von Teilchen, aus denen sich die wesentliche Substanz von Atomen aufbaut. Sie entsprechen somit den drei Elementen Luft, Wasser und Erde, also der Gruppe der drei „normalen" Aggregatzustände, die sich auch direkt ineinander verwandeln können.

Die Protonen und die Neutronen sind 2000-mal schwerer als ein Elektron – sie entsprechen folglich den beiden schweren Elementen Wasser und Erde. Somit bleibt für die Luft die Analogie zu dem Elektron.

Das Neutrino entspricht dem Feuer, das Elektron entspricht der Luft, doch wie kann man nun erkennen, welches der beiden Quarks, aus denen die Protonen und die Neutronen gebildet werden, der Erde und welches dem Wasser entspricht?

Glücklicherweise ist das recht einfach, da das down-Quark ca. doppelt so schwer wie das up-Quark ist. Da Erde schwerer als Wasser ist, sollte das down-Quark der Erde und das up-Quark dem Wasser entsprechen: Erde sinkt im Wasser „down".

Das Elektron hat eine elektrische Ladung von „-1", ein Proton hat eine elektrische Ladung von „+1" und ein Neutron hat die elektrische Ladung „0".

Da das Elektron ein Elementarteilchen ist, ist „-1" auch die Ladung dieses Teilchens. Das Proton und das Elektron setzen sich jedoch aus jeweils drei Quarks zusammen, die die eigentlichen Träger der elektrischen Ladung sind. Die elektrische Ladung des up-Quarks ist „+2/3" und die Ladung des down-Quarks ist „-1/3".

Daraus ergeben sich die Ladungen des Protons und des Neutrons:

> up-Quark (+2/3) + up-Quark (+2/3)   + down-Quark (-1/3) = Proton (+1)
> up-Quark (+2/3) + down-Quark (-1/3) + down-Quark (-1/3) = Neutron (0)

Das down-Quark (das dem Element Erde entspricht) unterscheidet sich also in zweierlei Hinsicht von dem up-Quark: Das down-Quark ist doppelt so schwer wie das up-Quark, aber hat nur eine halb so große Ladung, deren Polarität zudem der des up-Quarks entgegengesetzt ist.

21

Daraus ergibt sich, daß das das down-Quark „passiver" ist, als das up-Quark: Es ist doppelt so schwer und nur halb so „stark" und daher (wie die Erde) auch unbeweglicher.

Das down-Quark hat zudem im Neutron eine 2/3-Mehrheit und ist daher für die Stabilität des Atomkerns verantwortlich – ohne die Neutronen würden die Atomkerne aufgrund der gleichen Ladung der Protonen instabil werden. Das down-Quark hat also wie das Element Erde eine stabilisierende Wirkung.

Das up-Quark hat im Proton eine 2/3-Mehrheit und ist für die Aktivitäten des Atomkerns verantwortlich – die Protonen binden die Elektronen an den Atomkern.

Die Analogie zwischen den down-Quarks und der Erde sowie zwischen den up-Quarks und dem Element Wasser ist somit recht genau.

I 1. c) Die Erde

Die Erde ist das Feste, das, worauf wir stehen, das Fundament. Sie gibt Schutz in Form von Kleidung und Häusern, sie erscheint als der größte Teil der Natur in Form von Bergen und Ebenen, aber auch in Form von Pflanzen und Tieren.

Der weitaus größte Teil des Planeten Erde besteht aus festen Stoffen – Luft und Wasser befinden sich nur in sehr geringen Mengen an der Oberfläche der Erde. Das Feuer ist hingegen ein wichtiges Element des Planeten Erde, der in seinem Inneren glutflüssig ist.

Alle Dinge, die man anfassen kann, sind feste Stoffe und gehören folglich zu dem Element Erde: der eigene Körper, Nahrungsmittel, Häuser, Auto, Werkzeuge, Berge, Bäume, Felsen …

Das Element Erde ist die Substanz, die von den anderen Elementen und von den Menschen geformt wird. Das Element Erde ist ruhig und passiv – genau das ist es jedoch, was es beständig macht und was es daher dafür geeignet macht, aus ihm die Dinge herzustellen, die man beständig haben will. Ein Haus aus Luft? Ein Spaten aus Wasser? Ein Löffel aus Feuer? Ein Pullover aus Licht?

Das Element Erde ist das, woraus man andere Dinge erschafft. Es ist das, was das Erschaffene bewahrt. Erde gibt Sicherheit.

I 2. Wasser

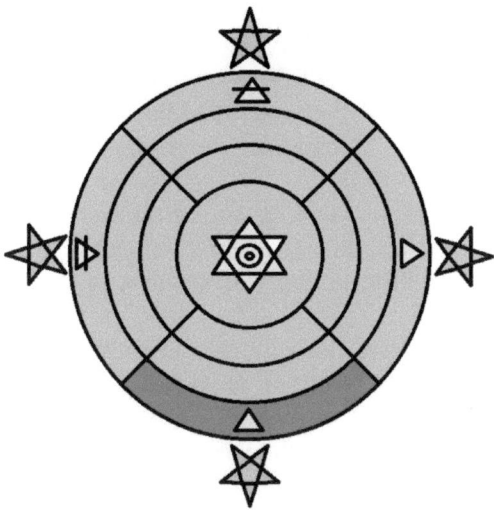

I 2. a) Der Wasser-Aggregatzustand

Das Wasser entspricht – wie bereits bei dem Element Erde geschildert – dem flüssigen Aggregatzustand.

I 2. b) Das up-Quark

Das Wasser entspricht – wie bereits bei dem Element Erde geschildert – dem up-Quark.

I 2. c) Das Wasser

Das Wasser ist das Element, in dem das Leben entstanden ist. In Wasser lassen sich die verschiedensten Stoffe lösen und mischen, was die Möglichkeit entstehen läßt, daß sich im Wasser eine große Vielfalt von chemischen Verbindungen bilden.

Wasser ist zum einen sehr beweglich und gibt allen Dingen in ihm Raum (im Gegensatz zur festen Erde), aber es hält auch alles beisammen (im Gegensatz zu flüchtigen Luft). Wasser hat folglich eine mütterliche Qualität.

Alle Lebewesen bestehen zu einem großen Teil aus Wasser – bei einem Menschen sind dies z.B. ca. 70%. Wasser ist das Element, daß einen Raum der Begegnung bereitstellt: In Wasser kann eine Vielfalt an chemischen Reaktionen stattfinden. Da das Leben, also die biologischen Prozesse, aus einer sehr große Vielfalt an chemischen Prozessen bestehen, die miteinander koordiniert werden, ist das Wasser die beste Grundlage für jegliches Leben.

Aus dem Alltag ist Wasser als Getränk am vertrautesten, aber auch als Lösungsmittel z.B. beim Händewaschen. In der Natur erscheint Wasser als Wolken, Regen, Nebel, Bäche, Flüsse, Meer, Pfützen und vieles andere mehr wie z.B. Schneeflocken, Eis und Regenbogen.

In der Technik erscheint Wasser als Leitungswasser, in Wasserkraftwerken, indirekt auch bei Deichen, Schleusen und Schiffen, in Kanälen, in der Bewässerung, im Kühlwasser und anderem mehr.

Es gibt auch andere Flüssigkeiten von Wasser-Gemischen wie z.B. Apfelsaft über Kohlenstoff-Produkten wie Benzin bis hin zur Lava, aber das Wasser ist doch die mit großem Abstand wichtigste Flüssigkeit.

I 3. Luft

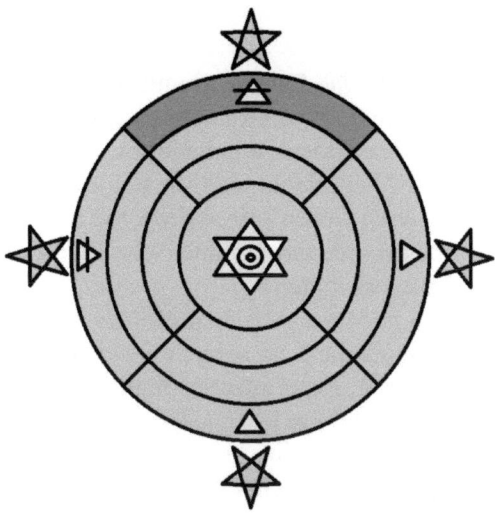

I 3. a) Der Luft-Aggregatzustand

Die Luft entspricht – wie bereits bei dem Element Erde geschildert – dem gasförmigen Aggregatzustand.

I 3. b) Das Elektron

Die Luft entspricht – wie bereits bei dem Element Erde geschildert – dem Elektron.

I 3. c) Die Luft

Die Luft ist so allgegenwärtig, daß sie normalerweise nicht auffällt. Lediglich dann, wenn sie mit Wasser erfüllt ist wie bei Nebel, Wolken oder Regen oder auch von Autoabgasen, wird ihr Zustand deutlicher wahrnehmbar. Beim Tauchen unter Wasser ist ihre Abwesenheit jedoch sehr bewußt.

Die Luft, also die Atmosphäre der Erde, ist das Gas, das einem aus dem Alltag am vertrautesten ist – Atem, Wind, Sturm … Doch die Luft kann auch andere Elemente enthalten wie z.B. Frühlingsduft oder den Geruch von frisch gebackenem Brot. Für die Wahrnehmung dieser Beimischungen in der „normalen Luft" ist der Geruchssinn, also die Nase zuständig.

Es gibt auch andere Gase als das übliche Gemisch aus 80% Stickstoff und 20% Sauerstoff wie z.B. die Kohlenmonoxyd (Autoabgase), Ozon (Abgase) oder Kohlenwasserstoffe (Erdgas). Fast allen Gasen ist gemeinsam, daß sie leichter reagieren als flüssige oder feste Stoffe. Dies liegt daran, daß sie sich bereits aus sich heraus bewegen und sich folglich mit anderen Gasen vermischen. Sie besitzen zudem schon durch ihre Bewegung eine gewisse Grundenergie (kinetische Energie), was die chemischen Reaktionen mit anderen Gasen erleichtert.

Auch der Übergang zu dem hochenergetischen Plasma-Zustand des Feuers geht von den Gasen aus am einfachsten, da die Gase schon eine gewisse Grundenergie haben.

Gase sind also reaktionsbereit, experimentierfreudig, bewegen sich, gelangen an neue Orte, gehen Verbindungen ein und lösen sie auch schnell wieder auf … das sind genau die Eigenschaften des Elements Luft.

Die wichtigste Verbindung des Menschen zur Luft ist das Atmen, durch das man den Sauerstoff aufnimmt, der dann im Körper mit den verschiedensten Stoffen reagiert und dadurch Energie freisetzt, die dann z.B. in Bewegungen umgesetzt werden kann.

Die wichtigste Tätigkeit des Menschen, die er aktiv und selbstbestimmt mithilfe der Luft ausüben kann, ist das Sprechen – eine weitere wichtige Qualität des Elementes Luft.

I 4. Feuer

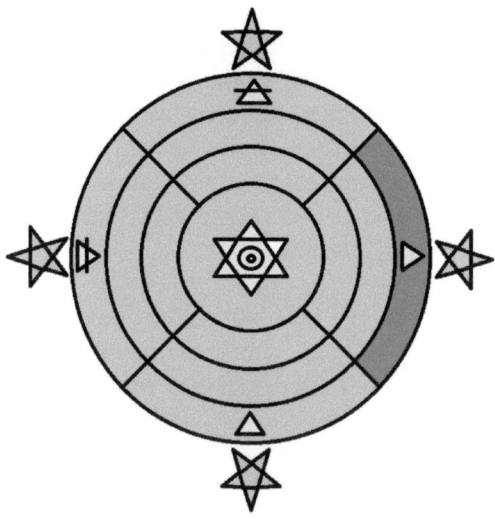

I 4. a) Der Feuer-Aggregatzustand

Der Feuer-Aggregatzustand ist deutlich unbekannter als die drei Zustände „fest",
„flüssig" und „gasförmig". Für „fest" und „flüssig" gibt es einfache Worte, was zeigt,
daß diese Zustände aus dem Alltag geläufig sind – z.B. als Steine und als Wasser. Für
die Luft mußte man schon ein neues Wort erschaffen: „gasförmig". Dieses Wort wird
allerdings noch von jedem leicht verstanden – etwas ist „wie Luft". Der Aggregatzustand, der dem Feuer entspricht, ist hingegen schon recht unbekannt: der Plasma-
Zustand.

Um diesen Zustand zu verstehen, ist es hilfreich, sich die Unterschiede zwischen
diesen vier Aggregatzuständen einmal genauer anzuschauen:

> - Bei einem festen Stoff haben die Atome einen Platz, an dem sie auch
> bleiben. Das bedeutet, daß sie in den meisten Fällen auch feste Elektronen-
> bindungen zwischen benachbarten Atomen ausbilden. Dieses statische Verhal-
> ten entsteht dadurch, daß alle Atome an einem Ort innerhalb dieser Substanz
> angekommen sind, an dem sie die günstigsten Verhältnisse vorgefunden
> haben.
>
> Das bedeutet wiederum, daß man Energie aufwenden muß, um die Atome in

einem Feststoff dazu zu bewegen, einen anderen Platz einzunehmen. Dieses Aufwenden von Energie kann durch Erhitzen oder durch Druck geschehen.

- Bei einem flüssigen Stoff liegen die Atome zwar noch dicht beieinander und berühren sich, aber sie haben keinen bestimmten, optimalen Platz mehr. Es gibt also keinen Orte für die Atome, von denen sie nur durch Hinzufügen von Energie vertrieben werden können. Daher sind Flüssigkeiten beweglich und reagieren auf die kleinsten Einflüsse von außen wie z.B. einem Windstoß, der über einen See weht und Wellen verursacht.
In einer Flüssigkeit gibt es auch keine Elektronenverbindungen, die die einzelnen Atome an ihrem Platz festhalten.

- Bei einem gasförmigen Stoff haben die einzelnen Atome so viel Energie, daß sie sich schnell bewegen, dabei aneinanderstoßen und sich insgesamt möglichst weit ausdehnen wollen. Ein Gas will Platz haben, um sich bewegen zu können – die Atome in einem Gas stoßen die anderen Atome von sich fort, wenn sie mit dem großem Schwung ihrer Bewegung an die anderen Atome stoßen.
Während in einem festen Stoff alle Atome an ihrem energetisch gesehen bestmöglichen Platz liegen und die Atome in einer Flüssigkeit sich zwar gegenseitig berühren, aber aufgrund ihrer geringen Eigenbewegung nah beieinander liegen, bewegen sich die Atome in einem Gas so sehr, daß sie ständig gegeneinander stoßen und so einen Druck erzeugen, d.h. sich so lange in den Raum hinein ausdehnen, bis sie soviel Platz für ihre Bewegung haben, daß sie nur noch selten aneinanderstoßen.

- Bei einem Stoff im Plasma-Zustand geschieht noch etwas grundsätzlich anderes: Die einzelnen Atome haben so viel Energie, daß sich die Elektronen vom dem Atomkern ablösen und frei durch den Raum fliegen. Es entsteht also ein Gemisch von Atomkernen und von Elektronen, wobei die Elektronen nicht mehr an bestimmte Atomkerne gebunden sind.
In den ersten 700 Jahren nach dem Urknall war das Universum noch so heiß, d.h. die Energie war in ihm noch so dicht, daß sich alles im Plasma-Zustand befunden hat – es gab zu dieser Zeit noch keine Atomkerne mit einer Elektronenhülle. Zu dieser Zeit war das Weltall noch an allen Orten gleich heiß, gleich hell und gleich dicht – daher wird dieser Zustand auch „thermisches Gleichgewicht" genannt.
Heute findet sich der Plasma-Zustand nur noch an einzelnen Orten wie z.B. in Sternen, in Kernkraftwerken und in Lichtbögen.

Die drei Zustände „fest", „flüssig" und „gasförmig" lassen sich direkt ineinander verwandeln; der Zustand „plasmaförmig" läßt sich hingegen nur von dem gasförmigen Zustand aus erreichen, aber nicht aus dem festen und dem flüssigen Zustand heraus.

Das stimmt mit dem Verhalten von Feuer überein, das erst dann brennen kann, wenn ausreichend viel Hitze den festen Stoff bzw. den flüssigen Stoff in ein Gas verwandelt hat.

Für die beiden Verwandlungen zwischen Feuer und Gas gibt es spezielle Begriffe, die im Alltagsgebrauch jedoch nicht weit verbreitet sind:

gasförmig   → plasmaförmig   = ionisieren
plasmaförmig → gasförmig   = rekombinieren

I 4. b) Das Neutrino

Es gibt vier verschiedene Arten von grundlegenden Elementarteilchen: das up-Quark, das down-Quark, das Elektron und das Neutrino. Aus ihnen ist jegliche Materie aufgebaut:

Protonen bestehen aus zwei up-Quarks und einem down-Quark.
Neutronen bestehen aus einem up-Quark und zwei down-Quarks.
Atomkerne bestehen aus Protonen und Neutronen.
Atome bestehen aus Atomkernen und Elektronen.

Die Neutrinos sind etwas schwierig zu beschreiben, da sie vor allem dadurch auffallen, daß sie kaum Eigenschaften haben:

Sie haben fast keine Masse und folglich auch eine extrem geringe Energie und fast keinen Impuls.
Aufgrund dieser geringen Masse fliegen sie beinahe mit Lichtgeschwindigkeit. => Sie sind also fast wie Lichtquanten und aufgrund ihrer hohen Geschwindigkeit auch „heiß" – eine Feuer-Analogie.
Aufgrund ihrer geringen Masse können sie beinahe durch alles hindurchfliegen und verhalten sich fast wie Energiequanten. => Diese geringe Bindung und Reaktionsfähigkeit entspricht auch dem Plasma-Aggregatzustand und folglich dem Element Feuer.
Sie reagieren nur auf die Gravitation und auf die schwache Wechsel-

wirkung, aber nicht auf die elektromagnetische Kraft oder die starke Wechsel-wirkung („Farbkraft").

Wegen dieser „fehlenden Eigenschaften" wurden sie „Neutrino", d.h. „kleines neu-trales Teilchen" genannt. Trotzdem sind sie keineswegs selten oder überflüssig. Das zeigt die folgende Formel:

$$\text{Neutron} + \text{Neutrino} = \text{Proton} + \text{Elektron}$$

Diese Formel bedeutet, daß jedes Neutron aus einem Proton, einem Elektron und einem Anti-Neutrino besteht. Eine Anti-Neutrino ist das Gegenstück zu einem Neu-trino – solche Gegenstücke gibt es zu jedem Elementarteilchen.

Die Neutrinos bewegen sich genauso schnell wie sich Feuer bewegt, sind genauso schwer zu fassen und sind genauso wie Feuer in allen Dingen enthalten. Ein Ding, das kein Feuer enthält, also keinerlei Bewegung mehr in sich trägt, erreicht den absoluten Nullpunkt von +273° – was bedeutet, daß es zu existieren aufhört.
Bewegung und somit Feuer sind lebensnotwendig – ohne die durch das Feuer (Energie) bewirkte Bewegung kann nichts existieren. Bewegung ist Existenz – oder, um es in gewohnteren Worten auszudrücken: Alles Leben ist Wandel.
Das Neutrino ist somit wie der Plasma-Aggregatzustand eine gute Analogie zu dem Element Feuer. Ob diese Analogie wirklich vollkommen exakt ist, ist schwer zu sagen, aber sie ist auf jeden Fall genau genug, um sie benutzen zu können.

I 4. c) Das Feuer

Die Benutzung des Feuers ist eine der ersten Erfindungen des Menschen: Es wärmt, es schützt gegen wilde Tiere und man kann mit ihm braten und kochen. Später kam dann das Brennen von Ton und das Schmelzen von Metallen hinzu.
Die sehr schnelle Verbrennung, also die Explosion, ermöglichte den Bau von Kano-nen, Gewehren, Autos und Flugzeugen – für die Konstruktion von Dampfloks und Dampfschiffen genügte die langsame Verbrennung.
Auch der Strom ist eine Form der „gezähmten Hitze". Diese Energiequelle prägt die gesamte heutige Kultur angefangen von der Glühbirne bis hin zu Computern.
Feuer ist in der Form von einfachem Feuer und einfacher Hitze über die explosive Verbrennung bis hin zum elektrischen Strom die allgemeine Energiequelle. Genauer gesagt ist Feuer das Element der Energie, die in Form von brennendem Holz, explodierendem Benzin im Motor eines Autos, Strom im PC, chemischer Energie in

unserer Nahrung und noch einigen anderen Formen erscheinen kann.

Feuer ist das, was die Bewegung in der Welt entstehen läßt und sie antreibt. Durch das Lenken des Feuers kann man die Welt so gestalten, wie man sie selber gerne haben möchte.

Das Sinnesorgan des Menschen, das sich auf das Feuer bezieht, ist die Temperaturwahrnehmung vor allem durch die Haut.

I 5. Licht

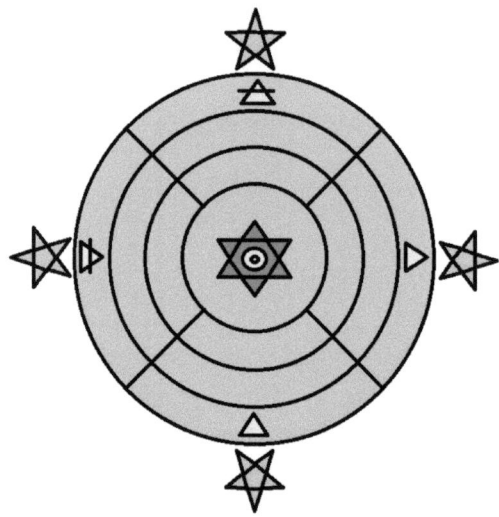

I 5. a) Der Licht-Aggregatzustand

Die vier Elemente haben eine Analogie in den vier Aggregatzuständen fest, flüssig, gasförmig und plasmaförmig. Die Analogie zu dem Licht ist kein Aggregatzustand der Materie, sondern die Energie d.h. die Energiequanten.

Wie die berühmte von Einstein gefundene Formel „$E = m \cdot c^2$" zeigt, besteht jegliche Materie aus Energie. Die Energie ist also eine zutreffende Analogie zur Quintessenz, aus der die anderen vier Elemente entstehen. Da das Licht aus Energiequanten besteht, wird auch diese Verbindung durch die Analogie zwischen der Quintessenz und dem Licht korrekt wiedergegeben.

Es gibt allerdings noch zwei andere Formen der Energiequanten: die Gravitonen, die die Schwerkraft bewirken, und die Gluonen, die die Anziehung zwischen den jeweils drei Quarks in den Protonen und den Neutronen bewirken sowie die Protonen und Neutronen im Atomkern zusammenhalten.

Die Gleichsetzung der Quintessenz mit den Photonen, also den Energiequanten des Lichts, ist folglich nicht ganz präzise, aber wenn man die Photonen als Stellvertreter für alle drei Arten von Energiequanten auffaßt, stimmt die Analogie.

Die Richtigkeit der Einstein-Formel „$E = m \cdot c^2$" zeigt sich unter anderem darin, daß die Sonne und alle Sterne ihr Licht dadurch erzeugen, daß sie Wasserstoff-Atomkerne zu Helium-Atomkernen verschmelzen, wobei ein Teil der Masse der Wasserstoff-Atomkerne in Energie verwandelt wird. Diese Energie wird dann von dem Stern abgestrahlt und wird dann von uns auf der Erde als Licht wahrgenommen.

Wenn man diesen Vorgang auf der Erde künstlich nachstellt, ergibt das die Kernkraftwerke und die Atombombe. Offensichtlich ist die Umwandlung von Materie in Energie, also in Licht, ein ausgesprochen heftiger Vorgang. Andersherum formuliert ist offenbar sehr viel Energie notwendig, um auch nur ein einziges Atom aus Energie zu „materialisieren". Die Vorgänge zwischen dem Licht und den anderen vier Elementen haben eine Intensität, die es ratsam erscheinen lassen, mit diesem Bereich auch in der Magie ein wenig vorsichtiger als sonst üblich zu sein.

Für die beiden Verwandlungen zwischen dem Energie-Zustand und dem Materie-Zustand gibt es zwei Fachbegriffe. Da sich die neuentstandene Materie in einem hohen Energiezustand befindet, entspricht sie dem Element Feuer.

plasmaförmig → Energie = dematerialisieren
Energie → plasmaförmig = materialisieren

I 5. b) Das Photon

Das Photon ist der Energiequant der elektromagnetischen Kraft. Diese Energiequanten können durch das Auge wahrgenommen werden und erscheinen uns als Licht.

Die Energiequanten (Gravitonen, Photonen, Gluonen) sind in der Physik eine eigene Gruppe von Teilchen. Sie zeichnen sich dadurch aus, daß sie keine feste Form haben. Das bedeutet ganz konkret, daß sich z.B. zwei Lichtstrahlen nicht gegenseitig behindern – Licht „stößt" nicht an Licht, sondern überlagert sich.

Dies ist ein wesentlicher Unterschied zu der Materie, die in den vier Aggregatzuständen „fest", „flüssig", „gasförmig" und „plasmaförmig" erscheinen kann – Licht (die Quintessenz) ist also etwas grundlegend anderes als die vier Elemente Feuer, Wasser, Luft und Erde. Alle Materieteilchen „stoßen" aneinander, wenn sie auf einander zufliegen. Lichtquanten stoßen hingegen nicht aneinander.

Man kann diesen Unterschied auch noch auf eine andere Weise beschreiben: Zwei Energiequanten, also z.B. zwei Photonen können gleichzeitig an derselben Stelle im Raum sein. Für Materieteilchen ist das unmöglich – es kann immer nur ein Materieteilchen zu einer bestimmten Zeit an einer bestimmten Stelle im Raum sein.

I 5. c) Das Licht

Die Wahrnehmung der Menschen besteht zu 80% aus dem, was sie sehen. Da das Sehen die Wahrnehmung des Lichtes mithilfe der Augen ist, ist das Licht ein wesentliches Element im Leben.

Es sind auch im Laufe der Zeit viele Dinge erfunden worden, die direkt oder indirekt mit dem Licht zu tun haben: Feuer als Lichtquelle, Glühbirnen, Fotografie, Malerei, Schminken, Laserstrahlen, Bildverarbeitung, Spektralanalyse, Brillen, Spiegel, Schrift, Symbole, Filme, Kinos, Augen-Operationen usw.

Das Licht gibt den Menschen Orientierung in ihrer Umgebung.

II Die Elemente im Bereich der Lebenskraft

(Yesod)

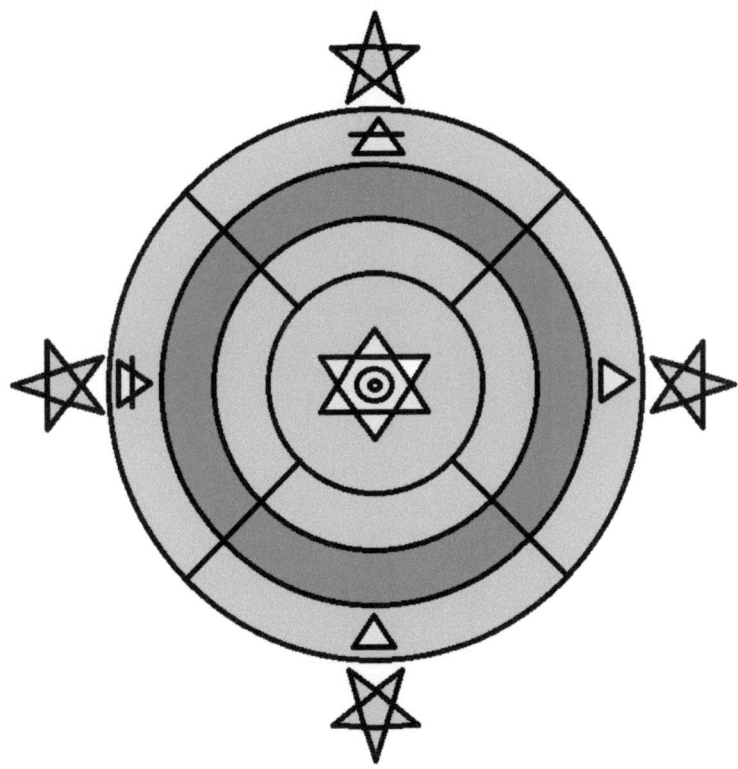

Die Lebenskraft ist eigentlich weder eine Kraft noch eine Substanz – zumindestens wird es in die Irre führen, wenn man sie als physische Kraft oder Substanz auffaßt.

Sie ist vor allem ein sehr praktisches Konzept, um magische oder meditative Phänomene zu beschreiben.

Mit „Lebenskraft" wird all das bezeichnet, was man an Strukturen und Vorgänge an der Grenze zwischen Bewußtsein und Materie wahrnehmen kann. Diese Dinge sind weder Bewußtsein noch Materie, sondern die Formen und Dynamiken, die man dort beobachten kann. Sie sind zum größten Teil symmetrisch und prägen sowohl das Bewußtsein wie auch die Materie. So ist z.B. der Tierkreis die prägende Struktur in der Astrologie, aber auch die prägende Struktur in der Physik, da ein Superstring, also die mathematische Beschreibung aller Elementarteilchen und Energiequanten, ebenfalls den kreisförmigen, zwölfteiligen Aufbau des Tierkreises hat.

Wenn hier jetzt von „Erde-Lebenskraft", „Feuer-Lebenskraft" die Rede u.ä. ist, ist damit keine quasi-physikalische Substanz oder Kraft gemeint, sondern eine bestimmte Form von Strukturen und Dynamiken, die man in der Magie und in der Meditation beobachten kann und die die Qualität von „Erde" bzw. „Feuer" haben.

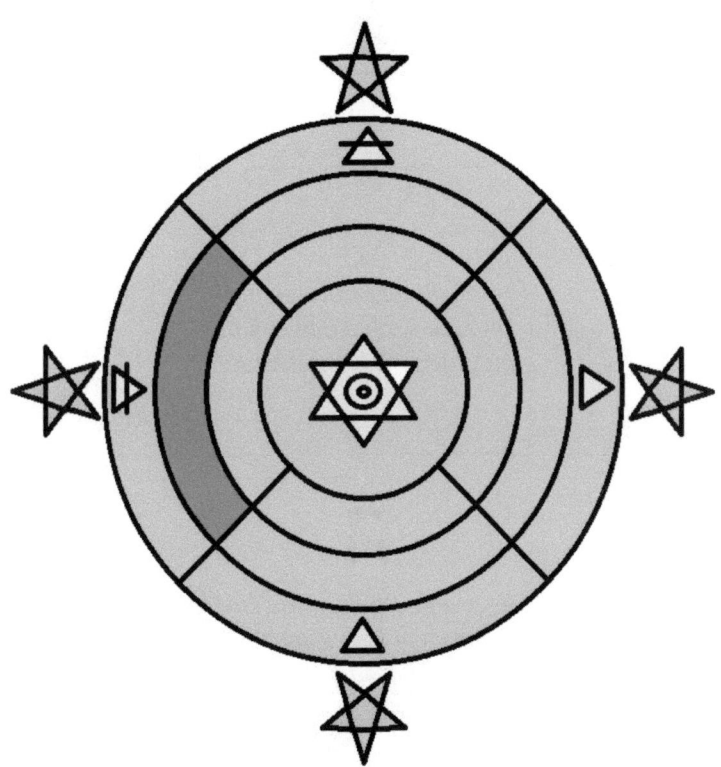

II 1. a)   Die Symbole

Die Lebenskraft-Qualität „Erde" wird mit verschiedenen Symbolen dargestellt:

Symbole der Erde		
Würfel: Erde	„kalt und trocken" Dreieck nach unten = kalt mit Querstrich = sekundär	Prithivi = Erde gelbes Quadrat (indisches Tattwa-Symbol)
Trigramm „Berg" (I Ging)	der zweite Buchstabe „He" aus dem hebräischen Gottesnamen „Jahwe"	ägyptische Hieroglyphe für „Erde" („ta")
Münz-As (Tarot)	Kristall (im Ritual)	Zwerge (Elementarwesen)

Man sollte möglichst nur die Symbole benutzen, die einem zum einen verständlich sind und die einem zum anderen sympathisch sind. Wenn man z.B. Zwerge fest mit Fantasy-Filmen assoziiert, sollte man sich bei den Erd-Symbolen lieber auf einen Kristall oder eine Schale voll Erde beschränken.

Es gibt noch weitere Erd-Symbole wie z.B. die Tierkreiszeichen Steinbock, Stier und Jungfrau.

Manche Symbole lassen sich nicht so einfach als Graphik, Bild oder Gegenstand darstellen oder werden als Symbol nicht oft verwendet. Dazu gehören die folgenden Erd-Symbole:

- der Norden
- die Nacht
- der Sonne in der Unterwelt
- der Winter

In Ritualen, die in der Tradition des „Golden Dawn"-Ordens stehen, werden manchmal Gesten als Gruß an die Elemente verwendet.

Bei der Erd-Geste wird der rechte Arm im 45°-Winkel nach vorne oben gestreckt mit der Handinnenfläche nach unten, der linke Arm wird im 45°-Winkel nach hinten unten gestreckt mit der Handinnenfläche nach oben.

II 1. b) Die Astrologie

In der Astrologie findet sich das Erd-Element in den drei Dynamiken als die drei bereits erwähnten Tierkreiszeichen wieder:

- der erdige und schöpferische Steinbock,
- der erdige und gestaltende Stier, und
- die erdige und benutzende Jungfrau.

Die Erde hat in der Astrologie die Eigenschaften fest, beständig, systematisch, zielgerichtet, langsam, genießend, aufbauend, festigend, prüfend usw.

II 1. c) Die fünf Tattwa-Aspekte

Die fünf indischen Tattwas werden manchmal noch einmal differenziert, in dem man sie noch einmal mit den fünf Tattwas „einfärbt". Graphisch wird das dadurch dargestellt, daß man die „Einfärbung" als kleines Symbol in das Tattwa einfügt.

Die fünf Aspekte der Erde sehen wie folgt aus:

die fünf Unter-Tattwas der Erde				
Licht-Aspekt der Erde	*Feuer-Aspekt der Erde*	*Luft-Aspekt der Erde*	*Wasser-Aspekt der Erde*	*Erd-Aspekt der Erde*
schwarzes Ei in gelbem Quadrat	*rotes Dreieck in gelbem Quadrat*	*blauer Kreis in gelbem Quadrat*	*silberne Sichel in gelbem Quadrat*	*gelbes Quadrat*

Es ist hilfreich, sich diese Unterteilung auf mindestens zwei Arten zu betrachten, damit sie konkreter und greifbarer werden: einmal als Phänomene in der Welt und einmal als Charaktereigenschaften.

der Licht-Aspekt der Erde:
     - Natur: Lebewesen
     - Psyche: Gedeihen

der Feuer-Aspekt der Erde:
     - Natur: Lava, Vulkane
     - Psyche: Expansion, Verwandlung

der Luft-Aspekt der Erde:
     - Natur: Staub, Flugsand
     - Psyche: Neuorientierung, Umstrukturierung,

<u>der Wasser-Aspekt der Erde:</u>
- Natur: Sumpf, Moor, Schlamm
- Psyche: Großzügigkeit, Besitz teilen, Fülle annehmen können

<u>der Erd-Aspekt der Erde:</u>
- Natur: Erde
- Psyche: Festigkeit, Beständigkeit

Diese Unterteilung wird lebendiger, wenn man sie sich selber eine Weile betrachtet und durch eigene Ideen und Motive ergänzt.

In der Magie wird diese Unterteilung bei den Elementarwesen, bei Traumreisen, Talisman-Weihungen und anderen Dingen verwendet, aber sie hat keine allzugroße Bedeutung.

Die Wichtigkeit dieser Differenzierung wird größer, wenn man die vier bzw. fünf Elementen relativ häufig in der Meditation oder in der Magie benutzt, da dann das Bedürfnis nach einer weiteren Differenzierung entstehen kann.

Die Betrachtung dieser Differenzierung ist jedoch auch allgemein hilfreich, um die Elemente nicht allzu einseitig zu sehen.

II 1. d)   Die Erd-Lebenskraft

Die Lebenskraft ist ein sehr hilfreiches Konzept in der Magie und in der Meditation. Eine sehr schlichte Anwendung ist der „Erd-Atem".

In der Regel wird man einen bestimmten Grund haben, eine Erd-Atmung durchzu- führen – es kann z.B. sein, daß man den Halt verloren hat oder daß einem schwindelig ist, daß man Geldsorgen hat oder daß im eigenen Leben nichts so recht gedeihen will.

In solch einem Fall würde man den Erd-Atem wie folgt durchführen:

- einatmen:
- innerlich „Erde" sprechen
- imaginieren, wie man Erd-Lebenskraft aus der Erde oder spezieller aus einem Berg, aus dem Strandsand, einem Kristall usw. herbeizieht und in den eigenen Körper leitet
- ausatmen:
- innerlich „Erde" sprechen
- imaginieren, wie die Erd-Lebenskraft den eigenen Körper erfüllt und ihm Ruhe, Festigkeit und Gedeihen gibt
- sofern man dabei läuft, den Atem mit den Schritten koordinieren (z.B. auf zwei Schritten einatmen, auf zwei Schritten ausatmen)

Der Erd-Atem ist vermutlich derjenige, der am seltensten verwendet wird – zumindestens begegnet man ihm in Magie-Anleitungen fast nie.

Man kann ihn benutzen, um sich (oder andere) zu beruhigen, zu erden, zu festigen, um wieder einen Halt zu finden, um zu schnelle Vorgänge zu verlangsamen, um Hektik oder Panik sanft auszubremsen, um Klarheit zu schaffen und um das Gedeihen zu fördern.

Eine spezieller Erd-Atem ist die Verbindung zu dem Wurzelchakra der Erde, also zu ihrem Eisen/Nickel-Kern. Dafür sendet man einen Lichtstrahl zu Erdmitte hinab und schaut dann, was von dort aus zu einem selber aufsteigt – oft ist das eine Schlange oder ein Drache, d.h. die Kundalini. Man kann stattdessen auch einfach nur in in die Erde hinab ausatmen und aus der Erde herauf einatmen. Die Lebenskraft, die man dabei erhält, kann sowohl Erd- als auch Feuer-Charakter haben – je nachdem, ob für einen selber der Substanz-Aspekt des glühenden Erdkerns (Erde) oder der Energie-Aspekt des glühenden Erdkerns (Feuer) im Vordergrund steht.

Bei der Weihung von Talismanen, bei Heilungen, beim Aufladen von Hausgeistern u.ä. wird in der Magie auch die Erd-Atmung verwendet – manchmal durchaus gezielt, um z.B. eine erhöhte Festigkeit zu erlangen, aber in vielen Fällen auch nur, um alle fünf Elemente z.B. bei der Weihung in einem ausgewogenen Verhältnis zu verwenden.

Der eigene Kraftstein ist der Aspekt der eigenen Lebenskraft, der zeigt, auf welche Weise man die Dinge in seinem eigenen Leben strukturiert. Die Verwandtschaft des Kraftsteins mit dem Element Erde ist offensichtlich, da der Kraftstein ein Teil der Erde ist.

Allerdings sind beide keineswegs identisch – der Kraftstein ist nicht der „Erd-Aspekt der Lebenskraft eines Menschen", denn das Element Erde umfaßt nicht nur die Strukturen des Kraftsteins, sondern auch die Fruchtbarkeit des Humus, die Größe der Berge, die Tiefe der Täler, die weiten Wüsten und die Kargheit des Sandes.

Es lohnt sich generell, den Erd-Atem ein wenig ausgiebiger zu üben, da das Lenken der Lebenskraft in der Magie, in der Meditation und in der Heilung ein zentrales Element ist.

II 1. e) Die Traumreise

Die bisherigen Betrachtungen in diesem Buch sind noch recht allgemein und unpersönlich gewesen. Um mit einer Sache jedoch wirklich effektiv und auch intuitiv umgehen zu können, ist die eigene Erfahrung notwendig.

In Bezug auf solch ein Konzept wie die vier Elemente plus die Quintessenz sind dafür Traumreisen am hilfreichsten. Bei einer Traumreise ist man gleichzeitig im Wachbewußtsein und im Traumbewußtsein – man hat beide Bewußtseinsformen zeitweise miteinander koordiniert und integriert. Das klingt exotisch, aber ist eigentlich etwas ganz Normales. Wenn man morgens aus einem Traum erwacht und noch fünf Sekunden im Wachzustand weiterträumt oder wenn man auf einer Eisenbahnfahrt einen Tagtraum vom letzten Urlaub hatte, ist man in diesem Zustand.

Mit etwas Übung kann man auch absichtlich und für längere Zeit in diesen Zustand gehen – das ist dann eine Traumreise. Am einfachsten ist es, die ersten zwei, drei Traumreisen mit jemandem zusammen zu unternehmen, der schon etwas Übung damit hat – das ist dann sozusagen wie „Fahradfahren-Lernen mit Stützrädern". Man kann das Traumreisen aber durchaus auch alleine erlernen.

Der Vorgang an sich ist einfach: Man stellt sich ein Symbol von dem vor, worüber man etwas erfahren will und geht dann durch das Symbol wie durch eine Tür hindurch oder man spricht das Element oder die Gottheit usw., über die man etwas erfahren will, einfach direkt an. Dann schaut man, was man innerlich wahrnimmt.

Zunächst sollte man einfach schauen – die Analyse der Wahrnehmungen folgt dann anschließend.

Auf einer Traumreise nimmt man drei verschiedene Dinge wahr, die in dem Wahrgenommenen miteinander kombiniert werden:

> - das Betrachtete selber
> - die eigenen Einstellungen und Assoziationen zu dem Betrachteten, die u.a. vom eigenen Horoskop abhängen, und
> - telepathische Wahrnehmungen von Dingen, die zu dem Betrachteten gehören.

Das Wesen einer Traumreise läßt sich am einfachsten durch die Schilderung einer konkreten Traumreise veranschaulichen. Daher folgt nun eine Traumreise von mir zu dem Element Erde.

Diese Traumreise wird die drei eben genannten Elemente enthalten, also 1. die Eigenschaften der Erde, 2. meine Einstellung zur Erde und meine Assoziation zu ihm sowie 3. telepathische Wahrnehmungen, die die Informationen aus meiner Psyche ergänzen.

Aus dieser Mischung ergibt sich, daß Traumreise z.B. zur Erde, wenn sie von verschiedenen Menschen durchgeführt werden, zu denselben Ergebnissen führen, aber daß sie andererseits niemals völlig identisch sind, weil auch immer die subjektive Sichtweise des Traumreisenden hinzukommt.

Um selber einen Eindruck vom Wesen der Erde zu erhalten und selber eine lebendige Verbindung zur Erde zu erhalten, sollte man selber mindestens eine, besser mehrere Traumreisen zur Erde unternehmen.

Traumreise zur Erde

„Erde – ich möchte Dich besser kennenlernen. Magst Du mir etwas sagen oder zeigen?"

„Kümmere Dich um Dich selber!"

„Um mich selber?"

„Daß es Dir gut geht."

„Also ein solider Egoismus?"

„Selbstzentriertheit."

„Hm ... ja ... das wird gebraucht, damit etwas gedeihen kann ... und Du bist ja das Gedeihen."

„Du mußt die richtigen Blumenzwiebeln in Deinen Garten pflanzen, sonst sieht er nachher nicht so aus, wie Du ihn haben willst. Wenn Du einfach die Blumenzwiebeln in die Erde steckst, die Dir die anderen geben, kommt dabei nicht unbedingt das heraus, was Du eigentlich willst."

„Hm, ja ... ein schönes Gleichnis ... Gibt es denn noch mehr, was Du mir oder den Lesern dieses Buches sagen könntest?"

„Legt euch draußen auf die Erde – im Wald oder auf einer Wiese oder auf einen Felsen und spürt die Erde und euch selber. Das ist die beste Methode, um zu verstehen, was Erde ist."

„Ja, das kenne ich – das tut gut und das ist auch sehr hilfreich, wenn man innerlich den Halt verloren hat und auseinander zu fallen beginnt oder wenn jemand kurz vor einer Panikattacke steht."

„Mach das nicht erst, wenn Du in Not bist, sondern mach das, um Dich zu fördern – dann kommst Du erst gar nicht in Not."

„Hm – ist das auch ein Erd-Prinzip? Vorsorgen? Auf das Fördern und Gedeihen achten?"

„Ja."

„Kannst Du mir noch mehr zeigen?"

„Schau."

Ich schaue innerlich ... ich sehe Wälder, Berge, Wiesen mit Wildblumen ... Berg-

ziegen ... ein paar Vögel ...

„Ja? Und nun?"

„Schau weiter."

„O.k."

Hm ... was fühlt sich hier wichtig an? Wo zieht es mich hin? Da links vorne – bergauf, zwischen Wald und Berghang – da gehe ich hin. Da ist eine Höhle ... ich gehe hinein ... an den Wänden sind ein paar Bergkristalle, ungefähr handgroß ... der Bergkristall ist mein Kraftstein ...

Hier bleiben oder weitergehen?

Weitergehen fühlt sich besser an – also gehe ich weiter in die Höhle hinein ... Es geht abwärts ... eine riesige Halle unter der Erde ... es ist rotglühend-hell ... da unten ist Lava ...

Hm – soll ich zum Erdkern hinunterreisen? Zu dem weißglühenden Eisen/Nickel-Kern? Ich kann die große rote 'Glut-Amöbe' im der Erdmittelpunkt sehen, die ich von früheren Traumreisen kenne – in ihr ist eine riesige Kraft ... aber jetzt dort hinreisen?

Ich spüre, daß ich eine Verbindung zu der 'Glut-Amöbe' aufgenommen habe – so wie ich das beim Meditieren mache – ein Lichtstrahl von meinem Wurzelchakra zu dem Erdkeren hinab ... aber es steht irgendwas anderes an ... aber was?

„Erde, gib mir mal einen Tipp!"

„Dreh Dich um."

Ich tue das. Da steht ein großer Bär aufrecht vor mir. Ich muß sofort an den Großen Bären im Norden der Schwitzhütte denken und daran, daß in dem Elemente-Mandala die Erde zum Norden gehört.

Komischerweise fürchte ich den Bären nicht. Er scheint mich zu sich zu rufen. Ich gehe zu ihm und kuschle mich an ihn – er ist mindestens einen halben Meter größer als ich, wenn er so da steht.

Es fühlt sich an, als ob er mich beschützt.

Er sagt 'per Gedanken', also nicht mit ausgesprochenen Worten: „Es ist Deine eigene Kraft, die Du da spürst. So könntest Du Dich fühlen. ... Willst Du das?"

„Ja."

„Dann komm."

Er läßt sich auf alle vier Tatzen nieder und geht aus der Höhle heraus. Mir scheint, daß er in dieser Höhle auch seinen Winterschlaf hält.

Als er aus der Höhle draußen ist, fällt er in eine Art Trab. Ich muß schon schnell joggen, um da mitzuhalten. Es geht durch den Wald, durch noch mehr Wald, dann über Wiesen im Flachland, über einige kleine Flüßchen und wieder durch kleinere Wäldchen, die hauptsächlich aus Birken bestehen. Dann sehe ich Felder und in der Ferne Dörfer.

„Du mußt auch in den Dörfern wie ein Bär sein können."

„Hm ... ja ... Soll ich das jetzt üben und später in realen Dörfern und in der

Stadt?"

"Was willst Du?"

"Später in der Stadt üben."

"Gut. Du bist also schon einmal ein bißchen eigenständig."

"Und jetzt?"

"Was willst Du?"

"Hm ... ich habe schon einiges dazugelernt und sehe einige Möglichkeiten, mich weiter zu entwickeln. ... Gibt es noch etwas Wesentliches, was mir weiterhelfen würde?"

"Ja – den Mars integrieren."

"Hm – dem Element Erde in mir würde mehr Mars gut tun?"

"Nicht noch mehr arbeiten und auch nicht noch mehr kämpfen – sondern mehr wollen."

"Ah ..."

"Sehen, was Du genießen kannst, was lecker schmeckt, was angenehm ist ..."

"Hm ... und wie kann ich das fördern?"

"Sei hemmungslos und überlege nicht so viel."

"Hm ... ich glaube, daß ich Dich verstehe, aber ich habe auch das Gefühl, daß ich noch einen Tipp dazu brauchen könnte."

"Gehe viel raus in die Natur – mehr als Du es jetzt schon tust. Und setzte oder lege Dich draußen oft hin."

"Ja gut ... ich kann schon sehen, welche Wirkung das haben könnte. Und mehr Menschen in meinem Leben?"

"Willst Du das?"

"Hm – ja und nein ..."

"Dir fehlt es an solidem Egoismus – Du nimmst zu viel Rücksicht und fragst Dich zu viel, wie es den anderen mit dem geht, was Du tust."

"Ja, das stimmt wohl ... Und wie kann ich das am besten ändern?"

"Indem Du es änderst."

"Ja – klar! Aber wo fange ich das am besten an?"

"Indem Du es änderst."

"Gut – kannst Du mich darauf hinweisen, wenn es eine Situation gibt, in der ich das tun könnte?"

"Kann ich. Mach ich."

"Dann werde ich jetzt mal diese Traumreise beenden. ... Mir fällt gerade auf, daß ich das Gefühl habe, nicht mehr mit dem Bären, sondern mit der Erde zu reden – das hat sich unmerklich verwandelt. Sowas ist mir auf meinen Traumreisen ja noch nicht begegnet."

"Ich bin Wachstum und Gedeihen."

"Und daher auch Verwandlung?"

„Ja."

„O.k. ... Vielen Dank, Erde! Und vielen Dank, Bär!"

„Bitte."

„Ho!"

Es kann interessant sein, solche Traumreisen von anderen Menschen zu lesen, aber wirklich lebendig wird das erst, wenn man selber eine solche Traumreise unternimmt. Jeder hat seine eigene Sicht auf das Element Erde und erlebt daher seine eigenen, ganz persönlichen Dinge mit der Erde.

Diese eigenen Erlebnisse sind das, was wirklich wertvoll für das eigene Wachstum, für das eigene Wohlergehen und für den eigenen Lebensgenuß ist, und sie sind auch das, was das Verhältnis zu dem Element Erde wirklich lebendig werden läßt.

II 1. f) Die Erd-Pentagramme

Es gibt in der heutigen abendländischen Tradition einige Symbole und Rituale, die oft benutzt werden, um die vier Elemente und die Quintessenz anzurufen, d.h um entweder sich selber, einen Raum oder einen Gegenstand mit der Qualität des betreffenden Elementes zu füllen.

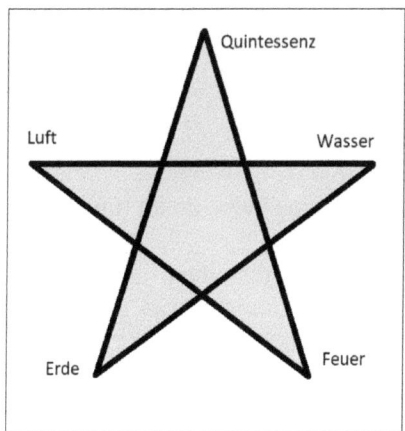

Die beiden wichtigsten Rituale dieser Art sind das Kleine Pentagramm-Ritual und das Große Pentagramm-Ritual. Sie beruhen beide auf der Zuordnung der fünf Elemente zu den fünf Spitzen des Pentagramms.

Die Zuordnung beginnt oben und die Reihenfolge ist im Uhrzeigersinn den Linien des Pentagramms folgend vom flüchtigsten zum festesten Element: Licht (Quintessenz) – Feuer – Luft – Wasser – Erde.

Daraus werden verschiedene Pentagramme mit verschiedenen Funktionen abgeleitet, die auch unabhängig von den beiden Pentragramm-Ritualen verwendet werden können.

Das anrufende Erd-Pentagramm

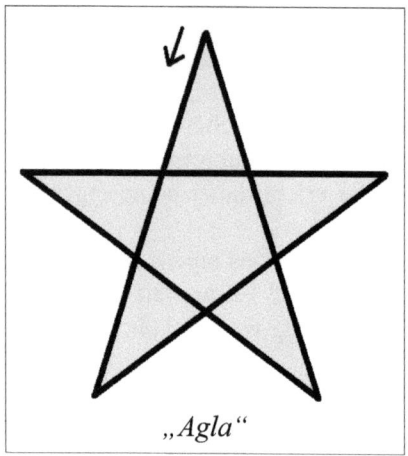

„Agla"

Dieses Pentagramm wird schweigend imaginiert, was man durch eine Geste des Armes und der Hand mit ausgestrecktem Zeige- und Mittelfinger unterstützt, die dieses Zeichen in die Luft zeichnen. Man beginnt oben in der Mitte und folgt dem Pfeil.

Dann hält man die Fingerspitzen in die Mitte des imaginierten Pentagramms und singt den hebräischen Gottesnamen „Agla". Dieses Singen sollte möglichst klangvoll sein und vibrieren – ähnlich dem gregorianischen Gesang oder dem rituellen tibetischen Gesang.

Hinter dem Pentagramm wird der Erzengel Auriel, der eine Münze trägt, imaginiert. Er selber und seine Kleidung sind schwarz, rotbraun, olivgrün und zitronengelb.

Mit diesem Pentagramm wird die Erd-Lebenskraft herbeigerufen.

Zur Differenzierung kann in der Mitte das Symbol eines der drei Erd-Sternzeichen (Steinbock, Stier, Jungfrau) eingezeichnet und imaginiert werden das wird jedoch nur selten benötigt.

Das bannende Erd-Pentagramm

„Agla"

Dieses Pentagramm wird wieder schweigend imaginiert. Man beginnt links unten und folgt dem Pfeil.

Dann hält man die Fingerspitzen in die Mitte des imaginierten Pentagramms und singt den hebräischen Gottesnamen „Agla".

Mit diesem Pentagramm wird mithilfe der Erd-Lebenskraft ein Schutz hergestellt bzw. die Erd-Lebenskraft selber gebannt – das hängt von der Intention ab.

Dies ist das Pentagramm, das beim Kleinen Pentagramm-Ritual verwendet wird, durch das ein erdhafter, d.h. stabiler Schutzkreis hergestellt wird.

Das Erd-Element im Kleinen Pentagramm-Ritual

In diesem Ritual wird die Erde dem Norden zugeordnet, der auch für die Nacht und den Winter steht. Die in diesem Ritual verwendeten Pentagramme sind in allen vier Richtungen das bannende Erd-Pentagramm, da es vor allem darum geht, einen stabilen Schutzkreis herzustellen. Es werden jedoch in den vier Richtungen die vier Gottesnamen benutzt, die dem betreffenden Element zugeordnet sind – im Norden also „Agla".

Das große anrufende Erd-Pentagramm

1. „Nanta"
2. „Agla"

1. „Emor Dial Hectega"
  „Adonai"

1. Licht-Pentagramm: Das Licht-Pentagramm mit den Fingerspitzen in die Luft zeichnen und imaginieren und dabei „Nanta" singen.

Dann das Licht-Symbol in die Luft zeichnen und imaginieren und „Agla" singen.

2. Öffnen des Schleiers: Man macht dort, wo man dieses Pentagramm in die Luft gezeichnet und imaginiert hat, mit beiden Händen eine Geste, als würde man zwei Vorhänge in der Mitte von oben nach unten hin teilen und sie dann nach links und rechts fortschieben und dadurch wie ein zweiflügeliges Tor öffnen.

3. Erd-Pentagramm: Das Erd-Pentagramm mit den Fingerspitzen in die Luft zeichnen und imaginieren und dabei *„Emor Dial Hectega"* singen.

Dann das Stier-Symbol in die Luft zeichnen und imaginieren und „Adonai" singen.

4. Erzengel: Hinter dem Pentagramm wird der Erzengel Auriel mit einer Münze in seinen Händen in den Farben zitronengelb, olivgrün, rotbraun und schwarz imaginiert.

5. Erd-Gruß: Der rechte Arm wird nach vorne oben gestreckt und der linke nach hinten unten – die rechte Handfläche weist nach unten, die linke nach oben.

49

Die Verwendung des Erd-Pentagramms

Das Anrufende Erd-Pentagramm kann man zum Herbeiholen von „erdiger" Lebenskraft, also für Beständigkeit, Gedeihen, Struktur, Besonnenheit, handwerkliches Geschick und ähnliches verwenden.

Man kann dafür das Erd-Pentagramm entweder in allen vier Richtungen ziehen und dadurch einen ganzen Raum mit der Erd-Energie aufladen und prägen oder das Pentagramm auch über einem Talisman o.ä. ziehen, den man weihen, d.h. mit Lebenskraft aufladen will.

Ein geläufiger Ritual-Aufbau, der eine schlichte Steigerung enthält, besteht aus drei Teilen: Im 1. Teil wird das passende Element mit dem entsprechenden Elemente-Pentagramm angerufen, im 2. Teil wird der passende Planet mit dem entsprechenden Planeten-Hexagramm angerufen, und im 3. Teil wird die Gottheit angerufen, zu der man Kontakt erhalten will oder die man um etwas bitten will. Das kann z.B. „Erde – Saturn – Jörd" sein.

Je nach der eigenen Veranlagung und den eigenen Interessen und Tätigkeiten lassen sich viele Anwendungsmöglichkeiten für das anrufende Erd-Pentagramm finden. So kann man z.B. Erd-Lebenskraft in ein Chakra oder in ein Organ rufen, dem es an dieser Qualität fehlt oder man kann den Tigerauge-Stein in einem Ring, der magische Eigenschaften erhalten soll, auf diese Weise aufladen.

In den meisten Fällen wird die Anrufung des Erd-Elements nur die Vorbereitung für die Anrufung einer Gottheit sein.

Man kann mit dem bannenden Erd-Pentagramm auch einen Schutzkreis ziehen, indem man zunächst einen Kreis zieht und imaginiert und dann in allen vier Richtungen das bannende Erd-Pentagramm zieht und imaginiert. Dieser Schutzkreis wäre deutlich beständiger, ruhender und passiver als das übliche Kleine Pentagramm-Ritual.

Mit den bannenden Pentagrammen kann man ganz allgemein reinigen, klären, Grenzen ziehen, Schutz schaffen und im Notfall auch Geister vertreiben.

Um den Unterschied des einfachen Erd-Pentagramms zu dem Erd-Pentagramm aus dem Großen Pentagramm-Ritual zu verstehen, kann man einmal eine Woche lang morgens, mittags und abends in den vier Himmelsrichtungen das einfache Erd-Pentagramm ziehen und dann eine Woche lang das Erd-Pentagramm aus dem Großen Pentagramm-Ritual. Der Intensitäts-Unterschied ist sehr deutlich.

Dieser Vergleich bzw. Unterschied gilt natürlich in derselben Weise auch für die anderen Element-Pentagramme.

II 1. g)   Die Kontemplation der Erde

Neben den Traumreisen in das Erd-Element und dem Nachdenken über das Erd-Element gibt es auch noch die Kontemplation. Sie ist weniger zielgerichtet als das Nachdenken, das auf eine bestimmte Frage ausgerichtet ist. Bei der Kontemplation schaut man, was alles zu einem bestimmten Thema gehört, was man dabei fühlt, wie diese Dinge zusammengehören, welche Wirkungen sie aufeinander haben ...

Das Nachdenken ist wie das Suchen nach einem Weg – die Kontemplation ist eher wie die Betrachtung einer Landschaft.

Sigmund Freud hat dieses Verfahren „Assoziation" genannt – wobei er hauptsächlich einzelne Themen wie einen Faden zu ihrem Ursprung zurück verfolgt. C.G. Jung hat diese Methode als „Amplifikation" bezeichnet, wobei er eher ein Netz von vielfältigen Zusammenhängen und Querverbindungen angestrebt hat.

Die passendste Art der Vorgehensweise bei einer solchen Kontemplation muß jeder für sich selber herausfinden: ein Gespräch mit einem guten Freund, ein stilles Nachdenken bei Sonnenuntergang mit einem Glas Rotwein auf dem Balkon, das Aufschreiben der Bilder und Themen in Stichworten auf ein großes Blatt Papier usw.

Die folgenden Betrachtungen sind keineswegs vollständig und sie sollen auch nur Anregungen für eigene Kontemplationen sein. Sie dienen nur der Veranschaulichung des Prozesses der Kontemplation, den wieder jeder selber durchführen muß, damit dadurch etwas Lebendiges, Organisches, Bereicherndes entstehen kann.

In dieser Phase einer Mandala-Betrachtung („Yesod", „Lebenskraft") geht es darum, das Mandala sozusagen auszudehnen, d.h. alles, was man in sich selber findet, und alles, was man in der Welt findet, einem der vier Elemente oder der Quintessenz (Licht) zuordnen zu können. Ein paar Beispiele dafür sind: Rinde gehört zu Erde, Wurzeln gehören ebenfalls zur Erde, der Warenfluß in einer Volkswirtschaft gehört zum Wasser, die Kernfusion in der Sonne gehört zum Feuer, ein Samenkorn gehört zur Quintessenz, ein Gespräch gehört zur Luft ...

Ein zweiter, ebenso wichtiger Ansatz ist es, in allen Systemen die vier Elemente und die Quintessenz ausfindig machen zu können. Zwei Beispiele dafür sind:

> 1. der Fahrer eines Autos ist die Quintessenz, der Motor ist Feuer; das Getriebe und die Räder sowie die Lenkung sind Luft, das Gestell und die Karosserie sind Erde, die Sitze und die Türen sind Wasser;

> 2. der Zellkern ist die Quintessenz, die Zellwand ist Erde, das Zellplasma ist Wasser, die Mitochondrien sind das Feuer, der Austausch mit der Umgebung der Zelle ist Luft ...

Diese beiden Betrachtungen lassen sich natürlich unmöglich in einem Buch für alles in der Welt durchführen – die angeführten Beispiele dienen nur dazu, das Prinzip zu veranschaulichen. In den fünf Kontemplationen zu den vier Elementen und der

Quintessenz wird noch ein dritter Ansatz verfolgt: Wo findet sich ein bestimmtes Element in der Welt und in mir? Letztlich besteht kein großer Unterschied zwischen diesen drei Ansätzen, da sie alle die Welt mithilfe der vier Elemente und der Quintessenz beschreiben.

Welchen Ansatz man dabei vorzieht oder ob man alle drei Ansätze gleichermaßen verwendet, spielt keine große Rolle – entscheidend ist, ob man diese Betrachtung so gründlich durchführt, daß man die Welt schließlich recht deutlich durch die „Brille der vier Elemente und der Quintessenz" sehen kann.

Die Kombination dieser drei Ansätze hat den Effekt, daß sich das Elemente-Mandala füllt und eine zunehmend tiefe Bedeutung bekommt. Wenn das gelungen ist, ist das dann so ähnlich wie bei einem Homöopathen, der beim Einkaufen schon sieht, welche Krankheiten die anderen Menschen, die mit ihm an der Kasse stehen, vermutlich haben; oder wie bei dem Katasteramts-Beamter, der beim Spaziergehen sieht, welches Grundstück wem gehört; oder wie bei dem Chemiker, der bei allen Dingen, die er in die Hand nimmt, eine Vorstellung davon hat, aus welchen chemischen Elementen sie besteht.

Man wird durch die Kontemplation der vier Elemente und der Quintessenz in allen Dingen sozusagen in Bezug auf die vier Elemente und die Quintessenz wie ein guter Handwerker sachkundig.

Auf späteren Stufen der Betrachtung hat das den Effekt, daß alles, was man an den Strukturen dieses Mandalas versteht, was man in ihm erlebt oder was durch dieses Mandala im eigenen Leben verändert wird, sich auch immer auf die Welt als Ganzes bezieht – schließlich ist das Mandala in allen Dingen enthalten und alles ist in diesem Mandala enthalten.

Erde in der Welt

Das wichtigste Merkmal der Erde in der Welt ist die relativ große Beständigkeit dieses Elements. Sie wird vor allem durch die Gravitation bewirkt, die die Materie zu Galaxien, Sonnen, Planeten und Monden zusammenzieht. Wenn diese Kraft die einzige wäre, die es gibt, würde alles zu vollkommen runden Himmelskörper mit glatter Oberfläche werden, die allesamt dunkel und kalt wären. Die Vielfalt der Welt entsteht also dadurch, daß auch die anderen Kräfte (elektromagnetische Kraft, Kernkraft) in der Welt wirken.

Das Element Erde (die Gravitation) beruhigt, zieht zusammen verbindet, stabilisiert … das geht hin bis zu der Bildung von Schwarzen Löchern.

Erde in jedem Ding

Jedes Ding hat eine Substanz – das ist das Element Erde. Jedes Ding hat auch – wenn es nicht sofort wieder vergeht – die Fähigkeit sich selber zu erhalten. Auch das ist ein Aspekt des Erd-Elements. Das ist der Egoismus, der Selbsterhaltungs-Drang, der im Erd-Element verwurzelt ist.

Weiterhin hat jedes Ding auch ein Gewicht – das ist die Wirkung der Gravitation zwischen der Masse dieses Dings selber und der Masse des Planeten, auf dem es sich befindet.

Jedes Ding wächst und verwandelt sich – manche schnell wie eine Blume, manche langsam wie ein Kristall. Auch diese langsame Entfaltung gehört zum Erd-Element. Auf ihr beruht das Wachstum, das Gedeihen, die Fruchtbarkeit und die große Differenzierung des Erd-Elements.

Erde in einem selber

Wie geht man mit Besitz um? Wie schützt man sich selber? Welches Verhältnis hat man zu seiner Herkunfts-Familie und zu der selber gegründeten Familie? Wie verdient man sein Geld? Wie egoistisch ist man? Wie beständig ist man selber? Welche Planeten stehen in dem eigenen Horoskop in einem Erdzeichen? Wie steht man zu Wohlstand und Reichtum? Wie gut kann man sich abgrenzen? Wie gut kann man genießen? Was kann man genießen?

Die Polarisierung der Erde

Wenn es im eigenen Leben in Bezug auf das Erd-Element einmal größere Schwierigkeiten gegeben hat, die man nicht vollständig hat lösen können, dann verliert das Erd-Element im eigenen Leben das rechte Maß. Dann kommt es zu einem Zuviel und zu einem Zuwenig, die sich gegenseitig bekämpfen. Oft ist man dauerhaft an dem einen der beiden Pole, aber manchmal kommt es auch zu einem ständigen Wechsel zwischen den beiden Polen.

Das Folgende sind einige Beispiele für die Auswirkung dieser Polarisierung:

> Ein Zuviel an dem Erd-Element kann sich wie folgt zeigen: Härte, Sturheit, Gier, Festhalten, sich nicht anpassen können, Armuts-Angst und Geld-Raffen, sehr dick werden, nicht teilen können und alles für sich behalten, Verlustangst

und alle und alles an sich binden, Herr sein müssen …

Ein Zuwenig an dem Erd-Element kann sich wie folgt zeigen: Wankelmut, keinen Widerstand leisten können, Armuts-Angst und Verzicht und Askese, sehr dünn werden, ständig alles anderen abgeben, Verlustangst und sich allen und allem unterordnen, Diener sein müssen …

Keiner dieser beiden Pole kann wirklich gedeihen und in keinem dieser beiden Pole kommt es zu einem wirklichen Genießen. Stattdessen prägen Mangel und Angst das Verhalten – völlig unabhängig davon, ob der Betreffende reich oder arm ist oder wie seine Lebenssituation aussehen mag.

Die Heilung der Erde

Um das Erd-Element in sich heilen zu können, muß man als erstes sehen können, daß es da tatsächlich ein Problem gibt.

Als nächstes hilft es, das Problem klar formulieren zu können: An welchem Pol stehe ich? Oder wechsle ich zwischen Askese und Sucht hin- und her? Wie ist diese Haltung entstanden?

Als drittes kann man eine Traumreise zur Erde machen und sich zum einen anschauen, in welchen Bildern dieses Problem auf der Traumreise erscheint – das macht das Problem meistens sehr viel greifbarer. Auf der Traumreise kann man sich zudem auch einmal den heilen Zustand des Erd-Elements ansehen – was sehr inspirierend sein kann.

Ab diesem Punkt kann man eigentlich keine allgemeine Anleitung mehr geben, da es ab hier sehr individuell wird. Letztlich geht es darum, die Spannung zwischen den beiden Polen abzubauen und die beiden Pole wieder zu der heilen Mitte zurückzuführen. Dafür ist die Kenntnis der beiden „kranken" Pole des Erd-Elements und des heilen Zustandes des Erd-Elements sehr hilfreich.

II 1. h) Trancetanz

Der Trancetanz ist eine ganz andere Möglichkeit, das Element Erde kennenzulernen und eine solide Verbindung zu ihm herzustellen.

Erdtanz und Erdgesang

„Trancetanz" ist ein recht schillernder Begriff, unter dem man sich vieles Verschiedenes vorstellen kann.

Im engsten, ursprünglichen Sinne ist eine Trance oder eine Ekstase eine Astralreise – „Trance" bedeutet „hinübergehen" und „Ekstase" bedeutet „hinausgehen", was sich beides auf das Hinausgehen des Astralkörpers aus dem physischen Körper bezieht.

In einem etwas weiteren Sinne ist eine Trance oder Ekstase eine Einsgerichtetheit, also eine vollkommene Konzentration. Dadurch erreicht man einen Bewußtseinszustand, der deutlich anders als Tiefschlaf, Traum oder Wachen ist. Seine Merkmale sind eben die Einsgerichtetheit, eine innere Wärme, ein Erfülltsein, ein Strahlen, ein grundloses Glück …

Diesen Zustand kann man am einfachsten durch eine rhythmische Tätigkeit erlangen, die schließlich – technisch formuliert – eine „stehende Welle" erzeugt, d.h. einen Bewußtseinszustand, der sich selber stabilisiert und in dem alle Inhalte des Bewußtseins miteinander in Resonanz stehen.

Das kann durch Mantra-Meditationen, durch Gesang, durch Tanz, durch Sex, durch Fahrradfahren, durch Musik-Improvisation, durch Joggen und durch noch so manches andere erreicht werden. Das, was alle diese Wege gemeinsam haben, ist die Wiederholung einer einfachen Bewegung über längere Zeit hin mit hoher Konzentration – das erzeugt die „stehende Welle", die Resonanz zwischen allen Inhalten der Psyche.

Zunächst einmal ist der Zustand der Trance/Ekstase immer derselbe. Er kann jedoch eine verschieden „Farbe" annehmen, wenn man ihn auf eine verschiedene Weise erlangt.

Weiterhin macht es natürlich einen Unterschied, auf was man bei der Trance/Ekstase ausgerichtet ist, da dies sozusagen die „Farbe" und den Inhalt des veränderten Bewußtseinszustandes ausmacht – eine sexuelle Trance fühlt sich anders an als eine Shiva-Trance oder eine Tanz-Trance.

Um eine Trance zu erreichen, ist eine hohe Konzentration, also eine Einsgerichtetheit notwendig. Beim Sex ist dies meist recht einfach zu erreichen und auch bei der Feuer-Meditation draußen im eisigen Winter ergibt sich die Einsgerichtetheit fast von selber, weil man sonst zu frieren beginnt. Ansonsten braucht man eine klare Motivation, um solch eine Trance erlangen zu können – z.B die Bitte an den ägyptischen Erdgott Geb, einem im eigenen Leben Wohlstand zu bescheren.

Um eine Erd-Trance zu erreichen, kann man innerlich über längere Zeit hinweg ein Erd-Mantra sprechen. Dies kann z.B. ganz schlicht der Name des ägyptischen Erdgottes Geb sein, den man sowohl beim Einatmen als auch beim Ausatmen innerlich spricht.

Eine weitere Möglichkeit ist das Singen eines kurzen Erdliedes, das höchstens vier

Zeilen hat und das man ständig wiederholt.

Man kann auch bei diesem Singen tanzen, wobei in den meisten Fällen ein Stampfen wirksamer als ein „Dahinschweben" ist – zumindestens bei Erd-Trancetänzen, die meisten recht afrikanisch wirken. Man kann auch eine passende Musik mit einem gleichbleibenden Rhythmus abspielen, die mindestens eine halbe Stunde lang dauert. Idealerweise führt man dies natürlich in einer Gruppe von Tänzern zusammen mit ein paar Trommlern durch …

Man kann sich auch selber in Trance trommeln – insbesondere wenn man bei dem Trommeln auf ein klares Ziel ausgerichtet ist. Dae kann das allgemeine Rufen von Lebensfreude sein, das Rufen des westafrikanischen Donnergottes Shango oder die Unterstützung einer Gruppe von Frauen, die gerade unter Anleitung einer Indianer-Schamanin das heile Urbild der Frau in den Teilnehmerinnen wachrufen wollen.

Wenn man ein Instrument spielt, kann man auch beim Improvisieren in Trance geraten. Das bedeutet ganz schlicht, daß man „in Schwung" kommt, daß sich das Gespielte in Eigendynamik weiterentwickelt, daß die Musik „durch einen selber hindurch" spielt. Solch ein Erlebnis kann sehr bereichernd sein – man erlebt dabei eine Kraft, die sonst im Alltag höchstens im Orgasmus vorkommt.

Wenn man nun meditiert, singt, tanzt oder Musik improvisiert und dabei ganz auf das Erd-Element ausgerichtet ist, erlebt man das Erd-Element auf eine sehr direkte Weise und ist auch anschließend viel stärker mit ihm verbunden als vorher. Das ist aber nun wieder etwas, was man mit Worten nur schwer beschreiben oder gar anschaulich erklären könnte – man muß es selber ausprobieren, wenn man sein eigenes Leben durch eine Erd-Trance bereichern will.

Musik für Erd-Anrufungen

Das Folgende sind Musikstücke, die zu Erd-Anrufungen, zu Erd-Trancetänzen und Erd-Meditationen passen. Trancetänze werden fast immer zu Musik durchgeführt – ob man Musik auch zu Ritualen und Meditationen benutzt, ist eine Frage des persönlichen Stils.

Natürlich sollte die evtl. benutzte Musik sowohl dem eigenen Verständnis der Erd-Lebenskraft als auch dem eigenen Musik-Geschmack entsprechen – die unten stehenden Musikstücke sind nur Vorschläge und Anregungen.

Die im folgenden aufgeführte Musik läßt sich bei „youtube" finden.

- Tangerine Dream: Canyon Dreams
> *elektronische Musik, die zu einer Reise durch den Gran Canyon einlädt (46 Minuten)*

- Fred Hageneder: Oak
  die Festigkeit und Kraft der Erde; Harfe, Schlagzeug, E-Gitarre u.a. (7 Minuten)

- Tony Allen: Never expect power always
  eine sehr erdhafte, aber trotzdem leichte Anrufung der Lebenskraft; Trommeln, Gesang u.a. (8 Minuten)

- Babatunde Olatunji: Drums of Passion
  halb-traditionelle afrikanische Musik; Trommeln, Gesang u.a. (41 Minuten)

- The unknown Cases: Ma simba bele
  eine erdhafte, aber sehr kraftvolle feurige Anrufung der Lebenskraft; Trommeln, Gesang u.a. (6 Minuten)

- Guem and Zaka percussion (CD ohne Titel)
  afrikanische Trommeln, die Geschichten erzählen (50 Minuten)

- Vivaldi: Winter
  klar-kühle und teilweise humorvolle-lautmalerische Musik über die Erd-Jahreszeit Winter (10 Minuten)

- Harry Eilenstein: Pastorale
  ruhige Musik; Flöte, Gitarre, Violine und Schlagzeug (5 Minuten)

- Third Ear Band: Earth
  kreative altertümliche Musik (10 Minuten)

- Black Blood: A. I. E. Mwana
  eine kraftvolle afrikanische Hymne auf die Familie (3 Minuten)

- Jasper van't Hoff: Pili Pili
  afrikanische Trommeln, Jazz und anderes; zwischen Meditation, Trance und Tanz (15 Minuten)

- Caravan: Nine Feet Underground
  erdhafte Musik mit extrem hohem Wohlfühl-Faktor; im Vordergrund stehen die kreativ-emotionalen Keybords (23 Minuten)

II 1. i) Anrufungen

Anrufungen sind im Idealfall improvisiert, d.h. sie ergeben sich direkt aus dem Augenblick heraus und beschreiben daher auch genau das, was im Augenblick an Wünschen, Gefühlen, Absichten und Lebensumständen da ist. Andererseits können Texte, die man immer wieder für denselben Zweck und auch in neuen Zusammenhängen benutzt, ebenfalls die Konzentration und die Sicherheit erhöhen.

Die folgenden Beispiele sind wieder nur Anregungen für das Verfassen von eigenen Anrufungen. Sie können in der hier angegeben Form benutzt werden, aber sie können auch gekürzt, erweitert und umgeschrieben werden oder eben als Anregungen für etwas ganz neu Geschaffenes verwendet werden.

Die folgenden Anrufungen sind in fünf verschiedenen Stilen verfaßt worden, damit die Weite der Möglichkeiten, wie eine solche Anrufung klingen kann, deutlich wird. Natürlich gibt es noch weitere Möglichkeiten wie den chinesischen Stil oder den Stil der nordamerikanischen Indianer. Doch die fünf Beispiele sollten genügen, um eine Idee davon zu erhalten, wie frei man letztlich bei dem Verfassen einer Anrufung ist.

Anrufung im ägyptischen Stil

Der „inhaltliche Reim", bei dem zwei Zeilen grammatisch gleich aufgebaut sind und dieselbe Aussage mithilfe von zwei verschiedenen Bildern enthalten, stammt aus dem Alten Reich und reicht bis in die Jungsteinzeit zurück. Diese archaische Reimform findet sich u.a. auch in den religiösen Texten der Sumerer und in den magischen Texten der Germanen.

Atum, Vater der Götter,
Geb, Urahn der Menschen –
gewährt uns Speise,
gebt uns Trank!

Atum, Du hast Dich am Anfang als Urinsel erhoben,
Geb, Du bist am Beginn als Urhügel erschienen –
tragt uns in unserem Leben am grünen Nil,
behütet uns in unserer Zeit im Schwarzen Land.[1]

---

1   „Kemi" = „Schwarzes Land": die schwarze, fruchtbare Erde Ägyptens im Gegensatz zu
    dem „Roten Land" der Wüste

Atum, Gott auf der Lotusblüte,
Geb, Gott unter dem weiten Himmel –
gebt uns als Osiris Korn,
gewährt uns als Napre Getreide!

Atum, Erster aller Götter,
Geb, Ältestes aller Wesen –
schenkt uns ein langes Leben,
erschafft uns ein freudevolles Dasein!

Anrufung im germanischen Stil

Die Namen „Jörd, Rindr, Gefion, Hlodyn, Mona, Fiörgyn, Herche, Skadi, Folde, Gyma, Haudr, Sif" in dieser Anrufung sind alles Namen der germanischen Erdgöttin. Sif ist außerdem auch noch die Korngöttin.

Odin ist der neue Göttervater nach 500 n.Chr., Tyr ist der alte Göttervater bis 500 n.Chr., Beli ist ein alter Name des Sonnengottes (Kelten: Belenus; Mesopotamien: Ba'al).

Die Reimform in dem Folgende ist der sogenannte „Echo-Reim" in einem „Herrscherlied mit Rübergezogenem". Das „Rübergezogene" ist das letzte Wort der vorigen Zeile, das als das erstes Wort in der neuen Zeile wiederholt wird – das ist das „Echo". Im Refrain wird – wie bei magischen Texten der Germanen üblich – der „inhaltliche Reim" verwendet.

Zudem findet sich in den Versen auch der Stabreim, der für die germanische Dichtung typisch ist (gleiche Anfangsbuchstaben).

Jörd nährt jeden auf der Erde,
die Erde ist jedes Frühjahr wieder jung;
jung ist Rindr in Odins Armen,
umarmt wird auch Gefion von Tyr.
Tyr weckt Hlodyn am Ende des Winters,
der Winter weicht Monas Blüten;
Blüten werden dank Beli Früchte,
Früchte und Korn schenkt uns Sif.

  Gyma, gib uns gute Gaben!
  Haudr, hüte unser Heim und Haus!

Fiörgyn fördert alle Pflanzen,
Pflanzen sind das Futter der Schafe;
Schafe auf den Hügeln sind Herches Herde,
die Herden nähren uns im Winter.
Winter ist der Skadi Wonne,
Wonne für uns ist der wohlgefüllte Bauch;
den Bauch der Erde beschützt Folde,
Folde sendet aus ihm Fülle empor.

 Gyma, gib uns gute Gaben!
 Haudr, hüte unser Heim und Haus!

__Anrufung im keltischen Stil des Barden-Druiden Taliesin__

Hört, wen ich rufe!
Hört, für wen ich singe!
Hört meine Verse!
Hört mein Lied!

Ich rufe die, die alle immer sehen,
Ich rufe die, die niemand jemals ganz gesehen hat;
Ich rufe die, deren Höhe wir ahnen,
Ich rufe die, deren Tiefe unermeßlich ist.

Ihre Beine sind aus Felsen –
wer könnte sie jemals zerstören?
Ihre Arme sind aus Stein –
wer könnte sie jemals vernichten?

Sie ist schwerer als schwer –
alle Riesen gemeinsam könnten sie keinen Fingerbreit bewegen;
doch wenn sie sich bewegt,
stürzen Mauern, Häuser, Türme, Burgen ein!

Ihr Gesicht reicht weiter als bis zum Horizont,
selbst der Adler kann es nicht überschauen;
Ihr Haar ist grün
und reicht weiter als jemals ein Falke geflogen ist.

Der Mond schaut auf sie herab
und wundert sich,
die Sonne blickt auf sie herab
und staunt ohne Ende.

Ihre Adern sind Täler mit breiten Flüssen,
in denen Menschen ertrinken;
ihre Gedanken sind Wolken,
die keiner fassen kann.

Sie legte sich nieder zum Schlaf
am Anfang der Zeit;
sie liegt in einem Bad,
das noch endloser ist als sie selbst.

Sie ist die Mutter der Schlangen,
Sie ist die Mutter der Krähen,
Sie ist die Mutter der Fische,
Sie ist die Mutter der Menschen.

Steige auf den höchsten Berg –
und Du ahnst ihre Größe;
Stiege in die tiefste Höhle –
und vielleicht spürst Du, was alles in ihr ist.

Sie kennt die Lebenden –
sie wohnen auf ihr;
Sie kennt auch die Toten –
sie wohnen in ihr.

Wer ist stärker als sie?
Sie kann kann mühelos
Berge erheben, Berge tragen
und Berge zerstören.

Wer kann trinken wie sie?
Sie schluckt den Regen,
sie schlürft das Eis und den Schnee,
und sie kann ganze Seen austrocknen.

Wer kann essen wie sie?
Sie nimmt alle Pflanzen in sich auf
und alle Menschen und Tiere,
und selbst die Steine verschwinden in ihrem Leib.

Sie ist das Erste, was jemals erschaffen wurde –
und sie ist die Schöpferin selber;
sie war vor dem Licht
und sie war vor der Dunkelheit.

Sie ist der Ursprung von allem, was wächst –
und wächst doch selber niemals;
in ihr endet alles beim Tod –
doch sie selber stirbt niemals.

Siehe – sie ist an manchen Orten heiß
und an anderen Orten kalt;
siehe – sie spuckt an manchen Orten Feuer
und an anderen verbirgt sie sich in Eis.

Vulkane sind die Poren auf ihrer Haut –
und Geysire sind die Drüsen ihrer Hülle;
die Reihen der Berge zeugen von ihrer Bewegung –
in tausend Menschenleben geht sie nur eine Elle weit.

Wer ist stark wie sie?
Sie kann Gebirge tragen ohne Mühe,
und die Meere kann sie Wogen schlagen lassen –
und die Menschen? Die spürt sie kaum.

Sie ist die Mutter allen Lebens,
sie ist die Mutter aller Menschen,
sie ist die Mutter von Dir und von mir –
sie trägt uns alle.

Auf ihr wächst das Korn,
der Lauch, der Mangold,
die Äpfel, die Birnen, die Trauben,
und auch die Kräuter, die uns heilen.

Mutter Erde! Auf Dir ruhen wir!
Mutter Erde! In Dir werden wir einst ruhen ...
Mutter Erde! Wenn ich auf Dir liege,
finde ich meinen Frieden wieder.

Du läßt die Pflanzen wachsen, die die Tiere nähren,
und die Pflanzen und Tiere nähren mich –
sie sind Deine Milch,
mit der Du mich täglich nährst.

Mein Leib ist aus Deiner Nahrung erschaffen,
mein Leib ist ein Geschenk von Dir an mich,
meine Seele hat ihre Heimat in Dir,
alle Seelen sind Teile Deiner Seele.

Anrufung im romantischen Stil

Weite Erde, hohe Berge,
breite Täler, tiefe Grotten:
Wohnen dort die Zwerge,
in ihrem Hügel-Kotten?
Sie schmieden und graben,
sie schleifen und bohren,
sie hacken und schaben,
Sie treten Nachts aus ihren Toren.

Kommt zu unseren Feldern,
kommt aus eurem Hain,
kommt aus den Wäldern,
kommt aus eurem Haus aus Stein!
Laßt den Acker gedeihen,
und segnet das Vieh!
Könnt ihr das Getreide weihen?
Enttäuscht habt ihr uns noch nie!

Anrufung im modernen Stil

Erde, Festestes der Elemente!
Komme zu uns, gibt uns Fundament
und gib uns Halt!
Gib uns Gedeihen und Fülle,
laß das Korn sprießen
und die Kräuter,
laß die Bäume wachsen
und die Rinder zahlreich sein!
Zeige uns die verborgenen Schätze:
Kristalle, Rubine, Smaragde, Opale
und die Kohle, die uns im Winter wärmt.
Hilf uns, in uns selber Erde zu finden,
Halt in uns selber, Vertrauen,
und hilf uns, Wohlstand zu schaffen –
jeder für sich und wir für uns alle.
Hilf uns, gemeinsam zu schaffen,
hilf uns, in Frieden zu leben,
hilf uns, die Erde zu schützen – vor uns selber.
Gib uns ein Heim,
daß wir Ruhe finden,
Gäste zu uns laden,
Feste feiern und genießen!
Gib uns Festigkeit,
daß wir Dinge erschaffen,
die bestehen und vielen helfen!
Gib uns Geschicklichkeit,
daß wir Zerbrochenes
wieder zusammenfügen
und Wunden heilen können!
Komm zu uns, Erde!
Erfülle uns!

II 1. j) Kunst

Das Prinzip der „4+1 Elemente" findet sich an vielen Stellen, die man zum Teil zur „religiös-magischen Kunst" zählen kann wie die Mandalas in Indien, Tibet und Nordamerika, die zum Teil auf die Symbolik der Schwitzhütte zurückgehen.

In der Malerei gehören thematisch die Landschaftsmalerei und die Stilleben (vor allem die reich mit Speisen gedeckten Tafeln) zum Element Erde.

Im Tanz ist vor allem der afrikanische Tanz mit seiner Betonung des Stampfens „erdig", aber auch einige traditionelle indianische Tänze haben etwas von dieser Qualität.

Die Bildhauerei ist schon von ihrem Element her „erdig", da sie Stein, Metall, Ton und Holz verwendet und dauerhafte Kunstwerke erschafft. Thematisch gehören vor allem die Statuen von Gottheiten zum Element Erde, da sie das Dauerhafte, also die Urbilder darstellen.

In der Dichtung kann man die festen Formen zu der Erde rechnen, weil die Erde eben das Feste ist. Das ist nicht nur der Endreim, sondern auch der inhaltliche Reim der Ägypter und Sumerer, die Reimformen der Chinesen und Japaner mit ihren festgelegen Silbenzahlen pro Reim, oder auch die sehr komplexen Reimformen der germanischen Skalden. Inhaltlich gehören der Bildungsroman und ähnliche belehrende Formen hierher.

In der Musik findet sich das Erd-Element auf mehrere Weisen: als ordnender Takt, als Trommel und Baß, sowie als die am Volkslied orientierten Musikformen wie z.B. die Pastorale, aber auch die formal sehr stark festgelegte Musikform der Fuge.

Die Architektur ist wieder ganz von dem Erd-Element geprägt, da sie dauerhafte Gebäude erschafft. Hier zeigt sich vor allem die Schutz-Funktion der Erde.

Im Film und im Theater findet sich das Erd-Element zum einen in den belehrenden Theaterstücken, die eine Moral verdeutlichen – zu ihnen zählt z.B. „Koyaanisqatsi". Weiterhin gehören natürlich auch die Filme hierher, in denen die Elemente mehr oder weniger explizit erscheinen wie in „The Legend of Korra", „Frozen 2" oder in „Harry Potter" (dort sind es die vier Häuser von Hogwarts).

II 1. k) Anwendung

Das Erd-Element wird bei Talisman-Weihungen, bei Wohlstands-Zaubern, bei Heilungen und vielem mehr benutzt. Es ist auch ein Element in der chinesischen Medizin und es wird auch bei der Herstellung eines Spiritus familiaris verwendet. Generell kann man auch das Feng-Shui zu dem Erd-Element rechnen, weil mit ihm eben die Qualität eines Ortes, also die Erde, geprägt wird. Auch Weihungen von Statuen und Tempeln kann man zur Erde zählen, da hier dauerhaften Dingen eine dauerhafte Qualität verliehen wird.

Natürlich gehören auch Fruchtbarkeitszauber für Mensch, Vieh und Feld zur Erde sowie generell jede Magie, die das Gedeihen von etwas fördert – von der erwünschten Schwangerschaft bis hin zum ersehnten Wohlstand.

Wenn Menschen zu einer Wahrsagerin oder zu einem Seher kommen, wollen sie etwas über Geld, Liebe und Gesundheit wissen – oft auch in dieser Reihenfolge. Das Geld entspricht der Erde, die Liebe entspricht dem Wasser, die Gesundheit entspricht dem Feuer und das Wissen-wollen entspricht der Luft.

Das Geld findet sich im Pentagramm-Ritual als Münze in den Händen des Erd-Erzengels Auriel.

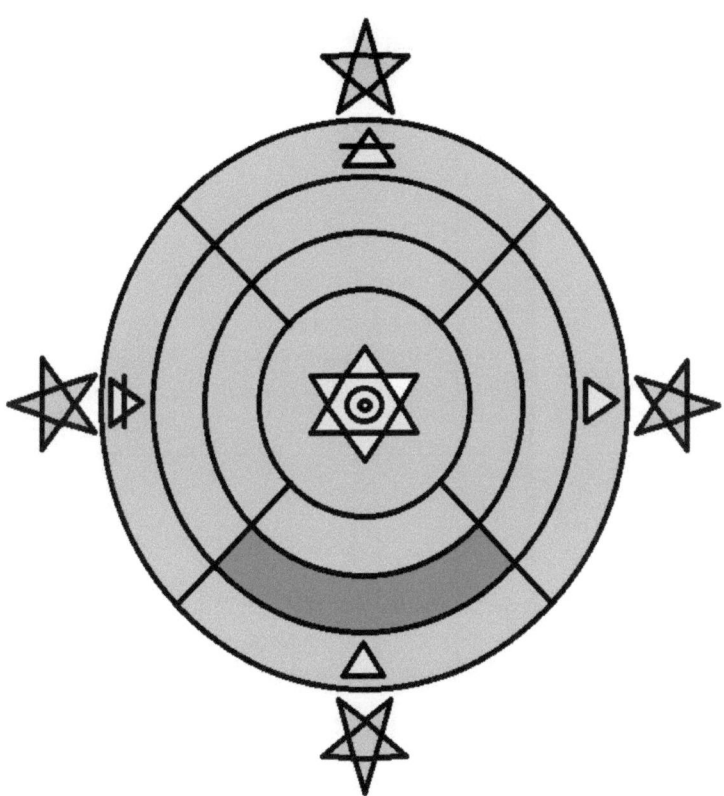

II 2. a) Die Symbole

Die Lebenskraft-Qualität „Wasser" wird mit verschiedenen Symbolen dargestellt:

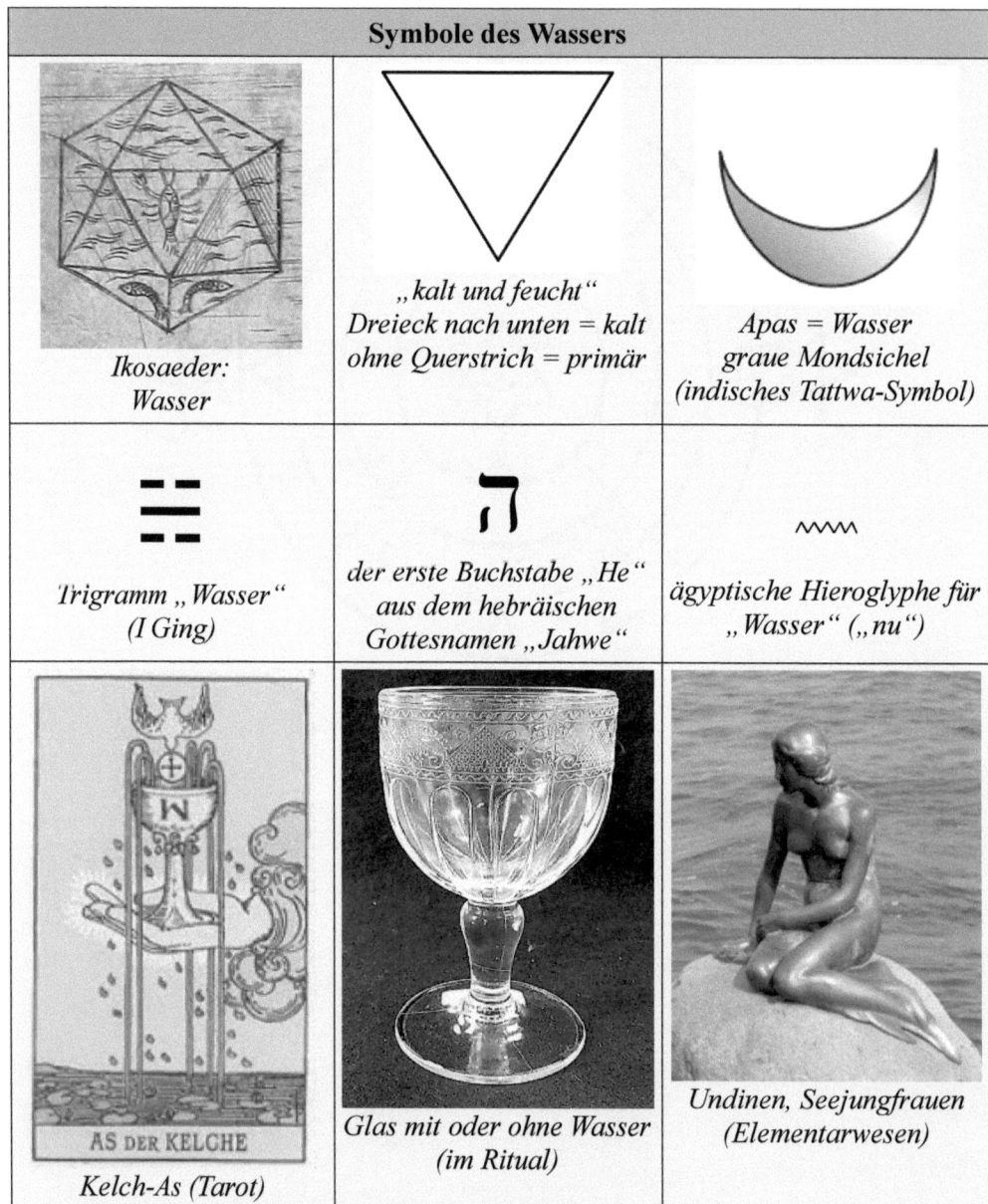

Symbole des Wassers		
Ikosaeder: Wasser	*„kalt und feucht"* *Dreieck nach unten = kalt* *ohne Querstrich = primär*	*Apas = Wasser* *graue Mondsichel* *(indisches Tattwa-Symbol)*
Trigramm „Wasser" (I Ging)	*der erste Buchstabe „He" aus dem hebräischen Gottesnamen „Jahwe"*	*ägyptische Hieroglyphe für „Wasser" („nu")*
Kelch-As (Tarot)	*Glas mit oder ohne Wasser (im Ritual)*	*Undinen, Seejungfrauen (Elementarwesen)*

Man sollte möglichst nur die Symbole benutzen, die einem zum einen verständlich sind und die einem zum anderen sympathisch sind. Wenn man z.B. das Christentum ablehnt und Kelche fest mit dem Christentum assoziiert, sollte man keinen Kelch, sondern ein einfaches Glas mit Wasser als Symbol benutzen.

Es gibt durchaus noch mehr Wasser-Symbole als die neun, die in der Übersicht angeführt worden sind. So gehören auch die drei Wasser-Tierkreiszeichen Krebs, Skorpion und Fische hierher.

Manche Symbole lassen sich nicht so einfach als Graphik, Bild oder Gegenstand darstellen oder werden als Symbol nicht oft verwendet. Dazu gehören die folgenden Wasser-Symbole:

- der Westen
- der Abend
- der Sonnenuntergang
- der Herbst

In Ritualen, die in der Tradition des „Golden Dawn"-Ordens stehen, werden manchmal Gesten als Gruß an die Elemente verwendet.

Die Wasser-Geste benutzt das alchemistische Wasser-Symbol: die Hände liegen vor dem Bauch, die Handinnenflächen zum Bauch gewandt, die beiden Daumen treffen sich mit ihren Spitzen und bilden die obere, waagerechte Linie eines Dreiecks, die übrigen Finger bilden die beiden schräg nach unten weisenden Linien dieses Dreiecks, die Fingerspitzen liegen ungefähr am Bauchnabel.

II 2. b) Die Astrologie

In der Astrologie findet sich das Wasser-Element in den drei Dynamiken als die drei bereits erwähnten Tierkreiszeichen wieder:

- der wässrige und schöpferische Krebs,
- der wässrige und gestaltende Skorpion, und
- die wässrigen und benutzenden Fische.

Das Wasser hat in der Astrologie die Eigenschaften emotional, gefühlvoll, anpassend, verlangend, intensiv, offen, empfindsam, sensibel, sensitiv usw.

II 2. c) Die fünf Tattwa-Aspekte

Die fünf Aspekte des Wassers sehen wie folgt aus:

die fünf Unter-Tattwas des Wassers				
Licht-Aspekt des Wassers	Feuer-Aspekt des Wassers	Luft-Aspekt des Wassers	Wasser-Aspekt des Wassers	Erd-Aspekt des Wassers
schwarzes Ei in silberner Sichel	rotes Dreieck in silberner Sichel	blauer Kreis in silberner Sichel	silberne Sichel	gelbes Quadrat in silberner Sichel

Es ist hilfreich, sich diese Unterteilung auf mindestens zwei Arten zu betrachten, damit sie konkreter und greifbarer werden: einmal als Phänomene in der Welt und einmal als Charaktereigenschaften.

der Licht-Aspekt des Wassers:
     - Natur: Regenbogen, Durchsichtigkeit
     - Psyche: Gefühle

der Feuer-Aspekt des Wassers:
     - Natur: Wasserdampf, Geysir
     - Psyche: Leidenschaft

der Luft-Aspekt des Wassers:
     - Natur: Nebel, Flüsse, Regen
     - Psyche: Kontakt, Nähe, Anteilnahme

der Wasser-Aspekt des Wassers:
     - Natur: Wasser
     - Psyche: Liebe

<u>der Erd-Aspekt des Wassers:</u>
- Natur: Eis, Gletscher, Schnee, Hagel
- Psyche: Verläßlichkeit, Bindung

Diese Unterteilung wird lebendiger, wenn man sie sich selber eine Weile betrachtet und durch eigene Ideen und Motive ergänzt.

II 2. d)   Die Wasser-Lebenskraft

Die Lebenskraft ist ein sehr hilfreiches Konzept in der Magie und in der Meditation. Eine sehr schlichte Anwendung ist der „Wasser-Atem".

In der Regel wird man einen bestimmten Grund haben, eine Wasser-Atmung durchzuführen – es kann z.B. sein, daß man emotional abgestumpft ist, sich steif fühlt, keine Kontakte mehr findet, sich in einer feindlichen Welt ausgesetzt fühlt usw.

In solch einem Fall würde man den Wasser-Atem wie folgt durchführen:

- einatmen:
- innerlich „Wasser" sprechen
- imaginieren, wie man Wasser-Lebenskraft aus dem Grundwasser, aus einem Bach oder Fluß, aus dem Regen, dem Schnee oder den Wolken herbeizieht und in den eigenen Körper leitet
- ausatmen:
- innerlich „Wasser" sprechen
- imaginieren, wie sich die Wasser-Lebenskraft im eigenen Körper ausbreitet und ihn erfüllt und belebt und ihn evtl. auch kühlt
- sofern man dabei läuft, den Atem mit den Schritten koordinieren (z.B. auf zwei Schritten einatmen, auf zwei Schritten ausatmen)

Im Vergleich zu Feuer- und Licht-Meditationen sind Wasser-Meditationen eher selten. Es gibt einige Rituale, die eng mit dem Wasser verbunden sind wie Schwitzhütten, Rückführungen und die Suche nach Erinnerungen an pränatale Erlebnisse, aber der eigentliche Wasser-Atem wird eher selten benutzt. Einige Methoden der Lebenskraft-Lenkung wie das „drawing down the moon", das man auch als „Mondlicht mit den Handchakren trinken" bezeichnen könnte, haben Ähnlichkeit mit dem Wasser-Atem, aber sind nicht dasselbe – die Mond-Lebenskraft und die Wasser-Lebenskraft sind sich lediglich recht ähnlich.

Der Wasser-Atem beruhigt, macht weicher, kühlt ab, macht emotionaler, hilft den Lebensfluß anzunehmen, ermöglich sich zu verwandeln und sich dabei trotzdem treu zu bleiben …

Bei der Weihung von Talismanen, bei Heilungen, beim Aufladen von Hausgeistern u.ä. wird in der Magie auch die Wasser-Atmung verwendet – manchmal durchaus gezielt, um z.B. eine erhöhte Beweglichkeit zu erlangen, aber in vielen Fällen auch nur, um alle fünf Elemente z.B. bei einer Weihung in einem ausgewogenen Verhältnis zu verwenden.

Das eigene Kraftpflanze ist der Aspekt der eigenen Lebenskraft, der zeigt, welche Haltung man einnimmt.

Die Ähnlichkeit der Feuers, das das „Taten-Element" ist, mit dem Krafttier ist recht groß, da das Krafttier für die Art der Handlungen eines Menschen steht. Auch die Verwandtschaft des Kraftsteins mit der Erde ist offensichtlich. Die Verwandtschaft der Kraftpflanze mit dem Wasser ist hingegen nur recht lose … Das System der Verbündeten (Krafttier, Kraftpflanze, Kraftstein und evtl. Kraftpilz) ist etwas deutlich anderes als das System der vier Elemente, auch wenn es Berührungspunkte zwischen beiden Systemen gibt.

Es lohnt sich, den Wasser-Atem ein wenig ausgiebiger zu üben, da das Lenken der Lebenskraft in der Magie, in der Meditation und in der Heilung ein zentrales Element ist.

II 2. e)   Die Traumreise

„Hallo Wasser – ich möchte Dich gern besser kennenlernen."
„Dann fühle."
„Was?"
„Das, was da ist."
„Jetzt?"
„Wann sonst? Gefühle sind immer in der Gegenwart."
„Hm, ja … und Gedanken verarbeiten die Vergangenheit und der Wille bezieht sich auf die Zukunft."
„Sei nicht philosophisch, sondern fühle."
„O.k. … … … da passiert gerade nichts … ich habe gerade keine Gefühle …"
„Willst Du denn fühlen?"
„Nur wenn sich das aus der Situation ergibt."
… … …
„Wasser?"

„Ja?"

„Ist Fühlen alles, was das Wasser ausmacht?"

„Nein."

„Hm ... sehr gesprächig bist Du nicht, oder?"

„Du hast keine klare Absicht."

„Hm ... ich möchte Dich kennenlernen."

„Dann schau mich an."

„O.k. ... mach ich ... ... Ich sehe den Rhein bei den beiden Inseln Grafenwerth und Nonnenwerth zwischen dem Drachenfels und dem Rolandsbogen ... ich sehe die Ahr bei Maischoß, die Swist bei Dünstekoven, den Rantzauer See in Barmstedt, die Nordseeküste ... ... das ist alles Wasser, ja ... aber ich habe eigentlich noch nichts Neues gesehen ..."

„Verstehst Du mich besser, wenn Du Neues über mich siehst?"

„Also, wenn Du mich so fragst ... nein."

„Und wie würdest Du mich besser verstehen?"

„Hm ... Anteilnahme an Dir ... Tiefe ..."

„Dann geh jetzt dorthin, wo das ist."

„Ja, gut ... ... erst war ich in einer Höhle mit Höhlenmalereien und mit einem kleinen unterirdischen Teich ... dann im Meer – vielleicht 5m unter der Meeresoberfläche ... es ist sonnig, ich sehe Sonnenstrahlen unter Wasser ... ... jetzt spüre ich auch etwas: ich kann loslassen, ich schwebe, ich bin schwerelos, hier gibt es keinen Schlaf, sondern nur Ausruhen – wie bei den Fischen ... aber ich bin ein Säugetier, wenn ich das mal so sagen darf ... dann schlafe ich hier also wie die Wale und die Delphine und wie der Albatros ... sie würden ertrinken bzw. abstürzen, wenn sie schlafen würden – daher schläft die eine Hirnhälfte von ihnen und die andere bleibt wach ... sie sind dann zugleich im Wachzustand und im Traumzustand, also auf einer Traumreise ... und sie sind auch zugleich im Wachzustand und im Tiefschlaf, also in der Stille-Meditation ...

Ist das Wasser eng mit diesen beiden Bewußtseinszuständen verbunden?"

„Wasser verbindet,
Wasser läßt schweben,
Wasser macht sichtbar,
Wasser läßt Anteil nehmen,
Wasser heilt,
Wasser läßt ganz werden,
Wasser erinnert Dich an Dich selber
Wasser ist Fülle –
das ist es, was Wasser ist."

„Und Liebe?"

„Wohin führt das, was ich eben beschrieben habe?"

„Hm ... ja, zur Liebe ... zur Selbsterkenntnis, dann zur Selbstliebe und dann zur Liebe von anderen ... ... So klar habe ich das bisher noch nicht gesehen ...

Jetzt sehe ich Bilder des Kelch-As aus verschiedenen Tarot-Sets ... und auch ein paar Versionen der Kelch-Königin ... Ja, diese Karten strahlen auch diese Qualität aus, die Du gerade beschrieben hast.

Da fällt mir die germanische Meeresgöttin Ran ein – aber die ist mehr eine Jenseitsgöttin, also eine Göttin der Wasserunterwelt als eine Meeresgöttin ...

Und der keltische Lir, der germanische Hler, der griechische Poseidon, der römische Neptun usw. sind der indogermanische Sonnengott-Göttervater in der Wasserunterwelt und nur sekundär auch der Meeresgott ...

Aber jetzt bin ich wieder im Denken angekommen ... "

„Das stört auch nicht – aber Du solltest darauf achten, daß das immer nur eine Hilfsfunktion neben dem Erleben bleibt. "

„Das hast Du schön formuliert ... "

„Ich weiß ... weil es ein Gefühl ist, dem ich Worte gegeben habe ... "

„Ist das eine andere Formulierung für Aufrichtigkeit? "

„Ja – das ist das zeigen dessen, was ist. "

„Das Wasser ist Erleben, oder? "

„Ja. "

„Also auch meine Sinne ... "

„Ja. "

„Dann erlebe ich das Wasser am besten, indem ich raus gehe und die Natur erlebe? "

„Ja – Wasser ist romantisch. ... Und vergiß dabei nicht, daß auch die Menschen ein Teil der Natur sind. "

„Hm ... ja ... mach ich ... gleich kommt mich noch mein Sohn besuchen – darauf freue ich mich schon.

Gibt es noch etwas, was Du mir zeigen oder sagen willst?

Ah – ich sehe es schon ... blau-türkises, sonnendurchschienenes Wasser ... Ist das der Licht-Aspekt des Wassers? "

„So etwas in der Art. Fühle es einfach. "

„O.k. ... ... das ist die Qualität des astrologischen Planeten Neptun – das ist ja auch ein 'wässriger Planet'. "

„Und er steht an Deinem Aszendenten und prägt Dich am stärksten. Daher bist Du trotz Deines Waage-Aszendenten ein Wasser-Typ. "

„Ja ... wenn ich an einem plätschernden Bach oder an einem See oder am Meer sitze, geht es mir gut ... Wolltest Du mich daran erinnern? "

Ich spüre ein Lächeln, das vom Wasser zu mir kommt ... ich soll wohl gerade weniger denken ...

Ich 'bade' einfach eine Weile in diesem Wasser/Neptun-Gefühl und in diesem

Wasser/Neptun-Bild ... das tut gut ... ...
  „Noch etwas, Wasser?"
  „Nein ... gehe jetzt mal raus ... "
  „Ja, mach ich ... Vielen Dank!"
  „Bitte."
  „Ho!"

II 2. f) Die Wasser-Pentagramme

Die allgemeinen Überlegungen zu dem Pentagramm finden sich bei dem Erd-Pentagramm.

Das anrufende Wasser-Pentagramm

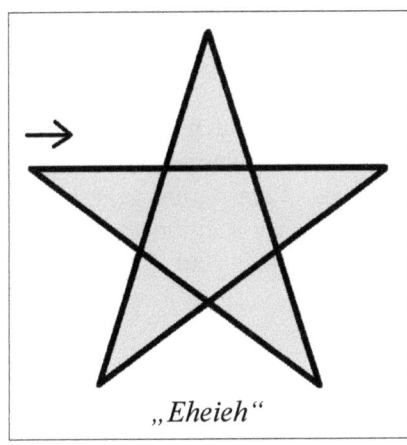

„Eheieh"

Dieses Pentagramm wird schweigend imaginiert, was man durch eine Geste des Armes und der Hand mit ausgestrecktem Zeige- und Mittelfinger unterstützt, die dieses Zeichen in die Luft zeichnen. Man beginnt und links außen und folgt dem Pfeil.

Dann hält man die Fingerspitzen in die Mitte des imaginierten Pentagramms und singt den hebräischen Gottesnamen „Eheieh".

Hinter dem Pentagramm wird der Erzengel Gabriel, der einen Kelch in seinen Händen hält, imaginiert. Er selber und seine Kleidung sind blau – die Konturen haben die Komplementärfarbe zu Blau, d.h. Orange.

Mit diesem Pentagramm wird die Wasser-Lebenskraft herbeigerufen.

Zur Differenzierung kann in der Mitte das Symbol eines der drei Wasser-Sternzeichen (Krebs, Skorpion, Fische) eingezeichnet und imaginiert werden – das wird jedoch nur selten benötigt.

Das bannende Wasser-Pentagramm

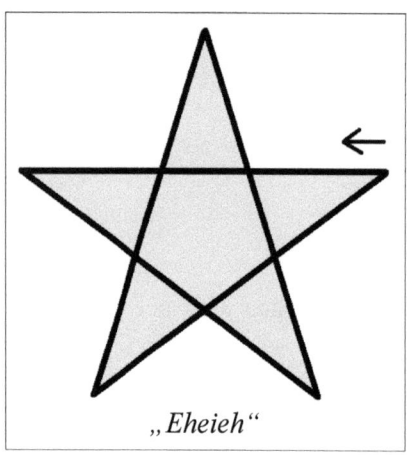

„Eheieh"

Dieses Pentagramm wird schweigend imaginiert. Man beginnt und rechts außen und folgt dem Pfeil.

Dann hält man die Fingerspitzen in die Mitte des imaginierten Pentagramms und singt den hebräischen Gottesnamen „Eheieh".

Hinter dem Pentagramm wird der Erzengel Gabriel, der einen Kelch trägt, imaginiert.

Mit diesem Pentagramm wird mithilfe der Wasser-Lebenskraft ein Schutz hergestellt bzw. die Wasser-Lebenskraft selber gebannt – das hängt von der Intention ab.

Das Wasser-Element im Kleinen Pentagramm-Ritual

In diesem Ritual wird das Wasser dem Westen zugeordnet, der auch für den Abend und den Herbst steht. Die in diesem Ritual verwendeten Pentagramme sind in allen vier Richtungen das bannende Erd-Pentagramm, da es vor allem darum geht, einen stabilen Schutzkreis herzustellen. Es werden jedoch in den vier Richtungen die vier Gottesnamen benutzt, die dem betreffenden Element zugeordnet sind – im Westen also „Eheieh".

Das große anrufende Wasser-Pentagramm

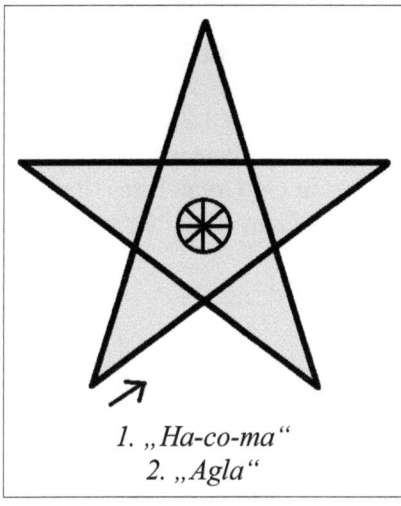

1. „Ha-co-ma"
2. „Agla"

1. **Licht-Pentagramm**: Das Licht-Pentagramm mit den Fingerspitzen in die Luft zeichnen und imaginieren und dabei „Ha-co-ma" singen. Dann das Licht-Symbol in die Luft zeichnen und imaginieren und „Agla" singen.

2. **Öffnen des Schleiers**: Man macht dort, wo man dieses Pentagramm in die Luft gezeichnet und imaginiert hat, mit beiden Händen eine Geste, als würde man zwei Vorhänge nach links und rechts fortschieben und dadurch ein Tor öffnen.

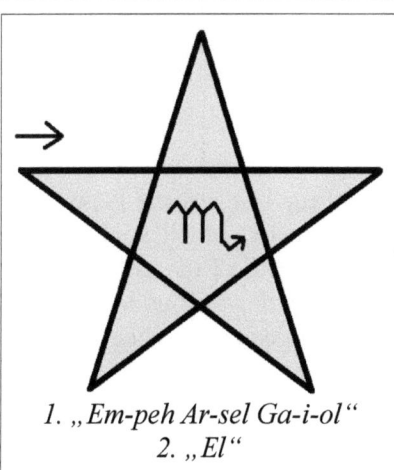

1. „Em-peh Ar-sel Ga-i-ol"
2. „El"

3. **Wasser-Pentagramm**: Das Wasser-Pentagramm mit den Fingerspitzen in die Luft zeichnen und imaginieren und dabei „Em-peh Ar-sel Ga-i-ol" singen.
Dann das Skorpion-Symbol in die Luft zeichnen und imaginieren und „El" singen.

4. **Erzengel**: Hinter dem Pentagramm wird der Erzengel Gabriel mit Kelch in den Farben blau/orange imaginiert.

5. **Wasser-Gruß**: Mit den Händen wird vor dem Bauch ein nach unten weisendes Dreieck gebildet – die Handflächen weisen zum Bauch.

Die Verwendung des Wasser-Pentagramms

Das Anrufende Wasser-Pentagramm kann man zum Herbeiholen von wässriger Lebenskraft, also für Emotionalität, Anteilnahme, Einfühlungsvermögen, Liebesfähigkeit, Imaginationsfähigkeit und ähnliches verwenden.

Man kann dafür das Wasser-Pentagramm entweder in allen vier Richtungen ziehen und dadurch einen ganzen Raum aufladen oder es auch nur über einem Talisman o.ä. ziehen, den man weihen, d.h. mit Lebenskraft aufladen will.

Ein geläufiger Ritual-Aufbau, der eine schlichte Steigerung enthält, besteht aus drei Teilen – das kann z.B. „Wasser – Neptun – Poseidon" sein.

Je nach der eigenen Veranlagung und den eigenen Interessen und Tätigkeiten lassen sich viele Anwendungsmöglichkeiten für das anrufende Wasser-Pentagramm finden. So kann man z.B. Wasser-Lebenskraft in ein Chakra oder in ein Organ rufen, dem es an dieser Qualität fehlt oder man kann den Aquamarin in einem Ring, der magische Eigenschaften erhalten soll, auf diese Weise aufladen.

II 2. g) Die Kontemplation

Zu den allgemeinen Betrachtungen zur Kontemplation siehe das entsprechende Kapitel bei dem Erd-Element.

Wasser in der Welt

Der weitaus größte Teil der Erde gehört zur Erde – die Erde ist ein fester Planet und unter den Meeren ist auch Erde. Die Oberfläche der Erde ist jedoch vom Wasser geprägt, das 4/5 der Erdoberfläche bedeckt – so gesehen ist die Erde ein „Wasser-Planet". Das Wasser befindet sich an der Oberfläche der Erde, weil es leichter als Erde, aber schwerer als Luft ist. Die beiden schwersten häufigen chemischen Elemente, d.h. Eisen und Nickel, befinden sich in der Mitte der Erde.

Das Element Wasser symbolisiert auch die langsame, fließende Bewegung. Sie findet sich nicht nur im Wasser selber, also in dem Kreislauf „Meer → Wolken → Regen → Flüsse → Meer", sondern auch in der Erosion der Berge, in dem Anhäufen von Sandbänken, in dem Aufsteigen der Lava aus dem Erdinneren, durch die die Vulkane und die Kontinentaldrift entstehen, u.ä.

Wasser in jedem Ding

Jedes Ding wandelt sich – das ist der Wasser-Aspekt in allen Dingen. Diese Erkenntnis ist eine der zentrale Aussage sowohl im Tao-Tê-King als auch Im I Ging. Selbst ein Kristall wandelt sich – die meisten von ihnen wachsen extrem langsam und lösen sich durch Kontakt mit anderem Gestein auch ebenso langsam wieder auf.

Insbesondere die Lebewesen enthalten sehr viel Wasser: Der Mensch besteht als Embryo fast ganz aus Wasser, ein Baby zu 85%, ein Kind zu 70% und ein alter Mensch zu 50%. Eine Qualle besteht zu 98% aus Wasser. Wasser ist das Lebens-Element. Wasser kann viele Stoffe in sich aufnehmen ohne sie fest an eine Stelle zu binden – daher macht das Wasser die in ihm enthaltenen Stoffe beweglich und ermöglicht ihnen, sich miteinander zu kombinieren. Wenn sich um dieses Wasser eine Hülle (Haut) befindet, entsteht ein Gefäß, in dem die verschiedensten chemischen und biologischen Prozesse ablaufen können.

Wasser in einem selber

Der Mensch besteht – wie gesagt – je nach Alter aus 50-85% Wasser. Das Wasser ist aber auch das Element der Empfindungen – sowohl der Wahrnehmungen als auch der Gefühle. Das Mensch hat in der Jugend viel von dem „Mond-Element" Wasser, während im Alter das „Saturn-Element" der Erde immer mehr zunimmt.

Das hat mehrere Folgen:

- Man wird im Alter unbeweglicher – sowohl körperlich als emotional: Erde ist starrer als Wasser.
- Man wird weniger aufnahmefähig: Für die Wahrnehmung braucht man die Empfindsamkeit des Wassers.
- Man wird weniger regenerationsfähig: Wasser ist das „Element der Jugend".
- Man hat ein weniger gutes Gedächtnis: die Erinnerungsfähigkeit braucht die Herstellung des Kontakts (Wasser, Mond) zwischen Wahrnehmung und Vergangenem.
- Man ist mehr alleine: Die Kontakte werden weniger und man hat auch den Wunsch, mehr alleine zu sein.

Das Wasser ist ein Element, das eine altersabhängige Dynamik hat – und von der Fähigkeit, sich das Wasser-Element zu bewahren, hängt es ab, wie schnell man altert.

Daher ist es ganz passend, daß der Säugling von Muttermilch ernährt wird und daß das Lebenselixier der Alchemisten sich aus der Milch der Jenseitsgöttin entwickelt hat, die die Toten im Jenseits stillt: Wasser hält jung.

Die Polarisierung des Wassers

Wenn das Wasser-Element polarisiert wird, entsteht ein Zuviel an Wasser oder ein Zuwenig an Wasser – also entweder ein emotionsloses „Vertrocknen" oder ein völlig formloses „Zerfließen".

Diese Pole können verschieden aussehen:

- Zuviel und Zuwenig
- Zerfließen und Vertrocknen
- Sucht und Askese
- Kontaktgier und Kontaktvermeidung
- Harmoniesucht und Aggression
- vor Mitgefühl zergehen und in Kälte erstarren
- hilfloser Helfer und hilfloser Hilfsbedürftiger
  usw.

Die Heilung des Wassers

Der Vorgang der Heilung ist beim Wasser letztlich derselbe wie bei der Erde (siehe dort), nur daß es hier um Wahrnehmungen, Gefühle und Kontakte geht und nicht um den Körper, um Besitz u.ä.

II 2. h) Trancetanz

Der Trancetanz ist eine weitere Möglichkeit, einen intensiven Kontakt zu dem Element Wasser herzustellen.

Wassertanz und Wassergesang

Die allgemeinen Betrachtungen zu den Trancetänzen finden sich bei dem Erd-Element.

Als Mantra eignen sich zum einen die Bezeichnungen für das Wasser wie „Wasser", „Aqua", „Water", „Apas" usw. und die Namen von Wasser-Gottheiten wie „Neptun", „Poseidon", „Lir" u.ä.

Während ein Erd-Trancetanz eben sehr „erdhaft" ist, d.h. auf den Boden und auf die Füße ausgerichtet ist und sehr viel Stampfen und „feste Bewegungen" wie im afrikanischen Tanz enthält, ist ein Wasser-Trancetanz sehr viel fließender und „romantischer" und hat daher mehr Ähnlichkeit mit dem Bauchtanz, thailändischem Tempeltanz, Klassischem Ballett. Die Bewegungen sind runder, gleitender, gebogener und gehen ineinander über – sie fließen eben wie Wasser.

Musik für Wasser-Anrufungen

Das Folgende sind Musikstücke, die zu Wasser-Anrufungen, zu Wasser-Trancetänzen und Wasser-Meditationen passen.
Die im folgenden aufgeführte Musik läßt sich bei „youtube" finden.

- Smetana: Moldau
  Klassik, musikalische Beschreibung des Flusses Moldau von der Quelle bis zum Meer (13 Minuten)

- Tangerine Dream: Underwater Sunlight
  elektronische Musik, die sehr gut die Stimmung unter der Meeresoberfläche darstellt (66 Minuten)

- Pink Floyd: Echos
  eine Vielfalt von melancholischen und kraftvollen Stimmungen sowie Texten, die sich auf das Meer beziehen (24 Minuten)

- Pink Floyd: Granchester Meadows
  Gesang, akustische Gitarre und Naturgeräusche: ein Nachmittag in einer Flußaue (8 Minuten)

- King Crimson: Moonchild
  ein zartes, verträumtes Stimmungsbild; Gesang und verschiedene Instrumente (3 Minuten)

- Pink Floyd: Embryo (Studio-Version)
  ein sehr stilles, ergreifendes Stück mit Gesang und sanften Klängen über die Gefühle eines Embryos im Mutterleib (5 Minuten)

- Santana: Aquamarine
	Sonnenlicht auf dem Meer in der Karibik; beschaulich, lebendig, glitzernd ... (6 Minuten)

- Takashi Kokubo: The Morning Sea (CD: Waves and Light and Earth)
	die kühle Seite des Wassers: Eis und Schnee; elektronische Musik auf sehr hohem Niveau (19 Minuten)

- Klaus Schulze: Mirage
	die kühle Seite des Wassers, leicht, mühelos, schwebend, Schnee-landschaften (58 Minuten)

- Tangerine Dream: Approaching snowy Village
	... und noch eine Schneenacht aus elektronischer Musik ... (9 Minuten)

- Harry Eilenstein: Back to Life
	der Gefühls-Aspekt des Wassers: eine allmähliche Rückkehr aus Resignation und Depression zurück ins Leben (7 Minuten)

- Tchaikowsky: Schwanensee
	der Inbegriff der Romantik und somit auch des träumerischen Neptun-Aspekts des Wassers (120 Minuten)

- Nightwish: Sleeping Sun
	die kraftvoll-romantisch-leidenschaftliche Seite des Wassers (4 Minuten)

- Genesis: Firth of Fifth
	gefühlvolle, teils schwebende, teils aufglühende Musik; im Vorder-grund stehen die „weiche" E-Gitarre und die Querflöte (10 Minuten)

- Gong: Emotions
	gefühlvolle, sanfte und doch intensive Musik; Violine und Xylophon (5 Minuten)

- Third Ear Band: Water
	kreative altertümliche Musik (7 Minuten)

- Harry Eilenstein: Largo
        Streichquartett   (5 Minuten)

- Vivaldi: Autumn
        melancholische Musik über die Wasser-Jahreszeit Herbst
        (11 Minuten)

- Harry Eilenstein: Regen-Tanz
        Regen, Gewitter, Fluß ...   (8 Minuten)

- Harry Eilenstein: Renaissance-Kirchenmusik
        Bläser und Schlagzeug   (3 Minuten)

II 2. i)   Die Anrufung

Die allgemeinen Betrachtungen zu den Anrufungen finden sich bereits bei dem Element Erde.

Anrufung im ägyptischen Stil

Im folgenden wird eine andere Form der ägyptischen Lyrik verwendet als der „inhaltliche Reim" bei dem Erd-Element. Die folgende Form stammt aus dem Neuen Reich, während der „inhaltliche Reim" aus dem Alten Reich stammt und bis in die Jungsteinzeit zurückreicht.

Wasser – Du bist der Anfang von allem als Nun,
Wasser – Du bist die uranfängliche Dunkelheit als Kaunet,
Wasser – Du bist der Himmel als Nun,
Wasser – Du bist der Nil als Hapi;

Wasser – Du läßt die Pflanzen auf dem Acker grünen,
Wasser – Du läßt die Menschen leben,
Wasser – Du reinigst die Statuen der Götter,
Wasser – Du heilst die Wunden;

Wasser – Du erscheinst als Meer,
Wasser – Du erscheinst als Fluß,
Wasser – Du erscheinst als Regen,
Wasser – Du erscheinst als Nebel;

Wasser – Du kommst von Norden,
Wasser – Du kommst vom Süden,
Wasser – Du kommst vom Osten,
Wasser – Du kommst vom Wesen;

Wasser – Du bist der Hüter der Teile des Korngottes Osiris,
Wasser – Du bist die Heimat des Krokodilgottes Sobek,
Wasser – Du bist der Wohnort der Nilpferdgöttin Thoeris,
Wasser – Du bist das Versteck des Schlangengottes Apophis;

Wasser – Du läßt die Fische im Oasen-See leben,
Wasser – Du läßt die Gazellen in der Steppe leben,
Wasser – Du läßt die Rinder auf den Weiden leben,
Wasser – Du läßt uns Menschen im Niltal leben!

Anrufung im germanischen Stil

Die folgende Anrufung hat eine recht einfache lyrische Form, die sich durch die Verwendung von Kenningarn auszeichnet. Eine Kenning ist eine bestimmte Form der Umschreibung wie z.B. „Nasen-Fahrrad" für Brille. Etwas anspruchsvoller ist schon „Nasen-Draht-Esel" für „Brille" und die komplexeste Form einer Kenning, die noch ab und zu verwendet wird, wäre „Nasen-Draht-Lang-Ohr". Solche Kenningar sollten den germanischen Skalden (Dichtern) zufolge aus nicht mehr als fünf Worten bestehen, da sie dann unübersichtlich werden und eher ein Rätsel als eine lyrische Form sind.

Als Grundform wird in der folgenden Anrufung das von J.R.R. Tolkien entwickelte Versmaß verwendet, mit dem er den Grundcharakter der germanischen Dichtung in englischer Sprache wiederzugeben versucht hat. In dieser Form reimt sich das letzte Wort der ersten, zweiten und vierten Zeile und außerdem reimt sich das mittlere und das letzte Wort der dritten Zeile. Zudem enthalten die Verse viele Stabreime.

Das Geschenk des Gewitters[2] ergießt sich
über Grate und Täler und erfrischt mich.
Heimat der Haie[3], Wogen der Weihe[4],
sie segnen die Menschen – auch Dich!

Ruhestätte der Ran[5], in Dir versinkt das Gold-Rad[6],
am Rande der Welt[7], geht den Meeres-Pfad[8].
Sarg der Sonne[9], des Wanderers Wonne[10],
Du erweckst auf den Feldern die Saat!

---

2   Geschenk des Gewitters = Regen
3   Heimat der Haie = Meer
4   Wogen der Weihe = Taufwasser (die Taufe war bei den Germanen schon vor der Christianisierung üblich)
5   Ran = Meeresgöttin; ihre Ruhestätte = ihr Palast am Meeresgrund bzw. das Meer
6   Gold-Rad = Sonne
7   Rand der Welt = Horizont
8   Meeres-Pfad = Weg der Sonne in die Wasserunterwelt am westlichen Horizont
9   Sarg der Sonne = das Meer als das, in dem die sterbende Sonne am Abend versinkt
10 des Wanderers Wonne = Wasser, Quelle, Quellwasser

Die Burg der Barsche[11] verbirgt viele Schätze
und füllt schon bald der Fischer Netze.
Atemluft der Aale[12], Wiese der Wale[13],
Du segnest aller Menschen Plätze!

Nahrung des Nebels[14], Du füllst die Niederungen,
hältst unter dem Nachen[15] den Schatz der Nibelungen[16].
Füllung der Flüsse[17], Rauschen der Regengüsse[18],
Du bist den Wolken am Himmel entsprungen!

Anrufung im keltischen Stil des Barden-Druiden Taliesin

Er ist überall,
doch Du kannst ihn nicht greifen;
er ist fast immer in Bewegung,
doch er geht ohne Beine.

Er springt von hohen Felsen
ohne sich zu verletzen;
er dreht sich ständig im Kreis,
doch niemals wird ihm schwindelig.

Du stichst ihn mit dem Schwert,
Du stichst ihn mit dem Speer,
Du stichst ihn mit dem Pfeil,
doch es stört ihn nicht: Es fließt kein Blut.

---

11 Burg der Barsche = Fluß, See
12 Atemluft der Aale = Wasser
13 Wiese der Wale = Meer
14 Nahrung des Nebels = Tau, Wasser
15 Nachen: langer, flacher Kahn für die Binnenschiffahrt (Einbaum); unter dem Nachen halten = auf dem Grund des Rheins festhalten (damit der Schtz nicht gehoben werden kann)
16 Schatz der Nibelungen = sagenhafter Schatz, der an dem Lorelei-Felsen im Rhein versenkt worden ist
17 Füllung der Flüsse = Wasser
18 Rauschen der Regengüsse: Dies ist keine echte Kenningar – auch hier ist „Wasser" gemeint.

Er fällt vom Himmel
und Du hörst ihn fallen,
doch er schreit nicht
und bricht sich nicht die Glieder.

Er vernichtet ganze Berge
er zerwühlt Täler,
er gräbt Fjorde,
doch Du kannst ihn nicht halten.

Seine Stimme kann gewaltig sein
am Himmel und auf Erden,
doch er wird niemals
Deinen Worte lauschen.

Wenn Du zum Kreis wirst, dann wirst Du still,
wenn Du zu vielen kleinen Kreisen wirst, dann wirst Du laut
wenn Du zum Bogen wirst, dann wirst Du wunderschön,
Wenn Du eben wirst, dann wirst Du friedlich.

Ich höre Dich – Du spielst auf einer Trommel,
ich sehe Dich – Du bewegst Dich wie eine Schlange,
ich höre Dich – Du brüllst wie ein Löwe,
ich sehe Dich – Du bist ein grauer Berg am Himmel.

Du bist in mir und läßt mich leben –
ohne Dich bin ich schon in nur drei Tagen tot.
Du bist in allen und umhüllst die Ungeborenen –
in ihnen allen bist Du warm und rot.

Wer Dich zerschlägt, hat Dich nicht getötet,
Du wirst dann einfach zwei.
Wer Dich zu Dir bringt, hat danach nicht zwei,
sondern wieder eins.

Du bist das, was die Schwitzhütte erfüllt,
Du bist das, was die Lebenden erfüllt,
Du bist das, was den Himmel erfüllt,
Du bist das, was in der Erde verborgen ist.

Du bist mächtig – Du gibst allen Leben;
Du bist mächtig – Du gibst manchmal auch den Tod.
Du bist das Lauteste am Himmel
und das Leiseste auf Erden.

Du bist die Schwester des Windes,
Du bist die Tochter des Meeres,
Du bist die Mutter der Flüsse,
Du bist die Leben der Lebenden.

Du kannst so winzig sein,
daß es das Auge kaum erkennen kann –
kleiner als ein Zwerg,
kleiner als ein Staubkorn!

Du kannst so riesig sein,
daß es das Auge kaum erkennen kann –
größer als ein Riese,
größer als ein Berg!

Dein Frieden ist so tief,
daß er jedes Herz beruhigen kann;
Deine Wut ist so groß,
daß sie Burgen zerschmettern kann.

Du bist der Tau der Augen,
Du bist die Sehnsucht der Quelle,
Du bist das Geheimnis der Wolken,
Du bist die Mutter der Meere.

Ich rufe Dich, Du König ohne Krone!
Ich rufe Dich, Du Krieger ohne Schwert!
Ich rufe Dich, Du Bauer ohne Pflug!
Ich rufe Dich, Du Baumeister ohne Spaten!

Komme, Göttin der Seen!
Komme, Geist der Meere!
Kommt, Nixen der Klippen!
Kommt, Undinen der Flüsse!

Gebt uns Leben, gebt uns Liebe!
Gebt uns Geborgenheit und gebt uns Fülle!
Gebt uns die Klarheit unserer Sinne!
Gebt uns die Lebendigkeit unserer Gefühle!

Ich rufe euch, ihr rauschenden Tropfen des Regens!
Ich rufe euch, ihr brodelnden Wellen der Quellen!
Ich rufe euch, ihr Gischt-gekrönten Fluten der Flüsse!
Ich rufe euch, ihr mächtigen Wogen des Meeres!

Erfüllt uns und unseren Tempel!
Erfüllt uns und unseren Kreis aus Steinen!
Erfüllt uns und den Kelch auf dem Altar!
Erfüllt uns und den Himmel im strömenden Regen!

Kommt als Nebel und kommt als Tau!
Kommt als Regen und kommt als Schnee!
Kommt als Hagel und kommt als Eis!
Kommt als Gewitter und kommt als Regenbogen!

Löscht den Durst der Menschen und Tiere!
Tränkt die Trockenheit der Wälder und Felder!
Fließt in die Leere des Bachbetts und des Sees!
Erfüllt die Adern der Kräuter und Bäume!

Kommt mit der Kühle des Regens!
Kommt mit den Farben des Regenbogens!
Kommt mit dem Gebrüll des Donners!
Kommt mit dem Glanz des Schnees!

Gebt uns Trank!
Gebt uns Frische!
Gebt uns Leben!
Gebt uns Liebe!

Gebt uns Fülle!
Gebt uns Milch!
Gebt uns Mutter!
Gebt uns Stille!

Seid uns Brust und Nest und Frieden!
Seid uns Freunde und Glück und Fließen!
Führt uns ins Hier und ins Jetzt und ins Leben!
Führt uns zu Quelle und Fluß und Meer!

Mannan McLir – Herr des Regens!
Mannan McLir – Herr der Wogen!
Mannan McLir – Herr der Jenseitsinsel!
Mannan McLir – Herr der Lachse der Unsterblichkeit!

Schaue freundlich auf uns,
schenke uns Dein Lächeln!
Schaue uns gütig an,
schenke uns ein lebendiges Leben!

Anrufung im romantischen Stil

Wasser, fließender Himmelssegen –
  komme aus dem Nebel zu uns!
Wasser, strömender Regen –
  komme aus den Wolken zu uns!
Wasser, sprudelnde Quelle –
  komme von dem Berg zu uns!
Wasser, wogende Welle –
  komme aus dem Tal zu uns!

Wasser, forme tief die Klamm –
  fließe aus den Bergen zu uns!
Wasser, staue Dich vor dem Damm –
  fließe durch die Wiesen zu uns!
Wasser, sprudle hervor aus Höhlengängen –
  fließe zwischen den Hügel zu uns!
Wasser, rinne herab an den Hängen –
  fließe das Gebirge entlang zu uns!

Rauschender Bach im grünen Tal –
  erfrische meine Seele!
Goldener Kelch im hohen Saal –
  weihe der Undine Stele!
Brandung des Meeres am Strand –
  gewähre uns den Algen-Kranz!
Muster der Wellen im Sand –
  zeigt uns der Kräfte Tanz!

Nebel in Hain und Hag –
  beende der Felder Dürre-Not!
Regen am frühen Tag –
  laß das Korn gedeihen für unser Brot!
Hagel über den Feldern –
  verschone Apfel und Traube!
Regenbogen über den Wäldern –
  sei unserem Leben eine Segens-Haube!

Anrufung im modernen Stil

Geister des Wassers, ich rufe euch –
  Ich wecke euch in der Quelle, im See!
Geister des Wassers, ich rufe euch –
  Ich suche euch in den Wolken, im Meer!

Göttin des Wassers, ich rufe Dich –
  Ich brauche Dich für meinen täglichen Trank!
Göttin des Wassers, ich rufe Dich –
  Ich brauche Dich für die Kühlung in der Hitze!

Gott des Wassers, ich rufe Dich –
  Behüte mein Boot auf dem See!
Gott des Wassers, ich rufe Dich –
  Beschütze mein Schiff auf dem Meer!

Ran, ich rufe Dich –
  laß die Sonne am Morgen auf den Fluten auferstehen!
Ran, ich rufe Dich –
  sende mir Delphine als Begleiter!

Neptun, ich rufe Dich –
  laß die Trauben auf meinem Weinberg reifen!
Neptun, ich rufe Dich –
  lasse die Wogen mir wohlgesonnen sein!

Nixe, ich rufe Dich –
  sende Liebe in mein Leben!
Nixe, ich rufe Dich –
  schicke Fülle in meine Tage!

Nöck, ich rufe Dich –
  lasse das Stockende in mir fließen!
Nöck, ich rufe Dich –
  befreie das Gestaute in mir!

Undine, ich rufe Dich –
  öffne die Dämme!
Undine, ich rufe Dich –
  laß es am Wehr laut rauschen!

Poseidon, ich rufe Dich –
  laß die Freude sprudeln!
Poseidon, ich rufe Dich –
  laß die Gischt hoch empor steigen!

Lorelei, ich rufe Dich –
  besänftige alle Strudel!
Lorelei, ich rufe Dich –
  laß alle Felsen in dem Fluß gut sichtbar sein!

Lir, ich rufe Dich –
  bringe mir das Lebenselixir!
Lir, ich rufe Dich –
  laß mich in Deiner Welt wiedergeboren werden!

Najade, ich rufe Dich –
  gib mir Erfüllung!
Najade, ich rufe Dich –
  laß unsere Träume Wirklichkeit werden!

II 2. j)   Kunst

Das Prinzip der „4+1 Elemente" findet sich an vielen Stellen, die man zum Teil zur „religiös-magischen Kunst" zählen kann wie die Mandalas in Indien, Tibet und Nordamerika, die zum Teil auf die Symbolik der Schwitzhütte zurückgehen.

In der Malerei finden sich ganz konkret die Wasser-Bilder, also Darstellungen von Wolken, Regen, Gewitter, Quellen, Flüssen, Seen, Meer, aber auch von Getränken und Wasserwesen wie Nixen sowie Wassergottheiten wie Poseidon. Etwas weniger materiell gesehen gehört fast die gesamte Malerei der Romantik zum Element Wasser, da in ihr vor allem Gefühle und Stimmungen dargestellt worden sind. Auch einige moderne Maler wie z.B. Johfra, die vor allem Symbole wie die Tierkreiszeichen gemalt haben, kann man zu dem Wasser-Element rechnen. Dasselbe gilt teilweise auch für die „esoterische Malerei".

Beim Tanz zählen die Tanz-Richtungen, die romantisch oder symbolisch sind und vor allem fließende Bewegungen und Gesten haben, zu dem Wasser-Element. Das sind vor allem das Klassische Ballett, der indische Tempeltanz und teilweise auch noch der orientalische Bauchtanz und die Hula-Tänze von Hawaii, obwohl diese beiden Stile auch eine feurige Seite haben.

In der Bildhauerei zählen vor allem die symbolischen Werke hierher, die Gottheiten, religiöse Symbole und ähnliches darstellen. Natürlich kann man auch die Kunst des Baus von Springbrunnen, Wasserfällen und ähnlichen Bauten in Parkanlagen zu dem Wasser-Element zählen.

Auch in der Dichtung gehört vor allem die Romantik hierher, aber auch die Lyrik insgesamt, da das Schwingen der Teile eines Dichtung durch Versmaß, Reim, analogem Satzbau usw. etwas ist, was zu dem Kontakt und dem Verbinden und Organisch-werden-lassen des Wasser-Elementes gehört. In einem weiteren Sinne gehören auch die Mythologie, die Märchen, die Fantasy-Literatur und teilweise auch noch die Sagen, die jedoch auch eine ausgeprägte erdige Seite haben, hierher.

In der Musik zählen vor allem die emotionaleren Formen zu dem Element Wasser. Das sind u.a. der Schlager, die Schnulzen und die meisten Songs, in denen es um Liebe und Beziehungen geht. Die Opern haben meistens auch eine ausgeprägte dramatische, also feurige Seite, aber einige eher romantische Opern passen auch zu dem Element Wasser. Einige Ballett-Musiken wie „Schwanensee" passen ebenfalls hierher. Ein Titel wie „Wassermusik" reicht hingegen noch nicht aus, um diese Komposition zu dem Element Wasser zu rechnen.

In der Architektur könnte man das Dorf zu den wässrigen Bauformen rechnen, da in einem Dorf sich Ähnliches mit Ähnlichem zu einer organischen Form zusammenlagert, in der jeder jeden kennt. Insbesondere die jungsteinzeitlichen Dörfer, in denen die Häuser alle aneinander gebaut worden sind und bei denen der Eingang eine Dachluke gewesen ist, stellen gut das Element Wasser dar. Ganz konkret gehören natürlich auch Kanäle, Brücken, Staudämme, Deiche, Häfen und ähnliches hierher.

Im Theater und im Film sind es wieder die romantischen und emotionalen Themen sowie das Fantasy, das ein Theaterstück oder einen Film zu einem „Wasser-Theaterstück" bzw. zu einem „Wasser-Film" werden läßt. Auch einige Filme mit religiös-magischem Schwerpunkt könnten zu den „Wasser-Filmen" zählen, wenn in ihnen nicht das dramatische, d.h. feurige Element zu dominant ist.

Weiterhin gehören natürlich auch die Filme hierher, in denen die vier Elemente mehr oder weniger explizit erscheinen wie in „The Legend of Korra", „Die Bestimmung", „Frozen 2" oder in „Harry Potter" (dort sind es die vier Häuser von Hogwarts).

II 2. k) Anwendung

Das Wasser tritt als Element sowohl in der Magie als auch in der Heilung auf.

In der Magie ist es eine Form der Lebenskraft, deren Eigenschaften der Kontakt, die Verbindung, das Aufnehmen, das Anteilnehmen, das Mitfühlen, die Fülle, die Geborgenheit, die Gemeinschaft, das Heilen, das Fließen und generell die Gefühle sind. Das Wasser-Element läßt sich in vielen Situationen nutzen: So ist es ausgesprochen hilfreich, ein anrufendes Wasser-Pentagramm zu ziehen, wenn man etwas Ungewöhnliches vom Finanzamt oder einer anderen Behörde will – die Beamten werden auf einmal ausgesprochen freundlich und kooperativ. Das Ziehen des Pentagramms sollte man natürlich daheim vor dem Gang zum Amt oder dann im Amt nur rein imaginativ durchführen.

In solchen Heilmethoden wie der chinesische Medizin erscheint das Wasser sowohl als „magisches Element" als auch als Heilmittel. In der tibetischen Medizin tritt das Trinken von bestimmten Mengen Wasser zu bestimmten Zeiten in einer bestimmten Körperhaltung als Heilmethode auf. In Europa sind natürlich Kneipkuren, Wassertreten, Schwimmen und Urlaub am Meer deutlich bekannter.

In der Mythologie erscheint das Wasser vor allem als die Wasserunterwelt. Daher sind bei vielen Völkern Quellen, Seen, Flüsse und das Meer der Eingang in die (Wasser-)Unterwelt. Auch die Jenseitsinsel im Westen, wo die Sonne untergeht, ist solch ein Wasser-Motiv. Zu diesen Inseln zählen u.a. das Atlantis der Griechen, das Tir-Nan-og und das Avalon der Kelten und das Walaskialf der Germanen. Auch die Traumreise in das Jenseits der Sonne oder die Jenseitsreise der Schamanen ist oft eine Reise in die Wasserunterwelt.

Generell gehören die Förderung der Phantasie und des Einfühlungsvermögens sowie der Fähigkeit, etwas zu imaginieren, zu dem Element Wasser. Träume und Tagträume gehören generell hierher, aber manche Träume gehören ganz besonders zum

Wasser-Element, wenn sie auch ein magisches Element wie z.B. das Vorhersehen von Ereignissen enthalten oder zu einem neuen Projekt anregen – so habe ich z.B. detailliert von diesem Buch geträumt und es deshalb geschrieben (was ich vorher noch nie so erlebt habe).

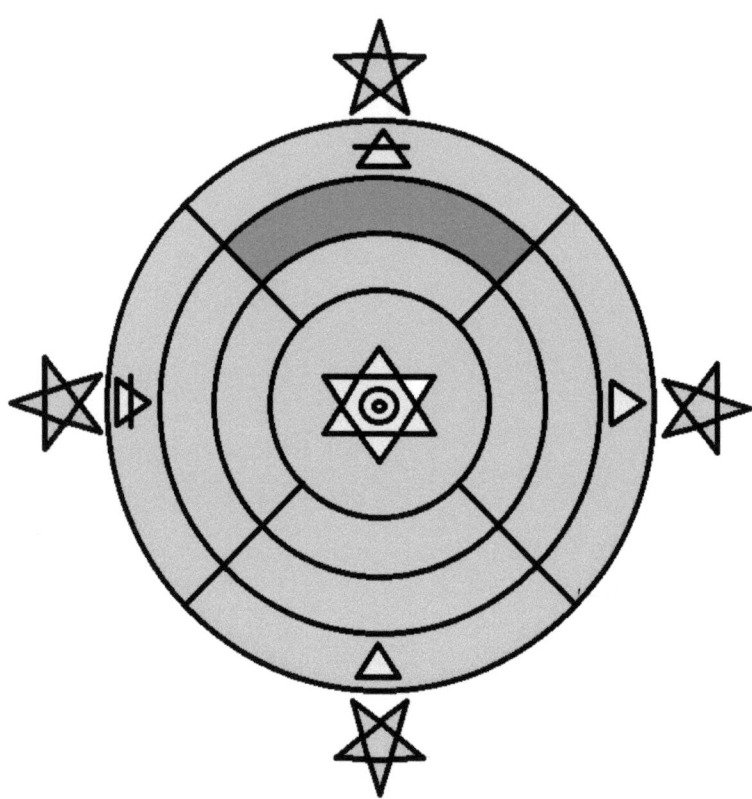

II 3. a)   Die Symbole

Die Lebenskraft-Qualität „Luft" wird mit verschiedenen Symbolen dargestellt:

Symbole der Luft

Oktaeder:
Luft

„heiß und feucht"
Dreieck nach oben = heiß
mit Querstrich = sekundär

Vayu = Luft
Blauer Kreis = Himmel
(indisches Tattwa-Symbol)

Trigramm „Wind"
(I Ging)

Buchstabe „He"
aus dem hebräischen
Gottesnamen „Jahwe"

ägyptische Hieroglyphe für
„Segel, Wind, Atem"
(„tjau")

Schwert-As (Tarot)

Räucherwerk

Sylphen (Elementarwesen)

Man sollte möglichst nur die Symbole benutzen, die einem zum einen verständlich sind und die einem zum anderen sympathisch sind. Wenn man z.B. die Darstellung von Sylphen kitschig findet, sollte man auf Sylphen-Bilder im Ritual verzichten.

Auch die Symbole der drei Luft-Tierkreiszeichen Waage, Wassermann und Zwillinge gehören hierher.

Manche Symbole lassen sich nicht so einfach als Graphik, Bild oder Gegenstand darstellen oder werden als Symbol nicht oft verwendet. Dazu gehören die folgenden Luft-Symbole:

- der Osten
- der Morgen
- der Sonnenaufgang
- der Frühling

In Ritualen, die in der Tradition des „Golden Dawn"-Ordens stehen, werden manchmal Gesten als Gruß an die Elemente verwendet.

Die Luft-Geste ist in etwa die Haltung des ägyptischen Luftgottes Shu: die Oberarme werden zu Seite gestreckt, die Unterarme im rechten Winkel nach oben, die Hände sind wieder annähernd waagerecht und bilden mit den Handflächen zwei Schalen, der Blick ist leicht nach oben gerichtet.

II 3. b)   Die Astrologie

In der Astrologie findet sich das Luft-Element in den drei Dynamiken als die drei bereits erwähnten Tierkreiszeichen wieder:

- die luftige und schöpferische Waage,
- der luftige und gestaltende Wassermann, und
- die luftigen und benutzenden Zwillinge.

Die Luft hat in der Astrologie die Eigenschaften beweglich, neugierig, denkend, verbindend, kontaktfreudig, theoretisch, redefreudig, wandelbar usw.

II 3. c)   Die fünf Tattwa-Aspekte

Die fünf Aspekte der Luft sehen wie folgt aus:

die fünf Unter-Tattwas der Luft				
Licht-Aspekt der Luft	Feuer-Aspekt der Luft	Luft-Aspekt der Luft	Wasser-Aspekt der Luft	Erd-Aspekt der Luft
schwarzes Ei in blauem Kreis	rotes Dreieck in blauem Kreis	blauer Kreis	silberne Sichel in blauem Kreis	gelbes Quadrat in blauem Kreis

Es ist hilfreich, sich diese Unterteilung auf mindestens zwei Arten zu betrachten, damit sie konkreter und greifbarer werden: einmal als Phänomene in der Welt und einmal als Charaktereigenschaften.

der Licht-Aspekt der Luft:
- Natur: Durchsichtigkeit, Bewegung
- Psyche: Erkenntnisse

der Feuer-Aspekt der Luft:
- Natur: Blitz, Atem
- Psyche: Neugier, Forschung

der Luft-Aspekt der Luft:
- Natur: Luft, Wind, Wirbelwind
- Psyche: Denken, Sprechen

der Wasser-Aspekt der Luft:
- Natur: Luft-Kreislauf
- Psyche: sich wundern, etwas bemerken

<u>der Erd-Aspekt der Luft:</u>
> - Natur: Erosion durch Wind
> - Psyche: Konzepte, Prinzipien

Diese Unterteilung wird lebendiger, wenn man sie sich selber eine Weile betrachtet und durch eigene Ideen und Motive ergänzt.

II 3. d) Die Luft-Lebenskraft

Die Lebenskraft ist ein sehr hilfreiches Konzept in der Magie und in der Meditation. Eine sehr schlichte Anwendung ist der „Luft-Atem".

In der Regel wird man einen bestimmten Grund haben, eine Luft-Atmung durchzuführen – es kann z.B. sein, daß man sich schwer und unbeweglich fühlt, daß man neue Ideen braucht, einen Kontakt sucht oder etwas wiederfinden will.

In solch einem Fall würde man den Luft-Atem wie folgt durchführen:

> - einatmen:
>> - innerlich „Luft" sprechen
>> - imaginieren, wie man Luft-Lebenskraft aus der umgebenden Luft oder aus dem Wind herbeizieht und in den eigenen Körper leitet
> - ausatmen:
>> - innerlich „Luft" sprechen
>> - imaginieren, wie die Luft-Lebenskraft im eigenen Körper belebt und leichter, beweglicher und wacher macht
>> - sofern man dabei läuft, den Atem mit den Schritten koordinieren (z.B. auf zwei Schritten einatmen, auf zwei Schritten ausatmen)

Im Grunde ist der gesamte Pranayama-Aspekt des Yoga eine Anwendung des Luft-Atems – diese Beschreibung ist natürlich ein wenig zu kurz gegriffen, da die Atemübungen, die „Pranayama" genannt werden, ein ausgesprochen vielfältiges und komplexes System sind. Der Luft-Atem ist lediglich so etwas wie das kleinste Bausteinchen des Pranayama-Systems.

Im Vergleich zum Feuer-Atem ist der Luft-Atem deutlich unbekannter, obwohl man ihn zur Förderung der körperliche, emotionalen und geistigen Beweglichkeit benutzen kann. Daher gibt es beim Luft-Atem mehr Vermutungen als durch vielfältige Erfahrungen gesicherte Gewißheiten.

So könnte der Luft-Atem z.B. vor Prüfungen u.ä. hilfreich sein. Möglicherweise kann er auch Alzheimer abmildern, also das Nachlassen des Gedächtnisses im fortge-schrittenen Alter. Auch bei der Suche nach neuen Ideen könnte der Luft-Atem hilfreich sein.

Ein ganz anderer Aspekt ist es, die Wirkung des Luft-Atems in verschiedenen Umgebungen zu vergleichen – z.B. auf einem Berg, in einem Wald oder am Meer, in Windstille, im Regen oder im Sturm.

Hier fehlen bisher gesicherte Erfahrungswerte, auch wenn es durchaus begründete Vermutungen für die Wirkung des Luft-Atems auf die Luft in der eigenen Umgebung gibt, der bis zum Windzauber reicht.

Bei der Weihung von Talismanen, bei Heilungen, beim Aufladen von Hausgeistern u.ä. wird in der Magie auch die Luft-Atmung verwendet – manchmal durchaus gezielt, um z.B. eine erhöhte Beweglichkeit zu erlangen, aber in vielen Fällen auch nur, um alle fünf Elemente z.B. bei der Weihung in einem ausgewogenen Verhältnis zu verwenden.

Zu den gezielteren Verwendungen des Luft-Atems gehören z.B. die Aufladung von Merkur-Talismanen, Anrufungen der drei Luftzeichen Waage, Wassermann und Zwil-linge sowie Sturmzauber, wie sie z.B. von den Druiden bekannt sind – wobei man allerdings nicht weiß, ob die Druiden bei ihren Sturmzaubern irgendeine Form der Luft-Atmung verwendet haben.

Der eigene Kraftpilz ist der Aspekt der eigenen Lebenskraft, der zeigt, auf welche Weise man sich mit andern Dingen verbindet. Da auch die Luft das „Verbindungs-Element" ist, ist der Kraftpilz mit dem Luft-Element verwandt.

Im Vergleich zu dem Krafttier, der Kraftpflanze und dem Kraftstein ist der Kraftpilz noch sehr wenig erforscht – sowohl in der Magie als auch in der Homöopathie. Das Krafttier stellt die Dynamik eines Menschen dar, die Kraftpflanze seine Haltung und der Kraftstein seine Struktur. Was genau der Kraftpilze verkörpert, ist noch ein wenig unsicher. Die Pilze sind jedoch eine eigenständige Gruppe von Lebewesen neben den Tieren und den Pflanzen – und sie sind entgegen der intuitiven Vermutung den Tieren näher verwandt als den Pflanzen.

Hier gibt es noch Forschungs-Bedarf.

Es lohnt sich, den Luft-Atem ein wenig ausgiebiger zu üben, da das Lenken der Lebenskraft in der Magie, in der Meditation und in der Heilung ein zentrales Element ist.

II 3. e) Die Traumreise

„Hallo Luft – ich würde Dich gerne besser kennenlernen."

„Dann atme doch einfach ..."

„Ehm – Du scheinst ja Humor zu haben!"

„Natürlich."

„Gut – mein Atem verbindet mich ständig mit der Welt. Astrologisch gesehen ist das ein Quincunx-Vorgang: es wird ständig eine Ordnung und Spannung wiederhergestellt – hier die Versorgung mit Sauerstoff. Aber ich vermute mal, daß ich noch so manches über Dich, Luft, nicht weiß."

„Na klar – Du bist ja schließlich nicht erleuchtet. Und selbst wenn Du's wärst, wärst Du ja nicht erleuchtete Luft."

Ich höre die Luft lachen ...

„Gut – der nächste Aspekt der Luft: Beweglichkeit, Schnelligkeit, Geschick mit Worten, schnelle Auffassungsgabe ..."

„Ach ... das sieht nur im Vergleich mit Dir so aus, daß ich schnell bin ..."

„Ehm – ist das jetzt Spott? Das habe ich so von dem Luft-Element eigentlich nicht erwartet ..."

„Das ist doch egal!"

„O.k. – was willst Du?"

„Du willst doch was!"

„Gut – das ist also ein Rätsel. In dem Puzzle fehlt ein Steinchen. Was ist das? ... Vermutlich ist es die klare Frage an Dich, die hier fehlt. ... Ich hätte gerne einen intensiveren Kontakt zu Dir und ich hätte gerne, daß Du denen, die dieses Buch lesen, sagst, wie sie einen intensiveren Kontakt zu Dir erlangen können."

„Na – immerhin bist Du lernfähig und blickst in der richtigen Weise auf die Dinge – Du hast ja auch einen Waage-Aszendenten und bist daher ein Freund der Luftgeister. Deshalb bist Du ja auch ein Schreiberling geworden – unter anderem deshalb."

„Was empfiehlst Du?"

„Atmen."

„Geht das ein bißchen genauer?"

„Euer Atem verbindet euch mit der Luft – so wie das Trinken mit dem Wasser und das Essen mit der Erde und das Sitzen am Feuer mit dem Feuer. Nur ist eure Verbindung zur Luft am ständigsten und am beständigsten – ihr atmet ohne Unterbrechung."

„Das heißt, wir haben ständig Kontakt mit dem Luft-Element, aber meistens unbewußt. Wie läßt sich das denn nutzen – vor allem in der Magie? Wie geht ein Windzauber?"

„Atme – und weite Dich über Deinen Atem in den Wind hinein."

„Hm ... das kenne ich so ähnlich aus den Geschichten über Cormac McArt – in ihr

102

erzeugt der Druide Mogh Ruith mit seinem 'Druidenatem' eine Wolke am Himmel, die eine Sturm auslöst. Aber wie geht das?"

„Da gibt es keine Anleitung – tu's einfach."

„Kann man gar nichts dazu sagen?"

„Doch – verbinde Dich bewußt mit der Luft, weite Dein Bewußtsein über Deinen Atem in die Luft hinein aus ... Aber das hilft Dir alles nicht viel, wenn Du nicht selber zur Luft wirst. Das mußt Du tun, erleben, beschließen, machen, sein ..."

„Klingt so, als wenn man das ausprobieren müßte bis man schließlich entdeckt hat, wie das geht."

„Etwas plump formuliert, aber richtig."

„Wie wär's eleganter formuliert?"

„Ach – plump formuliert ist schon das Richtige für euch."

„Hm ... gibt es vielleicht noch etwas, was für uns förderlich zu wissen wäre?"

„Oh – da gibt es unendlich viel!"

„Ich meine in Bezug auf Dich, also auf die Luft."

„Atme weiter – dann wirst Du alles finden."

„Atemübungen? Pranayama? Mantra-Meditationen?"

„Machs's nicht so kompliziert und auch nicht so formal. Achte einfach auf Deinen Atem. Schau, wie Du atmest, wie sich das anfühlt, was da in Dir geschieht. Und sei freundlich zu Dir."

„Gehört Freundlichkeit nicht eher zum Wasser?"

„Ja – aber was glaubst Du, was entsteht, wenn Du wirklich aufmerksam auf Dein Inneres bist?"

„Selbsterkenntnis?"

„Und wohin führt die?"

„Zu der eigenen Seele."

„Und was ist deren Haupteigenschaft?"

„Selbstliebe."

„Und kannst Du Dir Selbstliebe ohne Freundlichkeit zu Dir selber vorstellen?"

„Nein. Das bedeutet dann aber doch, daß die vier Elemente alle miteinander zusammenhängen."

„Das tun sie auch – wenn Du die Mitte erreicht hast: die Quintessenz, die Seele. Dann hast Du eine Verbindung zu allen vier Elementen ... dann wirst Du zu allen vier Elementen."

„Ja ... das verstehe ich ... also atmen, bewußt atmen ... das führt dann zu einer Verbindung zum Luft-Element."

„Ja."

„So einfach."

„Alles ist einfach, wenn Du es auf die richtige Weise tust."

„Ja – das lernt man in jedem Handwerk: Man muß als Lehrling viel ausprobieren

103

und viel üben, wobei es dann als Geselle erst immer komplexer wird bis man dann schließlich als Meister durch die umfassende Kenntnis aller Möglichkeiten, Zusammenhänge und Wechselwirkungen dann die schlichte und einfache Lösung erkennt. "

„Du bist ein Schreiberling und hältst gerne Vorträge, nicht wahr? "

„Ich habe gerne Übersicht und Klarheit. "

„Sag ich ja. "

„Hm ... noch etwas? "

„Nein. "

„Vielen Dank, Luft! "

„Bitte. "

„Ho! "

II 3. f)   Die Luft-Pentagramme

Die allgemeinen Überlegungen zu dem Pentagramm finden sich bei dem Erd-Pentagramm.

Das anrufende Luft-Pentagramm

„Yod-He-Vau-He"

Dieses Pentagramm wird schweigend imaginiert, was man durch eine Geste des Armes und der Hand mit ausgestrecktem Zeige- und Mittelfinger unterstützt, die dieses Zeichen in die Luft zeichnen. Man beginnt und rechts außen und folgt dem Pfeil.

Dann hält man die Fingerspitzen in die Mitte des imaginierten Pentagramms und singt den hebräischen Gottesnamen „Yod-He-Vau-He".

Hinter dem Pentagramm wird der Erzengel Raphael, der ein Schwert trägt, imaginiert. Er selber und seine Kleidung sind gelb. Die Konturen haben die Komplementärfarbe Violett.

Mit diesem Pentagramm wird die Luft-Lebenskraft herbeigerufen.

Zur Differenzierung kann in der Mitte das Symbol eines der drei Luft-Sternzeichen

(Waage, Wassermann, Zwillinge) eingezeichnet und imaginiert werden – das wird jedoch nur selten benötigt.

Das bannende Luft-Pentagramm

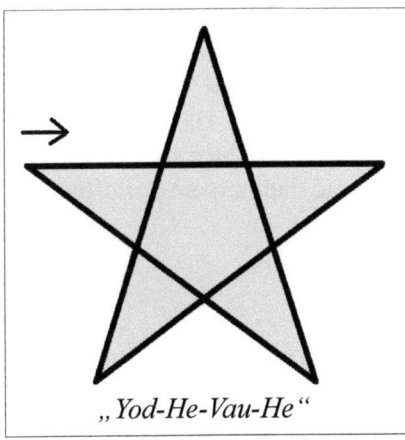

„Yod-He-Vau-He"

Dieses Pentagramm wird schweigend imaginiert, was man durch eine Geste des Armes und der Hand mit ausgestrecktem Zeige- und Mittelfinger unterstützt, die dieses Zeichen in die Luft zeichnen. Man beginnt und links außen und folgt dem Pfeil.

Dann hält man die Fingerspitzen in die Mitte des imaginierten Pentagramms und singt den hebräischen Gottesnamen „Yod-he-Vau-He".

Hinter dem Pentagramm wird der Erzengel Raphael, der ein Schwert trägt, imaginiert. Er selber und seine Kleidung sind gelb. Die Konturen haben die Komplementärfarbe Violett.

Mit diesem Pentagramm wird mithilfe der Luft-Lebenskraft ein Schutz hergestellt bzw. die Luft-Lebenskraft selber gebannt – das hängt von der Intention ab.

Zur Differenzierung kann in der Mitte das Symbol eines der drei Luft-Sternzeichen (Waage, Wassermann, Zwillinge) eingezeichnet und imaginiert werden – das wird jedoch nur selten benötigt.

Das Luft-Element im Kleinen Pentagramm-Ritual

In diesem Ritual wird die Luft dem Osten zugeordnet, der auch für den Morgen und den Frühling steht. Die in diesem Ritual verwendeten Pentagramme sind in allen vier Richtungen das bannende Erd-Pentagramm, da es vor allem darum geht, einen stabilen Schutzkreis herzustellen. Es werden jedoch in den vier Richtungen die vier Gottesnamen benutzt, die dem betreffenden Element zugeordnet sind – im Osten also „Yod-He-Vau-He".

Das große anrufende Luft-Pentagramm

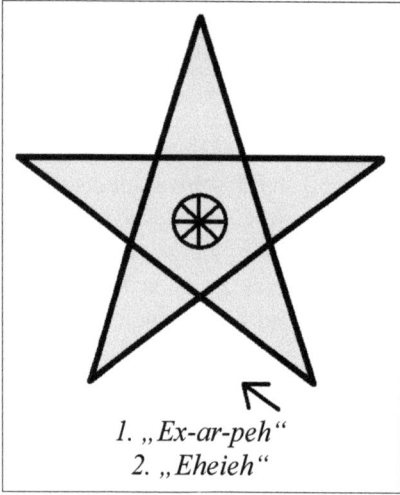

1. *„Ex-ar-peh"*
2. *„Eheieh"*

    1. Licht-Pentagramm: Das Licht-Pentagramm mit den Fingerspitzen in die Luft zeichnen und imaginieren und dabei „Ex-ar-peh" singen.

    Dann das Licht-Symbol in die Luft zeichnen und imaginieren und „Eheieh" singen.

    2. Öffnen des Schleiers: Man macht dort, wo man dieses Pentagramm in die Luft gezeichnet und imaginiert hat, mit beiden Händen eine Geste, als würde man zwei Vorhänge nach links und rechts fortschieben und dadurch ein Tor öffnen.

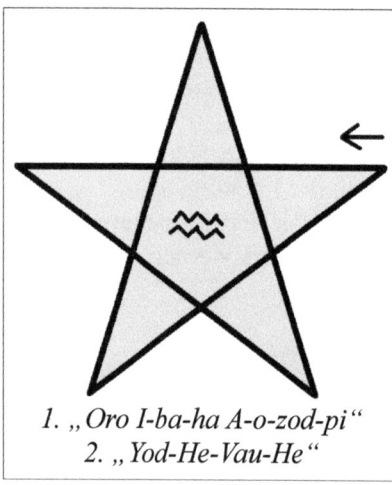

1. *„Oro I-ba-ha A-o-zod-pi"*
2. *„Yod-He-Vau-He"*

    3. Luft-Pentagramm: Das Luft-Pentagramm mit den Fingerspitzen in die Luft zeichnen und imaginieren und dabei „Oro I-ba-ha A-o-zod-pi" singen.

    Dann das Wassermann-Symbol in die Luft zeichnen und imaginieren und „Yod-He-Vau-He" singen.

    4. Erzengel: Hinter dem Pentagramm wird der Erzengel Raphael mit Schwert in den Farben gelb/violett imaginiert.

    5. Luft-Gruß: Die Oberarme werden zur Seite gestreckt, die Unterarme nach oben, die Hände wieder nach außen, d.h. zur Seite hin – die Handflächen weisen dabei nach oben.

Die Verwendung des Luft-Pentagramms

Das Anrufende Luft-Pentagramm kann man zum Herbeiholen von luftiger Lebenskraft, also für Beweglichkeit, für das Finden neuer Möglichkeiten und Ideen, für mehr Kontaktfreudigkeit und Offenheit und derlei Dinge mehr verwenden.

Man kann dafür das Luft-Pentagramm entweder in allen vier Richtungen ziehen und dadurch einen ganzen Raum aufladen oder auch nur über einem Talisman o.ä. ziehen, den man weihen, d.h. mit Lebenskraft aufladen will.

Ein geläufiger Ritual-Aufbau, der eine schlichte Steigerung enthält, besteht aus drei Teilen – dies kann z.B. die Folge „Luft – Merkur – Hermes" sein.

Je nach der eigenen Veranlagung und den eigenen Interessen und Tätigkeiten lassen sich viele Anwendungsmöglichkeiten für das anrufende Luft-Pentagramm finden. So kann man z.B. Luft-Lebenskraft in ein Chakra oder in ein Organ rufen, dem es an dieser Qualität fehlt oder man kann den Bergkristall in einem Ring, der magische Eigenschaften erhalten soll, auf diese Weise aufladen.

II 3. g) Die Kontemplation

Zu den allgemeinen Betrachtungen zur Kontemplation siehe das entsprechende Kapitel bei dem Erd-Element.

Luft in der Welt

Man kann den Aufbau der Erde in die vier Elemente gliedern:

- In der Mitte der Erde ist das Feuer: der glühende, flüssige Eisen/Nickel-Kern.
- Darum herum liegt in mehreren Abstufungen kühlere Materie und ganz außen das Erd-Element: die feste Erdkruste.
- 80% dieser Erdkruste ist von dem Element Wasser bedeckt: die sieben Meere.
- Rings um die Erde befindet sich das Luft-Element: die Atmosphäre, die sich in den Weltraum hinein verdünnt.

Auch die Gase, die bei manchen physikalischen, chemischen und biologischen Prozessen entstehen, gehören zu dem Luft-Element.

Luft in jedem Ding

Das Luft-Element in den Dingen ist vor allem das in ihnen gebundene Gas wie z.B. der Sauerstoff in einem Bergkristall sowie der gasförmige Zustand der chemischen Elemente, der entsteht, wenn man sie ausreichend erhitzt.

Allgemeiner kann man das Maß der Beweglichkeit der Dinge als ihre Luft-Qualität auffassen.

Luft in einem selber

Neben dem Atmen und dem Sauerstoffgehalt des Blutes und der Organ-Gruppe „Nase, Luftröhre, Lunge" gehört die körperliche Beweglichkeit eines Menschen zu dem Luft-Element.

Weniger physisch findet sich die Luft auch in der Auffassungsgabe, dem Denkvermögen, der Neugier, der Wortgewandtheit und ähnlichen Qualitäten eines Menschen.

Astrologisch gesehen kann man die „Luft-Betonung" eines Menschen an seinem Aszendenten (Luft-Zeichen?) und an der Anzahl der Planeten in seinem Horoskop in den Luft-Tierkreiszeichen erkennen.

Die Polarisierung der Luft

Wie die anderen Elemente kann auch die Luft polarisiert werden und dann extreme Eigenschaften annehmen, durch die sie uneffektiv wird.

Diese polarisierten Eigenschaften können u.a. wie folgt aussehen:

- Denk-Sucht und Denk-Faulheit
- Betonung des Dritten Auges und Betonung des Haras
- extremes Alles-sagen-müssen und extremes Lügen
- sprachliche Manipulation und sprachliche Hilflosigkeit
- Plappermaul und Stummer
- Rechthaber und Selbstzweifler
- Prinzipienreiter und Unaufmerksamer
- Dogmatiker und Wankelmütiger
  usw.

Diese Polaritäten lassen sich noch deutlich erweitern und unterteilen, aber das Wichtige ist hier lediglich das Erkennen der Möglichkeit der Polarisierung. Natürlich sind Prinzipien nicht an sich schlecht und ebenso wenig die Neigung zum Verwandeln dessen, wie die Dinge gerade sind – es ist immer die Frage, ob das Verhalten noch bewußt gesteuert und effektiv ist oder ob man in eine „Schiene" geraten ist, aus der man nicht so einfach wieder herauskommt.

Die Heilung der Luft

Ein wichtiger Ansatz ist es fast immer, sich einmal Gedanken über das Denken zu machen und genau zu erkennen, was dabei eigentlich geschieht: das Vergleichen, Ordnen und Abstrahieren von Erlebnissen. Durch diese Betrachtung hört das Denken und sekundär manchmal auch das Sprechen auf, ein Despot zu sein oder sich völlig zurückzuziehen.

Neben dem Denken kann jedoch auch die eigene Beweglichkeit ausgeufert oder eingeschränkt worden sein. In diesem Fall ist es notwendig, diese Beweglichkeit wieder an das Herzchakra und auch an die eigene Umgebung anzuschließen.

Letztlich geht die Heilung eines der vier Elemente immer von der Quintessenz aus: von der eigenen Seele im eigenen Herzchakra. Sie ermöglicht die Bewußtheit, die notwendig ist, um wieder zum Kapitän auf dem eigenen Schiff zu werden.

II 3. h)   Trancetanz

Das Allgemeine zu den Trancetänzen ist bereits bei dem Element Erde gesagt worden.

Windtanz und Windgesang

Als Mantra für die Luft kann man z.B. den Namen „Shu" des ägyptischen Gottes der Luft nehmen oder auch ganz einfach das deutsche Wort „Luft" oder das indische „Vaju", das ebenfalls „Luft" bedeutet. Als Imagination kann man dabei z.B. die Vorstellung, sich durch das Einatmen der Luft mit Lebenskraft aufzuladen, nehmen.

Man kann sich auch oben auf einen Berggipfel oder oben an eine Klippe stellen, die Arme ausbreiten und improvisiert einen Vokal singen und sich dabei innerlich darauf ausrichten, den Wind zu rufen. Hier wäre das „Rufen des Windes" die Imagination, auf die sich der eigene Wille ausrichtet, um einsgerichtet zu werden und eine Ekstase zu erreichen.

Der typischste Luft-Trancetanz ist vermutlich der Drehtanz der Derwische. Dabei dreht man sich im Uhrzeigersinn und blickt in die Handfläche des nach vorne hin ausgestreckten leicht angewinkelten rechten Armes – der linke Arm weist nach außen unten mit der Handfläche nach unten. Solange man sich bei diesem Tanz weiterdreht und in die Handfläche blickt, geht alles gut, aber sobald man mit der Konzentration auf die Handfläche nachläßt und in den Raum schaut, wird einem schwindelig – was die Konzentration auf der Handfläche hält und zu einer Einsgerichtetheit und somit zur Trance führt.

Musik für Luft-Anrufungen

Das Folgende sind Musikstücke, die zu Luft-Anrufungen, zu Luft-Trancetänzen und Luft-Meditationen passen. Trancetänze werden fast immer zu Musik durchgeführt – ob man Musik zu Ritualen und Meditationen benutzt, ist eine Frage des persönlichen Stils.

Natürlich sollte die evtl. benutzte Musik sowohl dem eigenen Verständnis der Luft-Lebenskraft als auch dem eigenen Musik-Geschmack entsprechen.

Die im folgenden aufgeführte Musik läßt sich bei „youtube" finden.

- King Crimson: I talk to the Wind
    ein Lied über den Wind; sehr melodisch und harmonisch, aber auch mit Überraschungen (6 Minuten)

- Jon Lord: Bouree
    leicht-beschwingt und ein wenig orientalisch – man hört die Freude am Komponieren (11 Minuten)

- Jethro Tull: Bouree
    das bekannteste aller Flötenstücke ... (4 Minuten)

- Between: Sunset
    ein still-luftig-meditatives Gitarrenstück (zur Zeit nicht auf youtube zu finden) (3 Minuten)

- Parzifal: Thought
    schwungvoll, frisch, vielfältig; vorwiegend instrumental – Flöte, Gitarre, Geige, Schlagzeug, Baß u.a. (6 Minuten)

- Jade Warrior: Kites
    luftig-vielfältig; Flöte, Gitarre u.a.   (36 Minuten)

- Santana: Song of the Wind
    Wüstenwind, E-Gitarre, Drums ...   (6 Minuten)

- King Crimson: Lizard
    eine Suite voller Stimmungswechsel   (24 Minuten)

- Gong: Xtasea
    Ekstase – mit Xylophon, Violine, Drums u.a.   (7 Minuten)

- Vivaldi: Spring
    erfrischende Barock-Musik über die Luft-Jahreszeit   (10 Minuten)

- Third Ear Band: Air
    kreative altertümliche Musik   (11 Minuten)

- Fred Hageneder: Birch
    Flöten-Wind weht munter durch die Birken-Blätter aus Harfe-Tönen   (5 Minuten)

- Harry Eilenstein: Reggae-Etüde
    fröhlich, melancholisch, lebensbejahend   (4 Minuten)

- Harry Eilenstein: Five-Beat
    locker-leichter harmonischer Jazz im 5/4-Takt   (6 Minuten)

II 3. i) Die Anrufung

Die allgemeinen Kommentare zu den Anrufungen finden sich bei dem Element Erde.

Anrufung im ägyptischen Stil

Amun[19], Luftgott über der Erde,
Shu[20], Windgott unter dem Himmel –
gebt den Atem allen Lebenden im Diesseits,
gewährt den Hauch allen Toten im Jenseits!

Amun, Du bist der Schöpfer aller Dinge,
Shu, Du bist der Erschaffer allen Lebens –
gebt uns die Klarheit der Ma'at[21] an jedem Tag,
gewährt uns den Hauch des Heqa[22] an jedem Ort!

Amun, Vater der Erstgeborenen[23],
Shu, Beschützer der Lebenden[24] –
gebt uns weite Sicht am Morgen,
gewährt uns klaren Geist am Abend!

Amun, laß den Wind wehen,
Shu, laß den Sturm brausen –
gebt uns Unschuld im Gericht des Pharaos,
gewährt uns Reinheit im Gericht des Osiris[25]!

---

19 Amun = Luft- und Schöpfergott
20 Shu = Luftgott
21 Ma'at = Richtigkeit
22 Heqa = Magie
23 Erstgeborene = Götter
24 Lebende = Menschen
25 Osiris = Jenseitsgott; sein Gericht = Jenseitsgericht

Anrufung im germanischen Stil

In dem „Herrscherlied mit der kleinen Fuchskehre" stehen in jeder Zeile zwei gegensätzliche Worte wie „hoch – tief" oder „kalt – warm". Diese Form wurde von den germanischen Skalden dann verwendet, wenn sie etwas Hinterhältiges wie Loki oder etwas sehr Bewegliches wie einen Sturm oder eine Schlacht beschrieben haben.

Riesin des lauten Sturmes in der Stille von Walaskialf,[26]
sende den Wind von dem Land auf das Meer hinaus,
daß mein hohes Drachenschiff über die tiefen Wogen eilt
und der schwarze Bug die weiße Gischt zerteilt!
Von der Heimat führt mein Weg hin in die Ferne,
von hier nach dort um Schätze zu finden,
um neue Länder jenseits der alten Lagunen zu sehen –
lange währte das ruhelose Warten im Winter daheim!

Blase in mein geblähtes Segel am festen Mast,
bis ich die zackigen Klippen umrundet habe!
Rauf auf die Woge, runter ins Schwanen-Tal:
Ran[27] in der Tiefe, ihr Wolken oben – segnet mein Schiff!
Drache am Bug – lasse alle Dämonen hinter dem Heck zurück!
Dein heißer Atem lasse uns über die kalten Wogen eilen!
Kiel unter dem Langschiff[28] – trage alle Krieger auf ihm!
Kühler Wind der Riesin, Du bist kostbar wie der Schatz der Zwerge!

---

26 Walaskialf = Jenseitsinsel; dort wohnt die Riesin des Sturmes
27 Ran = Meeresgöttin
28 Langschiff = Drachenboot

Anrufung des Barden-Druiden Taliesin

Diese Anrufung habe ich nicht selber verfaßt – sie stammt von dem keltischen Barden-Druiden Taliesin.

Ihr kümmerlichen Barden,
durch sanften magischen Druck
versuche ich mir so gut ich kann, den Preis zu sichern;
Ich strebe danach, den Verlust,
den ich erlitten habe, wieder zurückzuholen;
Ich hoffe damit erfolgreich zu sein,
weil Elphin[29] in der Festung von Teganwy[30] Kummer erleidet.
Mögen ihn nicht zu viele Ketten und Fesseln binden;
den Thron von Teganwy werde ich wieder aufsuchen.
Von meinem Schutzgeist[31] unterstützt bin ich machtvoll;
Ich erschaffe eine große Macht,
denn in dem Lied, das ich singe,
sind dreihundert[32] Lieder und mehr miteinander verwoben.
Da, wo ich bin, sollte lieber kein Stein und kein Ring stehen
und um mich her sollte lieber kein Barde sein,
der nicht weiß, daß Elphin, Sohn des Gwyddno[33] im Land von Artro[34] ist
– gefesselt mit dreizehn Schlössern –
und den preist, der den Befehl dafür gab.
Ich, Taliesin, der oberste Barde des Westens,
werde Elphin aus seiner goldenen Fessel befreien.

---

29 Elphin: Taliesins Fürst, der in Gefangenschaft sitzt

30 Teganwy: Burg und Stadt an der nordwalischen Küste an der Mündung des Flusses Conwy; die damals noch hölzerne Burg liegt auf einem 100m hohen Hügel mit Blick auf das Meer

31 Schutzgeist: entweder die Seele des Taliesin oder der Sonnengott-Göttervater selber (wie bei Cú Chulainn im keltisch-irischen Nationalepos „Der Rinderraub von Cuailgne")

32 300: Nach der damaligen ketischen und germanischen sowie auch allgemein indogermanischen Symbolik steht die „3" für die „Sonne" und die „100" für das Größte in einem Bereich. Die „300" als die Kombination, d.h. Multiplikation der „3" mit der „100" symbolisiert folglich den Sonnengott – Taliesin singt also die Lieder des Sonnengott-Göttervaters.

33 Gwyddno: Vater des Elfin, des ersten Gönners des Taliesin, Fürst von Dyfed in Südwest-Wales

34 Artro: offenbar eine Gegend am Tegid-See

Wenn ihr Barden vom höchstem Rang seid
und das Wissen über die Welt besitzt,
dann erläutert die Geheimnisse über die Bewohner dieser Welt:[35]
Es gibt ein unheilbringendes Wesen,
das aus der Festung Satans kommt,
das alles zwischen dem Tiefen und dem Flachen unterworfen hat;
sein Maul ist genauso weit wie die Berge der Alpen
– dieses Wesen kann der Tod nicht unterwerfen
und auch keine Hand und keine Klinge.
In den Haaren seiner zwei Klauen
kleben neunhundert Wagenladungen Erde;[36]
in seinem Haupt ist ein Auge
– grünlich wie ein durchsichtiger Eiszapfen;
drei Quellen entspringen aus seinem Nacken
und in ihrem Wasser rollen Sturmwogen dahin
– dort starben die Stiere des wasserreichen Deivrdonwy.[37]
Die Namen der drei Quellen in der Mitte des Ozeans:
Eine läßt das Salzwasser aus der Corina fließen
und erschafft die Fluten des Meeres,
die auch wieder in sie hinein verebben;
die zweite fällt auf uns herab,
wenn sie im herniederschüttenden Himmel regnet;
die dritte erscheint in den Adern der Berge
als ein Feuerstein-Festessen.
Sie sind das Werk des Königs aller Könige.
Ihr stümperhaften Barden, die ihr voller Sorge seid:
Ihr könnt nicht das Königtums der Briten preisen!
Ich, Taliesin, der oberste Barde des Westens,
werde Elphin aus seiner goldenen Fessel befreien.

Schweigt, ihr unglücklichen, reimenden Barden,
denn ihr könnt nicht Wahrheit von Falschheit unterscheiden.

---

35 Hier beginnt Taliesin mit einem Lied, das eine Anrufung/Beschwörung ist. Der Erfolg dieser Beschwörung zeigt, daß Taliesin auch die Fähigkeiten eines Druiden besitzt – und folglich zurecht als „Merddin", d.h. als „Merlin" und somit als „Druide, Magier, Zauberer" bezeichnet wird.

36 „900": „9" = zum Jenseits gehörig"; „100" = das Größte in einem Bereich" => „900" die Jenseitsgöttin

37 Deivrdonwy: Ort, der auch im Mabinogion erwähnt wird und der auch dort als „wasser-reich" bezeichnet wird

Wenn ihr Barden vom höchsten Rang seid,
die vom Himmel geformt wurden,
dann sagt eurem König, was sein Schicksal sein wird!
Ich bin der Seher und der oberste Barde
und ich kenne jeden Weg in dem Land eures Königs.
Ich werde Elphin aus dem Bauch des steinernen Turmes befreien
und ich werde eurem König sagen, was ihm geschehen wird.
Ein sehr seltsames Wesen wird als Strafe für den Frevel
aus den Sümpfen am Meeresstrand von Rhianedd[38] *kommen*
und Maelgwn Gwynedd heimsuchen!
Seine Haare, seine Zähne und seine Augen sind golden,
und es wird Vernichtung über Maelgwn Gwynedd bringen!

Schaut euch an, welch ein Wesen aus der Zeit vor der Sintflut dies ist:
ohne Fleisch, ohne Knochen,
ohne Adern, ohne Blut,
ohne Kopf, ohne Füße;
Es ist weder jünger noch älter als der Anfang.
Aus Angst vor einer Ablehnung
wurde von diesem Wesen noch nie etwas grob verlangt.
Großer Gott! Wie das Meer erblaßte, als es das erste Mal erschien!
Riesig sind die Böen, wenn es aus dem Süden kommt,
riesig ist die Gischt, wenn es auf die Küste trifft,
es ist in den Feldern, es ist im Wald,
es ist ohne Hand und ohne Fuß,
es ist ohne ein Zeichen des Alters,
obwohl es zu allen fünf Zeitaltern lebte
– und noch länger: die Jahre sind unzählbar.
Es ist so weit wie die Oberfläche der Erde
und es wurde nie geboren und nie gesehen.
Es wird Fassungslosigkeit verursachen, wo immer Gott es will.
Im Meer, auf dem Land sieht man es nicht und es wird nicht gesehen.
Sein Weg ist krumm
und es wird nicht kommen, wenn man nach ihm verlangt.
Auf dem Land und auf dem Meer ist es unverzichtbar.
Es ist ohne seinesgleichen, es hat vier Seiten;
es ist unbegrenzt, es ist unvergleichlich;
es kommt aus den vier Richtungen,

---

38 Rhianedd: Ort an der Küste von Nordwales in der Nähe von Liverpool

es nimmt keinen Rat und es gibt keinen Rat.
Es setzt seine Reise fort über den Marmor-Felsen.
Es ist klangvoll, es ist taub,
es ist mild, es ist stark, es ist kühn,
wenn sein Blick über das Land streift.
Es ist schweigend, es ist klingend, es ist lärmend,
es ist das geräuschvollste auf der Erde.
Es ist gut, es ist böse, es ist das Allerzerstörerischste.
Es ist verborgen, denn Blicke können es nicht erfassen.
Es ist verderblich, es ist segensreich,
es ist dort und es ist hier,
es wird zerstückeln, aber nicht den Schaden heilen.
Es wird nicht für seine Taten leiden,
denn es ist ohne Tadel,
es ist naß und es ist trocken,
es kommt oft aus der Hitze der Sonne heraus
und aus der Kälte des Mondes.
Der Mond ist weniger segensreich, denn seine Hitze ist kleiner.
Ein Wesen hat es aus allen Lebewesen heraus erschaffen
– damit es mit einer einzigen Bö
die Vernichtung über Maelgwn Gwynedd bringt!"

Ratet, wer dies ist:
Erschaffen vor der Sintflut.
Eine starke Kreatur,
Ohne Fleisch, ohne Knochen,
Ohne Venen, ohne Blut,
Ohne Kopf und ohne Füße.
Es wird nicht älter und nicht jünger werden,
Als es am Anfang war.
Es kann nicht vertrieben werden –
nicht durch Furcht, nicht durch den Tod.
Es braucht nichts zum Leben
wie andere Geschöpfe.
Großer Gott! Er ist so lebhaft
wenn es herbeikommt!
Sein Schöpfer
ist sicherlich ruhmreich!
Es ist ohne Hände, ohne Füße,
fühlt kein Alter,

es kann keine Schmerzen erleiden oder übles Schicksal;
und es hat dasselbe Alter
wie in allen fünf Zeitaltern;
und es ist zugleich mehrere fünzigmal älter;
und es ist so weit wie das Antlitz der Erde;
und es wurde nicht geboren –
deshalb kann man es nicht sehen.
Es ist auf dem Meer und auf dem Land,
es sieht nicht und es ist ungesehen.
Es ist launisch –
wenn man es will, kommt es nicht.
Es ist auf Land und auf See;
es wird gebraucht.
Niemand kann es schlagen,
niemand kann es besiegen,
es kommt aus allen Richtungen,
es hört auf niemanden.
Es reißt den Anker heraus
und schleift ihn über glatte Steine.
Er ist laut, er ist stumm,
er ist grob.
Er ist mutig, er ist kühn
und er überquert das Land.
Er ist stumm, er ist laut,
er ist voller Sorgen[39],
er ist der Lärmendste
auf dem Angesicht der Erde.
Er ist gut, er ist böse,
er ist schwer zu sehen;
er kann nicht erblickt werden,
unsere Augen können ihn nicht finden.
Er ist böse, er ist gut,
er ist hier, er ist dort,
schafft Chaos
und zahlt niemals Buße.
Er macht seine Schäden niemals wieder gut,
denn er ist tadellos.

---

39 Ist hier eine „heulende", „klagende" Stimme gemeint? Oder soll dies „sorgenbringend"
heißen?

Er ist naß, er ist trocken;
er kommt oft
wegen der Hitze der Sonne
und des Mondes Kühle herbei –[40]
doch der Mond bringt nichts Gutes,
denn er ist kühl.
Der Eine Gott erschuf
alle lebenden Wesen:
Sein ist der Anfang und das Ende.

Der Dichter ist nicht gut,[41]
der Gott nicht preist;
sein Gesang ist nicht rechtens,
wenn er nicht den Vater preisen kann.
Ein Pflug ist kein Pflug
wenn er keine Pflugschar und keine Samen hat.[42]
Es gab kein Licht
vor der Schöpfung.
Der ist ein falscher Priester,
der das Heer nicht segnet.

Ein Betrüger ist der,
der die sieben Elemente nicht kennt.[43]
Zehn Reiche wurden bestimmt
in dem Land der Engel.
Das zehnte wurde verflucht,
von dem Vater verdammt.[44]
Ein Heer wurde zurückgeworfen,
vollkommen vernichtet:
das des Luzifers, des Verführers,
der ein verdorbenes Wesen hat.
Es gibt sieben Planeten –

---

40 Kühle des Mondes: Im Mittelalter gab es die Vorstellung, daß die Sonne die Hitze (Feuer) und der Mond die Kühle (Wasser) bringt.

41 Hier beginnt der christliche Teil des Liedes.

42 Samen: Saat zum Aussähen – hier wird das Pflügen als Teil der umfassenden Tätigkeit des Ackerbaus gesehen

43 sieben Elemente: die vier Elemente Feuer, Wasser, Luft und Wasser sowie die Dreieinigkeit (es gibt aber auch andere Varianten)

44 das verdammte Reich: die Hölle, in der Luzifer herrscht

Gottes Geschenke.
Ich, Seons[45] weiser Mann,
kenne ihren Gebrauch gut:
Mars entkräftet,
Die Sonne ist wie ein Rad,
der Mond ist Mühe,
Jupiter, Venus.[46]
Von der Sonne, von den Wassern
raubt der Mond sein Licht.
Das ist keine müßige Erinnerung,
kein Kreuz, das man anzweifeln sollte:
unser Vater und Pater,
unser Freund, der uns empfängt.
Gott, mögen wir nicht von Dir getrennt werden
durch Luzifers Heerscharen!

Mit dieser Anrufung hat Taliesin einen so heftigen Sturm herbeigerufen, daß Elphin von dem Burgherren freigelassen worden ist, da dieser gefürchtet hat, daß der Sturm seine ganze Festung zerstören wird, wenn Taliesin den Sturm nicht sofort wieder beruhigt.

Anrufung im romantischen Stil

Wenn die Stürme tobend brausen
  und die Winde durch die Wipfel sausen,
wenn die Lüfte in den Schluchten dröhnen
  und die Wurzeln der Eichen stöhnen,
dann kommst Du, Gott der Luft,
  aus der vier Winde Gruft
und tobst am Himmel in großem Wirbel
  und entwurzelst die uralte Zirbel.

---

45 Seon: Zion in Israel oder Caernarfon in Nordwest-Wales
46 Hier fehlen Merkur und Saturn.

Jeder muß Dir weichen,
  Du bist ohnegleichen;
jeder muß Dich spüren,
  Du rüttelst an allen Türen;
doch Du gibst auch den Atemhauch
  wehst Blütenstaub von jedem Strauch,
bläst die Wolken vom Himmel fort –
  fürwahr! – Du warst schon an jedem Ort!

Anrufung im modernen Stil

Still ist die Luft über den sommerwarmen Wiesen,
  blau ist der Himmel und grün das Gras ...
Ein Lüftchen erhebt sich, ein sanfter Hauch,
  sanft regt er Dein Haar und schaukelt die Blüten ...
Der Wind wird fröhlicher, kecker,
  er zupft an dem Kleid, weht Blätter umher ...
Er wird zu Brise und bewegt die Äste,
  er rauscht in den Kronen der Bäume ...
Er wird zu einem kräftigen, wirbelnden Wind,
  der die Blätter zu tanzenden Säulen formt ...
Der Sturm erwacht und rauscht über die Wälder,
  treibt die Wolken vor sich wie eine Herde ...
Er wird ungestümer und wirft mit Hagel,
  er bedeckt die Erde mit Eis und Schnee ...
Er wird zum Gewitter, es blitzt und donnert und kracht,
  es dröhnt von den Bergen herüber ins Tal ...
Der Sturm wird zum Wirbel, reißt alles empor,
  zerstört Häuser und Wälder und Felder ...
Er tobt durch die Flur und nichts hält ihm stand,
  reißt Mauern und Sperren nieder, schafft einen Weg ...
Und als er frei tanzen kann, wird er wieder friedlich und still
  und weht sanft in unserem Atem ...

II 3. j) Kunst

Über das Prinzip der „4+1 Elemente" ist schon alles bei den beiden Elementen Erde und Wasser gesagt worden.

Die Luft zeigt sich in der Malerei im Impressionismus und im Expressionismus, die die naturalistischen Formen auflösen, sowie im Symbolismus, der eine allgemeinere Form- und Farben-Sprache ist (die jedoch auch einen Wasser-Aspekt hat). Auch die „improvisierte" Spontan-Malerei wie z.B. die Strichzeichnungen von Pablo Picasso entsprechen dem Luft-Element.

Im Tanz findet sich hier zum einen die Improvisation und zum anderen der Konzept-Tanz, bei der ein Thema dargestellt wird. Die Pantomime ist als Wort-Ersatz ebenfalls luftig, aber als Bild auch wässrig – sie gehört also zu den beiden Elementen Luft und Wasser.

In der Bildhauerei findet sich die Luft in der Suche nach neuen Ausdrucksformen wie der Installation, bei der einige Gegenstände mit einer mehr oder weniger großen Bedeutung zusammengestellt werden. Auch einige Formen von Säulen, die nach oben hin schmaler werden und dadurch eine gewisse Leichtigkeit vermitteln, kann man zu dem Luft-Element zählen.

In der Dichtung ist es die freie Form, d.h. die Formlosigkeit, die dem Luft-Element am besten entspricht: „Freiheit für die Worte!"

Auch in der Musik findet sich zum einen die Improvisation und zum anderen die verstandesmäßige Form wie z.B. bei der Fuge. Man kann – wenn man will – auch die Blasinstrumente der Luft zuordnen.

In der Architektur finden sich bei der Luft Hochhäuser, Brücken, Sendemasten, Windkraftanlagen und ähnliches.

In Theater und Film findet sich das Luft-Element in der Form von Monologen, Überraschungen, Erläuterungen und ganz allgemein eben durch die vielen Worte.

II 3. k) Die Anwendung

Das Luft-Element erscheint sowohl in der Magie als auch in der Heilkunst.

In der Magie wird das Element Luft heute eher selten verwendet – dort herrschen Feuer und Erde vor. Das ist früher einmal anders gewesen: So hat es z.B. bei den Wikinger, die mit ihren Drachenbooten zur See gefahren sind, viele Arten von Windzaubern gegeben, mit denen sie günstigen Wind für ihre Segel gerufen haben.

In der Heilkunst findet sich die Luft vor allem als Element in der Traditionellen Chinesischen Medizin (TCM) in der Form des Atem-Chi (Luft-Lebenskraft) und in Indien als die Atemübungen (Pranayama).

Allgemein gehört die Intuition zu dem Element Luft.

II 4. Die Feuer-Lebenskraft

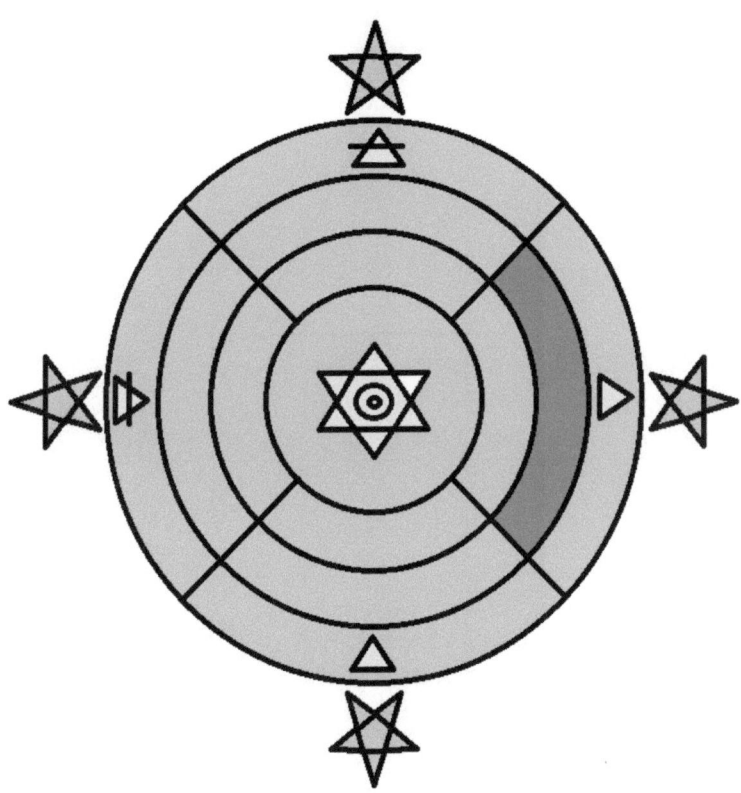

II 4. a)   Die Symbole

Die Lebenskraft-Qualität „Feuer" wird mit verschiedenen Symbolen dargestellt:

Symbole des Feuers		
Tetraeder: *Feuer*	*„heiß und trocken"* *Dreieck nach oben = heiß* *ohne Querstrich = primär*	*Teja = Feuer* *rotes Dreieck* *(indisches Tattwa-Symbol*
Trigramm „Feuer" *(I Ging)*	*Buchstabe „Jod"* *aus dem hebräischen* *Gottesnamen „Jahwe"*	*ägyptische Hieroglyphe für* *„Räuchergefäß, Feuer"* *(„chet")*
Stab-As (Tarot)	*Feuer, rote Kerze* *(im Ritual)*	*Salamander* *(Elementarwesen)*

Man sollte möglichst nur die Symbole benutzen, die einem zum einen verständlich sind und die einem zum anderen sympathisch sind. Wenn man z.B. das Christentum ablehnt und Kerzen fest mit dem Christentum assoziiert, sollte man keine Kerzen als Feuer-Symbol in Ritualen benutzen, sondern z.B. ein Stückchen glühende Holzkohle.

Es lassen sich durchaus auch noch mehr Symbole finden wie z.B. die drei Feuer-Tierkreiszeichen Widder, Löwe und Schütze.

Manche Symbole lassen sich nicht so einfach als Graphik, Bild oder Gegenstand darstellen oder werden als Symbol nicht oft verwendet. Dazu gehören die folgenden Feuer-Symbole:

- der Süden
- der Mittag
- die Mittagssonne
- der Sommer

In Ritualen, die in der Tradition des „Golden Dawn"-Ordens stehen, werden manchmal Gesten als Gruß an die Elemente verwendet.

Die Feuer-Geste benutzt das alchemistische Feuer-Symbol, also das aufrechte Dreieck: die Hände werden vor die Stirn gehalten, Handflächen nach vorne, die beiden Daumen berühren sich mit den Spitzen und bilden die Grundlinie eines Dreiecks, die Finger der beiden Hände bilden die beiden schräg nach oben weisenden Linien des Dreiecks.

II 4. b) Die Astrologie

In der Astrologie findet sich das Feuer-Element in den drei Dynamiken als die drei bereits erwähnten Tierkreiszeichen wieder:

- der feurige und schöpferische Widder,
- der feurige und gestaltende Löwe, und
- der feurige und benutzende Schütze.

Das Feuer hat in der Astrologie die Eigenschaften feurig, kraftvoll, unternehmungslustig, aggressiv, sportlich, tatkräftig, kämpferisch, kriegerisch usw.

II 4. c)   Die fünf Tattwa-Aspekte

Die fünf Aspekte des Feuers sehen wie folgt aus:

die fünf Unter-Tattwas des Lichtes				
Licht-Aspekt des Feuers	*Feuer-Aspekt des Feuers*	*Luft-Aspekt des Feuers*	*Wasser-Aspekt des Feuers*	*Erd-Aspekt des Feuers*
schwarzes Ei in rotem Dreieck	*rotes Dreieck*	*blauer Kreis in rotem Dreieck*	*silberne Sichel in rotem Dreieck*	*gelbes Quadrat in rotem Dreieck*

Es ist hilfreich, sich diese Unterteilung auf mindestens zwei Arten zu betrachten, damit sie konkreter und greifbarer werden: einmal als Phänomene in der Welt und einmal als Charaktereigenschaften.

der Licht-Aspekt des Feuers:
- Natur: Helligkeit
- Psyche: Erwecken der Kundalini

der Feuer-Aspekt des Feuers:
- Natur: Feuer
- Psyche: Stärke, Kraft, Kampf

der Luft-Aspekt des Feuers:
- Natur: Funken, Rauch
- Psyche: Anregungen, Impulse

der Wasser-Aspekt des Feuers:
- Natur: Auflösung von Formen
- Psyche: Tanz

<u>der Erd-Aspekt des Feuers:</u>
- Natur: Glut
- Psyche: Wachstum, Belebung

Diese Unterteilung wird lebendiger, wenn man sie sich selber eine Weile betrachtet und durch eigene Ideen und Motive ergänzt.

II 4. d) Die Feuer-Lebenskraft

Die Lebenskraft ist ein sehr hilfreiches Konzept in der Magie und in der Meditation. Eine sehr schlichte Anwendung ist der „Feuer-Atem".

In der Regel wird man einen bestimmten Grund haben, eine Feuer-Atmung durchzuführen – es kann z.B. sein, daß einem kalt ist und man noch noch fünf Kilometer durch Schnee und Eisregen nach Hause laufen muß.

In solch einem Fall würde man den Feuer-Atem wie folgt durchführen:

- einatmen:
  - innerlich „Feuer" sprechen
  - imaginieren, wie man Feuer-Lebenskraft aus der glühenden Erdmitte, aus dem Motor von vorbeifahrenden Autos, aus den Heizungen von Häusern in der Nähe usw. herbeizieht und in den eigenen Körper leitet
- ausatmen:
  - innerlich „Feuer" sprechen
  - imaginieren, wie die Feuer-Lebenskraft im eigenen Körper aufglüht und ihn wärmt
  - falls man dabei läuft, den Atem mit den Schritten koordinieren (z.B. auf zwei Schritten einatmen, auf zwei Schritten ausatmen)

Diesen Feuer-Atem sollte man an die jeweilige Situation anpassen. Wenn man z.B. nicht zu Fuß geht, sondern mit dem Fahrrad fährt, koordiniert man den Atem mit dem Treten der Pedalen. Wenn man vor allem an den Händen friert, lenkt man die Feuer-Lebenskraft in die Hände.

Man kann den Feuer-Atem auch auf andere Weise variieren. Man kann z.B. statt des Mantras „Feuer" auch das englische „fire", das ägyptische „chet" oder das indische „tejas" benutzen. Wenn es keinen besonderen Grund gibt, eine andere Sprache zu verwenden, ist das Wort für „Feuer" in der eigenen Muttersprache das naheliegendste und vermutlich auch wirksamste Feuer-Mantra.

Man kann auch eins der Feuer-Symbole in dem kalten Körperteil imaginieren. Man sollte einfach schauen, ob diese Imagination eine Unterstützung ist oder ob sie die Meditation eher komplizierter macht und ablenkt und die Konzentration behindert. Man sollte derartige Imaginationen immer so einfach wie möglich und so komplex wie nötig gestalten.

Die Kundalini-Meditationen sind zu einem großen Teil Feuer-Meditationen. Ihr Haupt-Bestandteil ist die Imagination des roten Feuer-Dreiecks im Wurzelchakra zusammen mit dem „Feuer"-Mantra. Diese Meditation ruft die Hitze hervor, die die tibetischen Mönche benutzen, um sich in eisiger Kälte warm zuhalten.

Man kann die Feuer-Lebenskraft natürlich auch in andere Chakren als nur in das Wurzelchakra lenken, wenn man das betreffende Chakra mit dieser Qualität prägen möchte.

Man kann den Feuer-Atem nicht nur gegen Kälte anwenden. Wenn man längere Zeit in der prallen Sonne durch eine schattenlose Gegend laufen muß oder sich in einer ähnlichen Situation befindet, kann man den Feuer-Atem auch auf eine „homöopathische Weise" benutzen: Man imaginiert, daß man selber heißer als das Sonnenlicht wird. Das klingt zwar so, als ob man dadurch das Nahen eines Sonnenstichs nur noch beschleunigen würde, aber in dieser Situation führt der Feuer-Atem dazu, daß man die Hitze der prallen Sonne schließlich einfach nur nach als angenehm warm und „dem eigenen Wesen verwandt" empfindet.

Schließlich kann man die Feuer-Lebenskraft auch nicht nur in sich selber, sondern auch in Dinge lenken – z.B. bei Heilungen, bei Talisman-Weihungen, bei der Herstellung eines Hausgeistes und bei vielen anderen Dingen mehr, wo Lebenskraft mit Feuer-Qualität gebraucht wird.

Vermutlich ist der Feuer-Atem der mit Abstand am häufigsten benutzte Lebenskraft-Atem. Dies liegt unter anderem daran, daß man die Lebenskraft als Hitze wahrnehmen kann und sie daher mit dem Feuer assoziiert. So wird z.B. die aufsteigende Kundalini als Hitze erlebt und in Westafrika wird die Lebenskraft bei den Ewe als „Kalifi", d.h. als „Lebensfeuer" bezeichnet.

Das eigene Krafttier ist der Aspekt der eigenen Lebenskraft, der zeigt, auf welche Weise man handelt. Da das Feuer auch das „Taten-Element" ist, ist das Krafttier mit dem Feuer-Element verwandt. Das heißt nicht, daß Krafttiere immer feurig sind, sondern nur, daß sowohl die Feuer-Lebenskraft als auch das Krafttier mit der eigenen Handlungsweise und mit der eigenen Dynamik zusammenhängen.

Es lohnt sich, den Feuer-Atem ein wenig ausgiebiger zu üben, da das Lenken der Lebenskraft in der Magie, in der Meditation und in der Heilung ein zentrales Element ist.

II 4. e)   Die Traumreise

Ich imaginiere mit geschlossenen Augen vor mir das Feuer-Tattwa, also das rote, gleichseitige, aufrechte Dreieck. Dann gehe ich durch dieses Symbol hindurch und schaue mich um.

Es ist rot ... es ist warm ... ich sehe lodernde Flammen ... etwas weiter vor mir ist ungefähr auf Nabelhöhe ein riesiger Rubin – er hat eine Art Diamant-Schliff, aber seine zentrale Fläche ist kein Achteck, sondern ein Sechzehneck ... hm ... die sechzehn ist die Zahl des Halschakras ... Hat das damit zu tun? ... ich glaube nicht, das fühlt sich nicht so an ... dann hätte der Rubin auch ein wenig höher auf Halshöhe schweben sollen ...

„Hallo Rubin – wer bist Du?"

„Du."

„Ich? ... Kannst Du mir dazu etwas sagen?"

„Das ist Dein Feuer – der Kern Deines Feuers."

„Heißt das, daß das mein Wurzelchakra ist?"

„Er ist nicht Dein Wurzelchakra, sondern er stellt die Qualität dieses Wurzelchakras dar."

„Hm – von den platonischen Körpern entspricht der Tetraeder dem Wurzelchakra ..."

„Der Rubin ist kein platonischer Körper – er ist die entfaltete Gestalt der Kraft in Deinem Wurzelchakra."

„Ist das dasselbe wie diese 'Glut-Amöbe', die ich vor langer Zeit bei der Traumreise zu den Schlangenringen, die ich mal geschmiedet habe, gesehen habe?"

„Nein, diese Ringe waren Deine gefangene Kraft – dieser Rubin ist die entfaltete Kraft – deshalb ist er auch nicht schlicht wie ein Tetraeder."

„Du bist also mein entfaltetes Feuer in meinem Wurzelchakra ..."

„Ja."

„Hm – was würde geschehen, wenn ich Dich in mein Wurzelchakra hole?"

„Mal langsam!"

„Ja, gerne ... Was sollte ich tun? Also ich meine, was würde mir gerade am meisten weiterhelfen?"

„Erkunde das Land des Feuers."

„Und Du? Bleibst Du hier?"

„Ich bin immer in Deiner Nähe – das kann gar nicht anders sein. Ich bin ein Teil von Dir."

„Hm, ja ... daß heißt, ich kann Dich jederzeit zu mir rufen?"

„Ja."

„Dann würde ich jetzt gerne dorthin gelangen, wo das ist, was für mich im Augenblick am wichtigsten ist."

129

Ich sehe mich in dem Rubin – er ist auf einmal riesig und ich sitze in seiner Mitte.

„Hm, das habe ich eigentlich nicht erwartet – aber es überrascht mich eigentlich auch nicht ... Was gibt es hier für mich zu entdecken?"

„Spüre."

„O.k. ... Das ist eine Kombination aus Kraft und Klarheit – im Inneren ist da mehr Klarheit ... eine vollkommen integrierte Form ... die Kraft findet sich mehr an dem Rand des Rubins ... Hat das diese Form, weil ich in meinem Horoskop ein Mars/Saturn-Trigon habe? Der Mars ist das Feuer und der Saturn die Form ..."

„Laß die Astrologie mal raus – die hilft Dir jetzt nicht, die Essenz zu erfassen."

„O.k. – was soll ich stattdessen tun?"

„Atmen."

„Was?"

„Feuer."

„Ehm – so habe ich das 'Was?' nicht gemeint, aber gut – also Feuer-Atem?"

„Ja."

„Wohin soll ich das Feuer atmen?"

„In Dich hinein."

„Also nicht in ein bestimmtes Organ oder Chakra?"

„Nein – einfach so ... allgemein ... in Dich hinein."

„O.k. ... ... das entspannt, ich muß gähnen ... komisch, diese Wirkung hätte ich von Feuer nicht erwartet."

„Es entspannt immer, wenn man zu sich zurückkehrt – auch wenn man zu seiner Kraft zurückkehrt."

„Ja, das ist einleuchtend ... ich werde präsenter im Augenblick ... ich werde optimistischer ... ich habe Lust, was zu tun ... ich hänge weniger an Vergangenem und bin mehr im Augenblick anwesend ... ich lebe jetzt ... ich spüre, daß ich eigentlich noch müde bin und noch eine Weile schlafen könnte ...

Jetzt sehe ich irgendwo außerhalb des Rubins, in dem ich sitze, so eine Art Feuergeist ... ist das jetzt gerade wichtig für mich, Rubin?"

„Das wichtigste im Feuer für Dich bin ich, weil ich Dein entfaltetes Feuer bin – aber schaue ihn Dir ruhig mal an ..."

Ich gehe aus dem Rubin heraus und schaue mir das Wesen, das ganz aus Flammen besteht, an. Es verändert ständig seine Größe und schwankt zwischen halb so groß wie ich bis zu dreimal so groß wie ich.

„Wer bist Du?"

„Feuer."

„Ein Feuergeist?"

„Es gibt nur das Feuer – nicht das Feuer und den Feuergeist. Ich bin das Feuer, aber Du ziehst es vor, mich als Geist zu sehen."

„Ich gebe Dir diese Form?"

„Wer sonst?"

„Hm – ich sehe Dich so, weil ich das, was Du aus Dir heraus bist, in meine innere Bilderwelt übertrage, um Dich verstehen zu können?"

„Das ist gut formuliert."

„Dann ist das das, was auch bei der Telepathie so oft passiert – die gesendete Botschaft wird automatisch in die Sprache und die Bilder des Empfängers übersetzt. Das funktioniert auch dann, wenn der Empfänger die Sprache des Senders bewußt gar nicht verstehen würde, weil er sie nicht kennt.

Aber Du hast ein Bewußtsein, oder? Das ist nicht Teil meiner Übersetzung Deines Wesens in meine Sprache und Bilderwelt, nicht wahr?"

„Ich bin bewußt. Das ist Teil meines Wesens."

„Und was ist Dein Wesen?"

„Jetzt werden Deine Fragen allmählich besser. Ich bin Kraft und Verwandlung."

„Weil Feuer die Elektronen vom Atomkern löst und den Plasma-Zustand hervorruft, in dem die Atome auf ihre Essenz, eben den Atomkern reduziert werden?"

„Ein ungewöhnliches Bild, aber die Analogie ist exakt."

„Daher wird auch die Kundalini als Feuer erlebt, nicht wahr? Weil sie den Betreffenden verwandelt und wieder zu dem zurückführt, was er eigentlich ist."

„Ja – die Erweckung der Kundalini ist eine Auflösung aller Verzerrungen, die die Rückkehr zur ursprünglichen Form ermöglicht."

„Was ist das Wichtigste, was Du mir zeigen kannst?"

„Der Rubin."

„Hm ... und gibt es da noch etwas drumherum?"

„Warum willst Du vom Wichtigsten abweichen? Dann brauchst Du anschließend wieder Feuer, um zu dem Wichtigsten zurückzukehren."

„So gesehen hast Du recht, ja ... Was wäre denn das Kreativste, was ich gerade tun könnte?"

„Gehe in den Rubin und bete."

„Beten? Was soll ich beten?"

„Bete das Feuer-Mantra."

„Warum nennst Du das 'beten'?"

„Weil das das Wort in eurer Kultur dafür ist."

„Ja, gut ... dann tue ich das jetzt mal ... ... Ich wachse und werde größer als der Rubin ... vier- bis fünfmal so hoch ... ich werde zu Feuer, ich glühe, brenne ... das ist ein angenehmes Gefühl – und es ist erstaunlich still und ruhig ..."

„Mache das als Meditation und nicht nur auf der Traumreise, dann ist es wirkungsvoller."

„Gibt es da einen Unterschied zu meiner Kundalini-Meditation, aber der ich ja auch den Feuer-Atem benutzte und 'Feuer' als Mantra spreche?"

„Das ist eine Version, die auf das Wurzelchakra ausgerichtet ist."

„Gibt es eine wirkungsvollere Version?"

„Ja: Wenn Du das Feuer in Deinen ganzen Körper lenkst und ihn mit Feuer erfüllst."

„Hm – in den tibetischen und indischen Anleitungen ist eigentlich immer davon die Rede, daß das Feuer in das Wurzelchakra oder in das Sonnengeflecht gelenkt werden."

„Das ist anfangs auch richtig, aber nach einiger Zeit ist es effektiver, den ganzen Körper mit Feuer zu erfüllen."

„Hm – ansatzweise habe ich das auch schon mal gemacht ... das hat sich so nebenher ergeben, weil es sich richtig angefühlt hat."

„Probier es aus."

„Ja, gut – das werde ich machen. ... Hm ... gibt es hier gerade noch etwas anderes Wichtiges zu sehen oder zu erleben oder zu verstehen?"

„Nein, gerade nicht."

„Danke Feuergeist!"

„Bitte."

„Danke, Rubin!"

„Bitte. Es ist nett, daß Du anfängst, Dir selber zu danken."

„Ehm ... weil Du ein Teil von mir bist?"

„Dir selber danken heilt und integriert."

„Hm – so habe ich das noch nicht gesehen, aber das ist einleuchtend. Danke für den Hinweis!"

„Bitte."

Ich kehre zu dem Feuer-Symbol zurück und verlasse die Traumreise wieder durch das Symbol.

„Ho!"

II 4. f) Die Feuer-Pentagramme

Die allgemeinen Überlegungen zu dem Pentagramm finden sich bei dem Erd-Pentagramm.

Das anrufende Feuer-Pentagramm

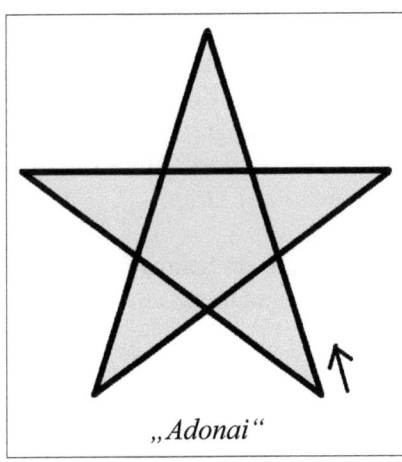

„Adonai"

Dieses Pentagramm wird schweigend imaginiert, was man durch eine Geste des Armes und der Hand mit ausgestrecktem Zeige- und Mittelfinger unterstützt, die dieses Zeichen in die Luft zeichnen. Man beginnt und unten links und folgt dem Pfeil.

Dann hält man die Fingerspitzen in die Mitte des imaginierten Pentagramms und singt den hebräischen Gottesnamen „Adonai".

Hinter dem Pentagramm wird der Erzengel Michael, der einen Stab trägt, imaginiert. Er selber und seine Kleidung sind rot. Die Konturen haben die Komplementärfarbe Grün.

Mit diesem Pentagramm wird die Feuer-Lebenskraft herbeigerufen.

Zur Differenzierung kann in der Mitte das Symbol eines der drei Feuer-Sternzeichen (Widder, Löwe, Schütze) eingezeichnet und imaginiert werden – das wird jedoch nur selten benötigt.

Das bannende Feuer-Pentagramm

„Adonai"

Dieses Pentagramm wird schweigend imaginiert, was man durch eine Geste des Armes und der Hand mit ausgestrecktem Zeige- und Mittelfinger unterstützt, die dieses Zeichen in die Luft zeichnen. Man beginnt und oben in der Mitte und folgt dem Pfeil.

Dann hält man die Fingerspitzen in die Mitte des imaginierten Pentagramms und singt den hebräischen Gottesnamen „Adonai".

Hinter dem Pentagramm wird der Erzengel Michael, der einen Stab trägt, imaginiert. Er selber und seine Kleidung sind rot. Die Konturen haben die Komplementärfarbe Grün.

Mit diesem Pentagramm wird mithilfe der Feuer-Lebenskraft ein Schutz hergestellt bzw. die Feuer-Lebenskraft selber gebannt – das hängt von der Intention ab.

Das Feuer-Element im Kleinen Pentagramm-Ritual

In diesem Ritual wird das Feuer dem Süden zugeordnet, der auch für den Mittag und den Sommer steht. Die in diesem Ritual verwendeten Pentagramme sind in allen vier Richtungen das bannende Erd-Pentagramm, da es vor allem darum geht, einen stabilen Schutzkreis herzustellen. Es werden jedoch in den vier Richtungen die vier Gottesnamen benutzt, die dem betreffenden Element zugeordnet sind – im Süden also „Adonai".

Das große anrufende Feuer-Pentagramm

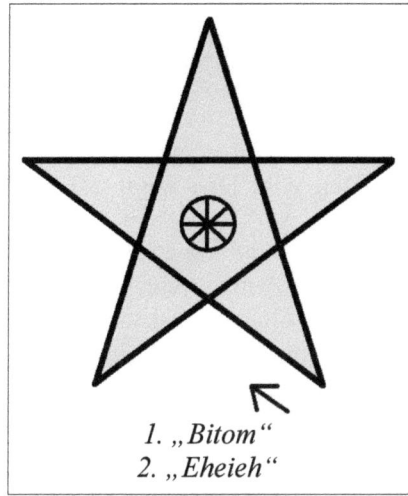

1. „Bitom"
2. „Eheieh"

1. Licht-Pentagramm: Das Licht-Pentagramm mit den Fingerspitzen in die Luft zeichnen und imaginieren und dabei „Bitom" singen.

Dann das Licht-Symbol in die Luft zeichnen und imaginieren und „Eheieh" singen.

2. Öffnen des Schleiers: Man macht dort, wo man dieses Pentagramm in die Luft gezeichnet und imaginiert hat, mit beiden Händen eine Geste, als würde man zwei Vorhänge nach links und rechts fortschieben und dadurch ein Tor öffnen.

1. „O-i-pw Te-a-a Ped-o-ce"
2. „Elohim"

3. Feuer-Pentagramm: Das Feuer-Pentagramm mit den Fingerspitzen in die Luft zeichnen und imaginieren und dabei „O-i-pe Te-a-a Ped-o-ce" singen.

Dann das Löwe-Symbol in die Luft zeichnen und imaginieren und „Elohim" singen.

4. Erzengel: Hinter dem Pentagramm wird der Erzengel Michael mit Stab in den Farben rot/grün imaginiert.

5. Feuer-Gruß: Vor der Stirn wird mit den Händen ein nach oben zeigendes Dreieck gebildet – die Handflächen weisen nach vorne.

Die Verwendung des Feuer-Pentagramms

Das Anrufende Feuer-Pentagramm kann man zum Herbeiholen von feuriger Lebenskraft, also für Wärme, für die Anregung der Kundalini, für mehr Kampfbereitschaft und ähnliches verwenden.

Man kann dafür das Feuer-Pentagramm entweder in alle vier Richtungen ziehen und dadurch einen ganzen Raum aufladen oder auch nur über einem Talisman o.ä. ziehen, den man weihen, d.h. mit Lebenskraft aufladen will.

Ein geläufiger Ritual-Aufbau, der eine schlichte Steigerung enthält, besteht aus drei Teilen: Im 1. Teil wird das passende Element mit dem entsprechenden Elemente-Pentagramm angerufen, im 2. Teil wird der passende Planet mit dem entsprechenden Planeten-Hexagramm angerufen, und im 3. Teil wird die Gottheit angerufen, zu der man Kontakt erhalten will oder die man um etwas bitten will. Dies kann z.B. die Folge „Feuer – Mars – Ares" sein.

Je nach der eigenen Veranlagung und den eigenen Interessen und Tätigkeiten lassen sich viele Anwendungsmöglichkeiten für das anrufende Feuer-Pentagramm finden. So kann man z.B. Feuer-Lebenskraft in ein Chakra oder in ein Organ rufen, dem es an dieser Qualität fehlt oder man kann den Rubin in einem Ring, der magische Eigenschaften erhalten soll, auf diese Weise aufladen.

In den meisten Fällen wird die Anrufung des Feuer-Elements nur die Vorbereitung für die Anrufung einer Gottheit sein.

II 4. g)   Die Kontemplation

Zu den allgemeinen Betrachtungen zur Kontemplation siehe das entsprechende Kapitel bei dem Erd-Element.

Feuer in der Welt

Feuer ist überall da, wo es heiß ist: in der Sonne, im Erdkern, im Ofen, im Lagerfeuer, im Körperinneren, im Schweißbrenner, im Motor – wo Feuer ist, ist zudem auch Kraft, die etwas bewegt.

Daher findet man Feuer, wenn man die Bewegungen der Luft zu ihrem Ursprung verfolgt – zu der über dem Äquator erhitzen Luft. Ebenso werden z.B. die Kontinente dadurch bewegt („Kontinentaldrift"), daß zwischen ihnen aus dem Erdinneren heiße Lava aufsteigt. Oder ein einfacheres Beispiel: kein Rauch ohne Feuer.

Feuer läßt sich auch anhand von Expansionen erkennen: Wo sich etwas ausweitet, ist (oft im Inneren) Feuer aktiv. Das kann ein Stück Eisen sein, das erhitzt wird; oder ein Land, daß seine Grenzen durch einen Krieg (Feuer) ausdehnt; oder der Dampf, der aus einer Dampflok aufsteigt.

Feuer in jedem Ding

Feuer ist das Element, daß mit der Energie-Versorgung und mit der Energie-Nutzung einer Sache zu tun hat: die Muskeln, der Motor, die Heizung, die Mitochondrien in einer Zelle, die Hitze im Erdinneren, die chemischen Synthesen in einer Pflanze usw.

Feuer in einem selber

In einem selber ist das Feuer die Körpertemperatur, die Muskeln und in einem erweiterten Sinne auch die „Waffen", also die Zähne, die Fingernägel, die Fußnägel, die Magensäure, die weißen Blutkörperchen usw.

Auf der nicht-physischen Ebene ist dies die Aggressionsbereitschaft, die Aktivität, die Strebsamkeit, das Engagement, Sport, Sex, Kampf, Lachen, Weinen, Zittern und ähnliche Tätigkeiten, die mit dem Einsatz von Kraft verbunden sind.

Die Polarisierung des Feuers

Wenn das Feuer-Element aus dem Lot gerät, spaltet es sich in zwei Extreme auf: der eine Pol ist zu lautes Zuviel und der andere Pol ist ein zu leises Zuwenig.

Das kann sich auf verschiedene Weisen zeigen:

- Täter und Opfer
- Herr und Diener
- Sklavenhalter und Sklave
- Sadist und Masochist
- Vorgesetzter und Befehlsempfänger
- Sieger und Verlierer
- Springinsfeld und Angsthase
- Hitzkopf und Schüchterner
  usw.

Jemand, der auf diese Weise polarisiert worden ist, der also einen dieser Pole lebt und das andere Bild als Suchbild und Angstbild in sich trägt, wird in dem, was er tut, nicht sonderlich effektiv sein. Das liegt daran, daß der Betreffende nicht erkennen kann, was der sinnvollste Weg ist und meistens auch, weil er nicht erkennen kann, was eigentlich das Ziel ist, dessen Erreichen ihn am meisten bereichern wird.

Die Heilung des Feuers

Die Heilung sieht auch bei dem Element Feuer so aus wie bei den vorigen Elementen: die Polarisierung erkennen, die Personen erkennen, die im eigenen Leben den Gegenpol übernommen haben (bei einem Opfer z.B. die Rolle des Täters), beide Pole in sich selber wiederfinden, ins Gespräch mit beiden Polen kommen, beide Pole auflösen und die beiden verzerrten Element-Teile wieder vereinen.

Man kann ein Mandala auch ohne diesen Heilungsprozeß aufbauen, aber es fehlt dann ein wichtiger Schritt, der es erst ermöglicht, das Mandala tatsächlich in seiner heilen Form zu sehen.

(Bei Bedarf findet sich dieser Heilungs-Vorgang in meinem Buch „Das Beziehungs-Mandala" ausführlich beschrieben.)

II 4. h) Trancetanz

Die allgemeinen Hinweise finden sich bereits bei der Beschreibung zu dem Erd-Element.

Feuertanz und Feuergesang

Zwei typische Methoden zum Erreichen einer Feuer-Trance sind der Feuerlauf und der Kriegstanz. Beim Feuerlauf ist es das Stehen vor der Glut, über die man gleich barfuß gehen wird, was die Einsgerichtetheit der Trance hervorruft; beim Kriegstanz ist es das Überlebenwollen, das zu dieser Einsgerichtetheit führt.

Bei der Tummo-Meditation, durch die man das innere Kundalini-Feuer entfacht, ist es die große Kälte in den Bergen in Tibet, die die Mönche dazu anregt, diese Einsgerichtetheit aufrechtzuerhalten.

Ein typischer Feuergesang sind z.B. Shiva-Chants, bei denen einzeln oder gemeinsam eine kurze an Shiva gerichtete Strophe ständig wiederholt wird. Wenn das in in einer Gruppe in einem Tempel vor einer Shiva-Statue geschieht, ist dies noch effektiver.

Musik für Feuer-Anrufungen

Das Folgende sind Musikstücke, die zu Feuer-Anrufungen, zu Feuer-Trancetänzen und Feuer-Meditationen passen. Trancetänze werden fast immer zu Musik durchgeführt – ob man Musik zu Ritualen und Meditationen benutzt, ist eine Frage des persönlichen Stils.

Natürlich sollte die evtl. benutzte Musik sowohl dem eigenen Verständnis der Feuer-Lebenskraft als auch dem eigenen Musik-Geschmack entsprechen.

Die im folgenden aufgeführte Musik läßt sich bei „youtube" finden.

- Bach: Toccata
       das bekanntes Orgelstück überhaupt ... (10 Minuten)

- Beethoven: 5. Sinfonie, 1. Satz
       das vermutlich bekannteste klassische Thema ... (7 Minuten)

- Strauß: Also sprach Zarathustra, Ouvertüre
       eine sehr kraftvolle Eröffnung; Pauken, Trompeten und Orchester (2 Minuten)

- Carl Orff: Carmina Burana – o fortuna
       kraftvoll-altertümlich, lateinischer Gesang (6 Minuten)

- Deep Purple: Smoke on the Water
       das bekanntes E-Gitarren-Thema: kraftvolles Riff, kraftvoller Baß (6 Minuten)

- Rainbow: Stargazer
       eine beinahe ekstatische Steigerung von Musik und Gesang (9 Minuten)

- Iron Butterfly: Innagaddadavida
       eine musikalische Abenteuer-Reise – Kirchenorgel, Drum-Solo, kraftvoller Gesang ... (17 Minuten)

- Deep Purple: Child in Time
       eine Fuge mit gewaltiger Steigerung, aufgeführt von einer Rock-Band (11 Minuten)

- Santana: Jin-go-lo-ba
  eine lateinamerikanische Version einer westafrikanischen Anrufung des Gottes des Donners (5 Minuten)

- Genesis: Home by the Sea, Part 1+2
  eine Suite verschiedener Themen, deren Spannungsbogen niemals nachläßt (11 Minuten)

- Tangerine Dream: Leviathan
  der Tanz des Riesen-Drachen (7 Minuten)

- Vangelis: Heaven and Hell
  kraftvolle, markante Rhythmen und erhebende Harmonien; Keybord, Gesang, Chor u.a. (43 Minuten)

- Isaac Albeniz: Asturias
  das feurige Spanien auf der Gitarre (7 Minuten)

- Genesis: Drum-Trio
  der pure Spaß am Rhythmus (8 Minuten)

- Vivaldi: Summer
  kraftvolle Musik über die Feuer-Jahreszeit Sommer (11 Minuten)

- Harry Eilenstein: Party-Time
  kraftvoller Tanz mit afrikanischen Elementen (11 Minuten)

- Third Ear Band: Fire
  kreative altertümliche Musik (9 Minuten)

- Harry Eilenstein: Hanta Yo
  symphonisch-dramatisches Stimmungsbild einer Heldenreise (7 Minuten)

- Klaus Schulze: Dymagic
  elektronische Musik und Gesang von unglaublicher Intensität – wie eine Beschwörung (30 Minuten)

- Denean: Sacred Fire
  eine Anrufung des Feuers in indianischem Stil (3 Minuten)

- Arthur Brown: Fire
    hier singt der „god of hellfire" – ein Oldie, aber noch immer sehr kraftvoll   (3 Minuten)

- Harry Eilenstein: Rock 1
    Tanz mit verschiedenen kraftvollen Stimmungen   (8 Minuten)

II 4. i)   Die Anrufung

Zu den allgemeinen Betrachtungen zu den Anrufungen siehe den entsprechenden Abschnitt bei dem Erd-Element.

Anrufung im ägyptischen Stil

Re – Du weckst uns jeden Morgen,
Re – Du empfängst den Jubel der Paviane bei Deinem Aufgang,
Re – Du erhellst die Welt,
Re – Du bist der Freund unserer Augen,
Re – Du bist das Feuer der Welt,
Re – Du entzündest das Feuer im Herd,
Re – Du wärmst das Fell des Löwen,
Re – Du läßt die Pflanzen wachsen,
Re – Du bist das Mächtigste in der Welt,
Re – Du bist das Strahlendste, was je jemand gesehen hat,
Re – Du erhältst die Ma'at auf Erden,
Re – Du bist der wiedergeborene Phönix im Feuer des Morgenrots,
Re – Du bist der sterbende Falke im Feuer des Abendrots,
Re – Du bist die Hitze des Mittags,
Re – Du bist der Feind des Chaos,
Re – Du bist der Hüter des Lebens,
Re – Du bist der Vater des Pharaos,
Re – Du bist der Urahn der Götter,
Re – Du bist der Sohn der Hathor,
Re – Du bist die feurige Uräusschlange,
Re – Du bist die kriegerische Löwengöttin Sachmet,
Re – Du fährst in Deiner Barke über das Himmelsmeer,
Re – Du wirst am Morgen von Nut geboren,
Re – Du wirst am Abend von Nut verschlungen,
Re – Du bist der Ursprung des Feuers!

Eine Anrufung im germanischen Stil

Bei einem „Herrscherlied mit Danebengestelltem" steht zu dem in der germanischen Lyrik allgemein üblichen Stabreim zusätzlich noch in der vierten und achten Zeile eines jeden Achtzeilers noch ein Sprichwort, eine Weisheit, ein Zitat o.ä., das manchmal die Aussage der vorhergehenden Zeilen zusammenfaßt, aber manchmal auch nur durch eine lose Assoziation mit der Strophe verbunden ist. In manchen Fällen erzählen diese Zeilen auch eine Parallelgeschichte zu den übrigen Versen des Achtzeilers – beides sollte jedoch einen Bezug zueinander haben.

Am Anfang waren Feuer und Eis:
das alte Muspelheim[47], das alte Niflheim[48] –
sprühende Funken stoben auf und schufen Ymir[49].
  Sigurd kämpft gegen das Feuer des Drachen.
Audhumbla[50] nährte Ymir am Anfang:
alle Milch kam von ihr und nährte ihn –
So entstand der starke Urahn der Menschen.
  Siegfried[51] verglüht im Feuer[52] mit Brünhilde[53].

---

47 Muspelheim („Feuerheim") = das Feuer im Süden (entspricht u.a. dem Yang der Chinesen und dem Mala der australischen Aborigines)
48 Niflheim („Nebelheim") = das Eis im Norden (entspricht u.a. dem Yin der Chinesen und dem Kunia der australischen Aborigines)
49 Ymir = Uriese, erster Mensch
50 Audhumbla = Urkuh (entspricht u.a. den ägyptischen Kuhgöttinnen Hathor und Nut)
51 „Siegfried" ist eine neuere Version des alten Namens „Sigurd".
52 Feuer = hier: Bestattungsfeuer
53 Brünhilde = eine Walküre = die Göttin Freya als die Wiedergeburts-Mutter des Toten

Das Feuer wurde entfacht im Langhaus:
Funken stiegen zum Dach hinaus –
die Glut trotzte dem tödlichen Winter.
  Tyr[54] stirbt im Feuer des Sonnenuntergangs.
Die Hügelgrab-Kammer glüht rot-golden[55]:
der Tote ist ganz und gar verbrannt –
braun-schwarz ist nun der Berg der Geister[56].
  Baldur[57] verbrennt auf dem Scheiterhaufen.

Die Flammen des Feuers lodern empor:
wir fühlen ihre Wärme im Gebein –
Wer schätzt nicht die schöne Glut?
  Sigurd reitet durch die Waberlohe.
Der glimmende Glanz auf dem Holz:
gefräßig tanzt er über die zerhackten Arme der Bäume –
und schnell brät er uns ein ganzes Schwein!
  Siegfried vereint sich mit Brünhilde im Feuer-Hügel.[58]

Das Feuer in meinem Leib läßt mich fühlen:
es entfacht die Gier nach Leben in mir –
was kann ohne jegliche Glut jemals gedeihen?
  Jörd[59] gebiert Tyr am Morgen.
Feuer – brenne! Flamme – lodere!
Funken – steigt empor! Glut – wärme!
Bahre[60] – verglimme! Blick der Sonne – erwache![61]
  Baldur wird nach dem Weltenbrand[62] wiedergeboren.

---

54 Tyr = bei den Nordgermanen bis 500 n.Chr. der Sonnengott-Göttervater
55 Dieser Hügelgrab ist über einer Brandbestattung erreichtet worden.
56 Berg der Geister = Hügelgrab
57 Baldur = Sonnengott (entspricht dem keltischen „Belenus" und dem mesopotamischen Namen „Ba'al" des mesopotamischen Sonnengott-Königsgottes zurück)
58 Brünhild ist die Jenseitsgöttin als die Wiederzeugungs-Geliebte, die ihn dann anschließend im Jenseits wiedergebiert. Sigurd und Brünhilde wurden zusammen bestattet und verbrannt.
59 Jörd = die Erd- und Jenseitsgöttin und die Wiedergeburt-Mutter des Sonnengott-Göttervates Tyr
60 Bahre = Totenbahre (bezieht sich auf den Tod des Sonnengott-Göttervates Tyr am Abend)
61 „Blick der Sonne – erwache" bezieht sich auf die Wiedergeburt des Sonnengott-Göttervates Tyr am Morgen
62 Weltenbrand = der zu einer gewaltigen Schlacht vergrößerte Tod der Sonne im Feuer des Sonnenuntergangs am Abend

Eine Anrufung im keltischen Stil des Barden-Druiden Taliesin

Was war am Anfang?
Es war formlos ...
Wie hieß das Eine?
Es hatte keinen Namen ...

Kennt ihr das, was sich ausdehnt?
Kennt ihr die Kraft, die schneller ist als das Licht?
Kennt ihr die Kraft, die heller ist als der Blitz?
Kennt ihr die Kraft, die heißer ist als die Sonne?

Sie ist in allem
und sie ist nichts.
Sie ist im Herzen der Sterne,
sie ist in den Höhlen der Berge,

sie ist in den Blättern der Bäume,
sie ist in den Wurzeln der Kräuter,
sie fließt in den Adern der Tiere,
sie pulsiert in den Herzen der Menschen.

Ohne sie gibt es kein Leben
und sie kann jedes Leben vernichten.
Komm ihr näher und sie gibt Dir Behaglichkeit,
komm ihr zu nahe und sie gibt Dir große Pein!

Sie ist gieriger als jeder Löwe,
sie ist gieriger als jeder Feldherr,
sie ist gieriger als ein Tyrannosaurus,
sie ist gieriger als der größte Stern!

Du siehst sie, doch Du kannst sie nicht fassen;
wenn Du sie fangen willst, willst Du danach fliehen!
Du kannst sie nicht greifen, doch sie verwandelt alles;
sie ist das hellste und ohne sie siehst Du nichts.

Sie ist winzig,
sie ist gewaltig;
sie erschafft,
sie zerstört.

Sie naht sich Dir in jedem Tier,
sie wohnt in jedem Haus;
Sie naht sich Dir jeden Tag,
sie ist die Freundin des Schmiedes.

Komm zu uns, sei stark!
Komm zu uns, sei heiß!
Komm zu uns, sei friedlich!
Komm zu uns, zerstöre jedes Hindernis!

Sei unser Freund,
Sei unser Gefährte!
Sei unser Helfer,
Sei unser Verbündeter!

Brenne in unserem Herd!
Flamme an unserer Fackel!
Glühe in unserer Esse!
Lodere in der Rodung!

Du brätst das Fleisch über dem Feuer,
Du formst das Eisen in der Schmiede,
Du brennst das Schiff der Feinde nieder,
Du trägst den Toten ins Jenseits!

Glühe auch in uns,
wecke unsere Kundalini!
Schmilze den Schnee,
wecke das Korn auf den Feldern!

Stärke uns!
Stärke unsere Rosse!
Schärfe unsere Schwerter!
Schärfe unsere Speere!

Laß unser Leben stark werden!
Laß unsere Freude groß werden!
Laß unser Lachen weithin erschallen!
Laß unsere Lust ein großes Feuer sein!

Eine Anrufung im romantischen Stil

Wer ist der stärkste aller Krieger?
Wer singt das lauteste der Lieder?
Wer ist das hellste aller Dinge?
Wer ist der Schöpfer jeder Klinge?
Wer schuf mit dem Eis die Welt?
Wer ist willkommen vor jedem Zelt?
Wer ist in allem, was lebt?
Wer ist in dem Auge, das am Himmel schwebt?

Komme, Feuer! Du bist der stärkste aller Krieger!
Komme, Feuer! Du singst das lauteste der Lieder!
Komme, Feuer! Du bist das hellste aller Dinge!
Komme, Feuer! Du bist der Schöpfer jeder Klinge!
Komme, Feuer! Du schufst mit dem Eis die Welt!
Komme, Feuer! Du bist willkommen vor jedem Zelt!
Komme, Feuer! Du bist allem, was lebt!
Komme, Feuer! Du bist in dem Auge, das am Himmel schwebt!

Eine Anrufung im modernen Stil

Feuer, entzünde das Holz
  in der Mitte unseres Kreises!
Feuer, glühe in den Feuern
  im Kreis der Steine!
Feuer, rufe die Ahnen
  in die Menhire herbei!
Feuer, rufe Agni
  in unser Ritual!
Feuer, erfülle unsere Zauberstäbe
  mit Deiner magischen Kraft!
Feuer, laß das Pentagramm erglühen,
  das wir im Süden gezogen haben!
Feuer, lodere in der Waberlohe
  rings um unseren Kreis!
Feuer, erwecke die Kundalini in uns,
  die aus der Mitte der Erde zu uns kommt!

Feuer, laß unsere Aura erglühen
  wie die des Elias und des Elisa!
Feuer, stärke uns
  gibt uns die Feuer-Kraft!
Ya Ho!
Ya Ho!
Ya Ho!

II 4. j) Kunst

Das Auftreten der „4+1 Elemente" in der Kunst ist bereits bei dem Element Erde beschrieben worden.

In der Malerei ist das Feuer-Element eher selten – es findet sich vor allem in einigen impulsiveren Malstilen wie dem von Vincent van Gogh oder in der Malerei mit explizit erotischen Motiven.

Im Tanz findet sich das Feuer bei den Kriegstänzen, bei Tänzen auf der Glut (Feuerlauf), bei manchen Shiva-Tänzen und bei den aggressiveren heutigen Tänzen wie z.B. dem Head-Banging.

In der Bildhauerei ist das Feuer-Element nur selten in den Motiven, aber dafür in den Techniken des Bronzegusses und des Schweißens zu finden.

In der Dichtung sind generell die Anrufungen vom Feuer-Element geprägt, da Anrufungen willensgeprägt sind – der Magier oder Priester will sich mit der angerufenen Gottheit verbinden.

In der Musik ist in der Klassik nur wenig Feuer zu finden – am bekanntesten sind Bachs Toccata und Fuge, der 1. Satz von Beethovens 5. Symphonie, Strauß' „Also sprach Zarathustra!" und Orffs „Fortuna Imperatrix Mundi". In der moderneren Musik ist das Feuer im Hard Rock und seinen vielen Varianten deutlich sichtbar. Ansonsten hat auch die traditionelle afrikanische Musik und die traditionelle indianische Musik eine starke Feuer-Betonung.

In der Architektur findet man das Feuer-Element ganz explizit in den Feuer-Ältären der Perser und Inder. Man kann natürlich auch den Heizungs-Bau in den heutigen Städten zu dem Feuer-Element zählen.

Im Theater und im Film spielt da Feuer lediglich als Dramaturgie und Spannungsbogen eine Rolle – allerdings eine ausgesprochen wichtige. Es treten auch viele Feuer-Motive als Schauspiel-Thema auf wie Kampf, Krieg, Konkurrenz, Bandenbildung, Sexualität, Verbrechen, Polizei, Militär usw.

II 4. k)   Die Anwendung

In der Magie ist das Feuer vermutlich das wichtigste Element, da mit ihm Kraft gerufen wird – die man fast immer und bei allem braucht. Insbesondere die meisten Magier sind tendenziell Feuer-Zauberer. Eine Neigung zum Wind-Zauberer oder Erd-Zauberer ist eher selten und nach Wasser-Zauberern muß meist länger suchen. Bei den Hexen dominieren hingegen die Elemente Wasser und Erde.

Das Kundalini-Feuer ist sowohl in der Meditation als auch in der Magie eines der wichtigsten Themen.

Ein großer Teil des heutigen „energetischen Feng-Shui" hat einen deutlichen Schwerpunkt auf dem Element Feuer.

Das Element Feuer erscheint auch in der Heilung – z.B. in der Akupunktur sowie allgemein in der chinesischen und tibetischen Medizin.

Im Kult und in der Religion spielen die Brandopfer, die Brandbestattung, die heiligen Feuer in den Tempeln, die Feueraltäre sowie die Fest-Feuer eine große Rolle.

Man sollte mit Anrufungen der Feuergeister besonders vorsichtig sein, da mir mehrere Fälle bekannt sind (an denen ich teilweise selber beteiligt gewesen bin), wo einige Magier einfach aus Neugierde die Feuergeister gerufen haben, aber ihnen dann keine Aufgabe gegeben haben – woraufhin es kurz danach zu Hausbränden gekommen ist.

Wenn man die Feuergeister ruft, aber ihnen keine Aufgabe gibt, suchen sie sich selber etwas zu tun … Dasselbe gilt vermutlich auch für die anderen Elementar-Geister, aber bei den Feuergeistern fällt deren Wirkung besonders stark auf.

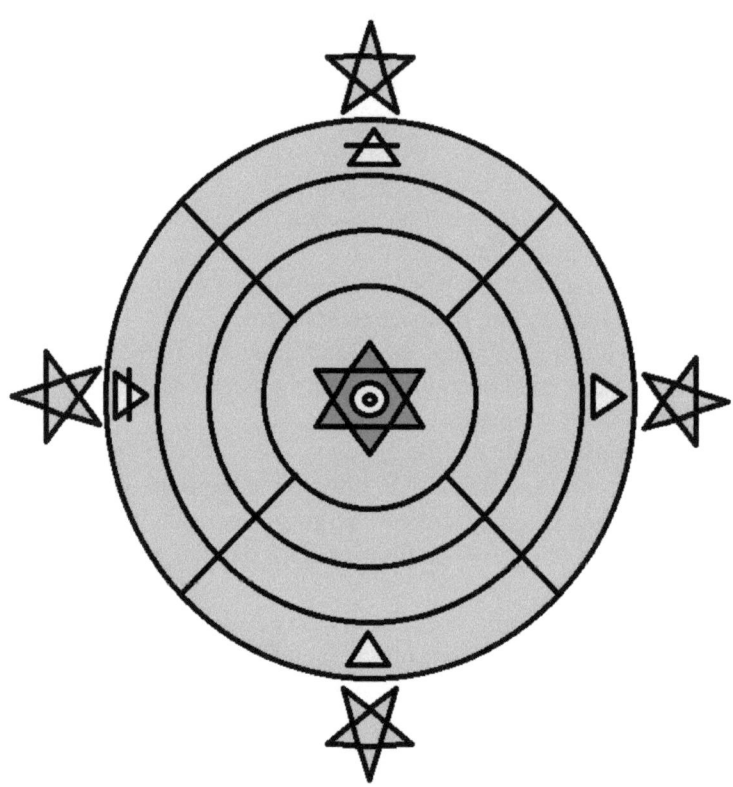

II 5. a)   Die Symbole

Die Lebenskraft-Qualität „Licht" wird mit verschiedenen Symbolen dargestellt:

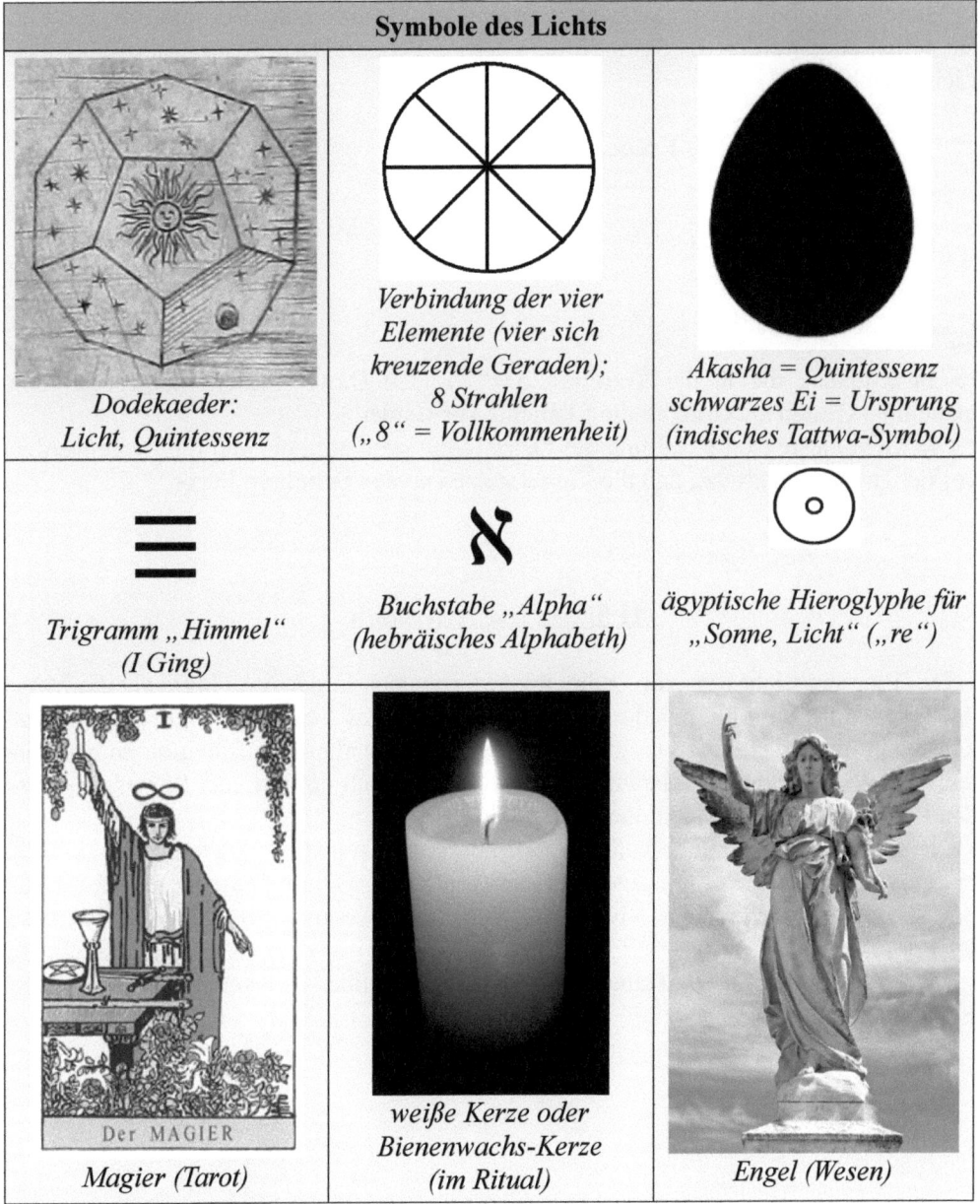

Symbole des Lichts		
Dodekaeder: Licht, Quintessenz	*Verbindung der vier Elemente (vier sich kreuzende Geraden); 8 Strahlen („8" = Vollkommenheit)*	*Akasha = Quintessenz schwarzes Ei = Ursprung (indisches Tattwa-Symbol)*
Trigramm „Himmel" (I Ging)	*Buchstabe „Alpha" (hebräisches Alphabeth)*	*ägyptische Hieroglyphe für „Sonne, Licht" („re")*
Magier (Tarot)	*weiße Kerze oder Bienenwachs-Kerze (im Ritual)*	*Engel (Wesen)*

Man sollte möglichst nur die Symbole benutzen, die einem zum einen verständlich sind und die einem zum anderen sympathisch sind. Wenn man z.B. das Christentum ablehnt und Engel fest mit dem Christentum assoziiert, sollte man keine Engel als Licht-Symbol in Ritualen benutzen, sondern etwas anderes wie z.B. die Sonne.

Manche Symbole lassen sich nicht so einfach als Graphik, Bild oder Gegenstand darstellen oder werden als Symbol nicht oft verwendet. Dazu gehören die folgenden Licht-Symbole:

- die Mitte eines Kreises
- das Tao
- der Tageslauf
- der Jahreskreis
- der Urknall
- die Sonne

In Ritualen, die in der Tradition des „Golden Dawn"-Ordens stehen, werden manchmal Gesten als Gruß an die Elemente verwendet.

Die Licht-Geste ist die Haltung des Osiris: Man steht aufrecht und die Arme werden vor der Brust so gekreuzt, daß die Fingerspitzen an den Schultern liegen,

II 5. b) Die Astrologie

Das Element Licht bzw. die Quintessenz findet sich in der Astrologie als die Mitte des Horoskop-Formulars wieder. Dort befindet sich das bewußte Ich, also die Fähigkeit, nicht nur reflexhaft zu reagieren, sondern innezuhalten, die Situation zu betrachten, sich der eigenen Ziele bewußt zu bleiben bzw. sich ihrer wieder bewußt zu werden und dann zu entscheiden und zu handeln.

Diese Fähigkeit steht außerhalb der Astrologie und ist unabhängig von ihr – sie sollte den Tanz der Planeten im eigenen Horoskop lenken. Diese Mitte ist der Regisseur des Schauspiels, der für das Niveau der Aufführung verantwortlich ist: das bewußte Ich.

Das Element Licht steht auch in der Astrologie über den anderen vier anderen Elementen.

II 5. c)   Die fünf Tattwa-Aspekte

Die fünf Aspekte des Lichtes sehen wie folgt aus:

die fünf Unter-Tattwas des Lichtes				
Licht-Aspekt des Lichtes	Feuer-Aspekt des Lichtes	Luft-Aspekt des Lichtes	Wasser-Aspekt des Lichtes	Erd-Aspekt des Lichtes
schwarzes Ei	rotes Dreieck in schwarzem Ei	blauer Kreis in schwarzem Ei	silberne Sichel in schwarzem Ei	gelbes Quadrat in schwarzem Ei

Es ist hilfreich, sich diese Unterteilung auf mindestens zwei Arten zu betrachten, damit sie konkreter und greifbarer werden: einmal als Phänomene in der Welt und einmal als Charaktereigenschaften. Das ist beim Licht schwieriger als bei den anderen vier Elementen, weil das Licht in dieser Hinsicht etwas abstrakter ist.

der Licht-Aspekt des Lichtes:
- Natur: Licht
- Psyche: Bewußtsein

der Feuer-Aspekt des Lichtes:
- Natur: Hitze, Elektromagnetismus
- Psyche: Initiative, Selbstausdruck

der Luft-Aspekt des Lichtes:
- Natur: Licht ist eine Welle
- Psyche: Möglichkeit des Kontaktes mit anderen

153

der Wasser-Aspekt des Lichtes:
- Natur: Lichtbrechungs-Phänomene
- Psyche: Anteilnahme

der Erd-Aspekt des Lichtes:
- Natur: Licht ist ein Teilchen (Photon)
- Psyche: Inkarnation

Diese Unterteilung wird lebendiger, wenn man sie sich selber eine Weile betrachtet und durch eigene Ideen und Motive ergänzt.

II 5. d) Die Licht-Lebenskraft

Die Lebenskraft ist ein sehr hilfreiches Konzept in der Magie und in der Meditation. Eine sehr schlichte Anwendung ist der „Licht-Atem".

In der Regel wird man einen bestimmten Grund haben, eine Licht-Atmung durchzuführen – es kann z.B. sein, daß man verwirrt ist, daß man Angst hat, daß man depressiv ist oder daß man auf sonst eine Weise den Kontakt zu sich selber verloren hat.

In solch einem Fall würde man den Licht-Atem wie folgt durchführen:

- einatmen:
    - innerlich „Licht" sprechen
    - imaginieren, wie man Licht-Lebenskraft aus der Sonne, aus den Sternen oder notfalls auch aus einem anderen hellen Gegenstand wie einer Straßenlaterne herbeizieht und in den eigenen Körper leitet
- ausatmen:
    - innerlich „Licht" sprechen
    - imaginieren, wie die Licht-Lebenskraft im eigenen Körper aufleuchtet und ihn von innen her erhellt und „erleuchtet"
    - sofern man dabei läuft, den Atem mit den Schritten koordinieren (z.B. auf zwei Schritten einatmen, auf zwei Schritten ausatmen)

Die wichtigste Variante des Licht-Atems ist das, was in den indischen Upanishaden als „die Himmelskuh melken" bezeichnet wird. Dies ist eine Meditation, bei der weißes Licht („bindhu") vom Himmel, d.h. von der Sonne in das Scheitelchakra des Meditierenden herabfließt.

In der Regel wird dies dadurch bewirkt, daß man zunächst die eigene Kundalini erweckt und deren rotes Feuer („tummo") aus der Erde aufsteigen läßt.

Es gibt jedoch auch die Möglichkeit, dieses Licht auch ohne die vorhergehende Erweckung der Kundalini durch die Imagniation seines Herabfließens in sich hereinzuholen. Wenn dies gelingt, spürt man eine deutliche Weitung des eigenen Bewußtseins – das Identitätsgefühl weitet sich aus. Letztlich entsteht dabei das Gefühl einer Allverbundenheit.

Die abendländische Variante des morgenländischen „Melkens der Himmelskuh" ist die „Übung der mittleren Säule". Diese Meditation bzw. dieses Ritual stammt aus der Kabbala und benutzt die mittlere der drei Säulen des Lebensbaumes. Diese Übung ist im Prinzip recht einfach, aber trotzdem wirkungsvoll:

- 1. Teil

    - Imagination: eine leuchtende *gleißendweiße Kugel* über dem Scheitel

    - Intonation (Singen): *Eheieh* (Gottesname von Kether auf dem Lebensbaum)

- 2. Teil

    - Imagination: eine leuchtende *regenbogenfarbene Kugel* im Kopf/Hals-Bereich

    - Intonation (Singen): *Yod-He-Vau-He Elohim* (Gottesname von Da'ath auf dem Lebensbaum)

- 3. Teil

    - Imagination: eine leuchtende *goldene Kugel* in der Mitte der Brust (Herzchakra)

    - Intonation (Singen): *Yod-He-Vau-He Eloah va-Da'at* (Gottesname von Tiphareth auf dem Lebensbaum)

- 4. Teil

    - Imagination: eine leuchtende *violette Kugel* im Genital-Bereich (Hüfte)

    - Intonation (Singen): *Shaddai el-Chai* (Gottesname von Yesod auf dem Lebensbaum)

- 5. Teil

    - Imagination: eine leuchtende *satt-braune Kugel* unter den Füßen (die Erde)

    - Intonation (Singen): *Adonai ha-Aretz* (Gottesname von Malkuth auf dem Lebensbaum)

Es gibt viele Rituale, die mit Licht-Imaginationen arbeiten. So wurden z.B. die ganzen Einweihungsrituale des Golden Dawn von den meisten ihrer Mitglieder als Licht-Magie aufgefaßt.

Fast jeder Segen enthält auch die Imagination eines Lichtes, das von der segnenden Gottheit zu dem Gesegneten fließt.

Eine der heute bekanntesten Licht-Lebenskraft-Lenkungen ist das Reiki.

Bei all diesen rituellen Methoden wird jedoch nur die Licht-Imagination und evtl. noch eine Licht-Gestik benutzt, aber kein Licht-Atem. Der Licht-Atem findet sich fast nur bei den meditativen Methoden.

Bei der Weihung von Talismanen, bei Heilungen, beim Aufladen von Hausgeistern u.ä. wird in der Magie auch die Licht-Atmung verwendet – manchmal stellt sie dabei das Herbeirufen einer Art von Seele dar.

Den vier anderen Elementen kann man lose das Krafttier (Feuer), die Kraftpflanze (Wasser), den Kraftstein (Erde) und evtl. noch den Kraftpilz (Luft) zuordnen. Die Quintessenz steht jedoch über diesen vier Elementen und ist ihr Ursprung. Sie entspricht daher der Seele, die die vier eben genannten Wesen für die Zeit einer ihrer Inkarnationen als Verbündete hat.

Es lohnt sich, den Licht-Atem ein wenig ausgiebiger zu üben, da das Lenken der Lebenskraft in der Magie, in der Meditation und in der Heilung ein zentrales Element ist.

II 5. e)   Die Traumreise

„Hallo Quintessenz – Du bist eines der wenigen Dinge aus dem Bereich der Magie, zu denen ich noch keine Traumreise unternommen habe ... eigentlich ist das komisch ... ... Magst Du mir etwas über Dich sagen oder zeigen?"

„Denk nicht zu viel an die Alchemie, wenn Du mich betrachtest."

„Ja, gut ... und was schlägst Du vor, was ich tun könnte?"

„Schweigen."

„Hm – die Stille-Meditation?"

„Ja."

„Das verstehe ich ... und diese Meditation tut ja auch gut. ... Aber gibt es nicht einige Dinge, die man über die Quintessenz sagen könnte? Sozusagen das Umfeld von ihr beschreiben, damit man weiß, wo man nach ihr suchen muß?"

„Mach es nicht komplizierter als nötig. Du hast das Mandala der vier Elemente, den Weg der 'Mittleren Säule', der von dem Rand des Mandalas zu seiner Mitte führt, und Du hast die Quintessenz in der Mitte. Gehe diesen Weg und Du wirst zur Mitte gelangen. Mehr Strukturen brauchst Du nicht dafür."

„Hm, ja ... aber irgendwas in mir ist unzufrieden damit ... Es ist mir ein bißchen peinlich zu sagen: Diese Traumreise wäre dann ziemlich kurz und schlicht und zeigt wenig Neues."

„Ist die Quintessenz das Neue oder das Wesentliche?"

„Das Wesentliche."

„Ist das Wesentliche komplex oder schlicht?"

„Schlicht."

„Was ergibt sich daraus?"

„Es ist vermutlich nicht einfach zu finden, aber wenn man es gefunden hat, ist es einfach."

„Also?"

„Das Schweigen üben? Und alles, was man noch braucht, wird man dabei schon finden?"

„Ja."

„Nun gut ... dann war's das wohl schon ... oder?"

„Ja, das war's. ... Gehe in die Stille. Höre auf zu denken, zu fühlen und innere Bilder zu sehen. Sei einfach nur noch Bewußtsein, das sich seiner selber bewußt ist."

„Ich habe das vor gut 40 Jahren mal von einem Yogi geschenkt bekommen – das war ganz einfach. Und ich habe diese Fähigkeit auch schon anderen geschenkt – das war auch ganz einfach. Aber ich kann das den Lesern dieses Buches nicht schenken – dafür müßte ich mit ihnen zusammensitzen ... "

„Ist das Deine Zuständigkeit? Und hast Du soviel Zeit? Und willst Du das?"

„O.k. ... ich verstehe Deine Einwände."

157

„Jeder findet seinen eigenen Weg zur Quintessenz. Und da gibt es eine große Viel-falt. Und wenn mich jemand finden will, dann wird er mich auch finden. Auch Du hast es gewollt und bist ein paar Wochen später in Deiner Heimatstadt diesem Yogi begegnet, der Dir die Fähigkeit, innerlich still zu werden, geschenkt hat."

„Ja, da habe ich wohl gerade mehr gewollt, als man mit einem Buch bewirken kann. Danke, Quintessenz! Vielen Dank!"

„Bitte."

„Ho!"

II 5. f) Die Rituale

Die allgemeinen Überlegungen zu dem Pentagramm finden sich bei dem Erd-Pentagramm.

Das aktive Licht-Pentagramm

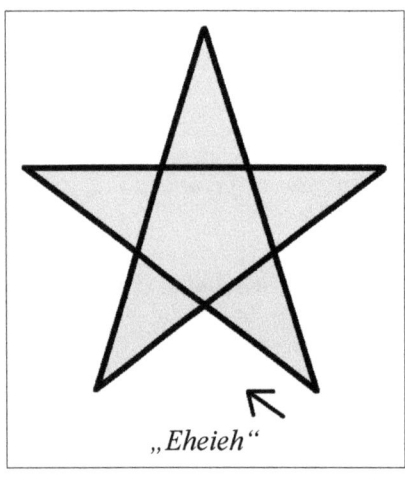

„Eheieh"

Dieses Pentagramm wird schweigend imagi-niert, was man durch eine Geste des Armes und der Hand mit ausgestrecktem Zeige- und Mittel-finger unterstützt, die dieses Zeichen in die Luft zeichnen. Man beginnt und unten rechts und folgt dem Pfeil.

Dann hält man die Fingerspitzen in die Mitte des imaginierten Pentagramms und singt den hebräischen Gottesnamen „Eheieh".

„Aktiv" bedeutet hier, daß eine eher schöpferi-sche Qualität angerufen wird.

Das passive Licht-Pentagramm

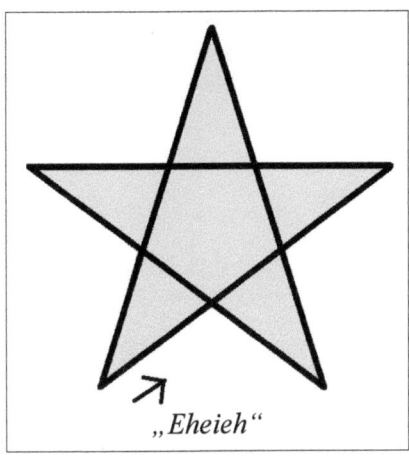

„Eheieh"

Auch dieses Pentagramm wird schweigend imaginiert, was man durch eine Geste des Armes und der Hand mit ausgestrecktem Zeige- und Mittelfinger unterstützt, die dieses Zeichen in die Luft zeichnen. Man beginnt und unten links und folgt dem Pfeil.

Dann hält man die Fingerspitzen in die Mitte des imaginierten Pentagramms und singt den hebräischen Gottesnamen „Eheieh".

„Passiv" bedeutet hier, daß eine eher erhaltende Qualität angerufen wird.

Das Licht-Element im Kleinen Pentagramm-Ritual

Dieses Pentagramm kommt im Kleinen Pentagramm-Ritual nicht vor – statt des Licht-Pentagramms wird oben über dem Kreis mit den vier Elemente-Pentagrammen ein Hexagramm imaginiert, das die Quintessenz oder genauer gesagt den Lebensbaum-Bereich Tiphareth und somit die Seele verkörpert.

Die beiden Licht-Pentagramme im Großen Pentagramm-Ritual

Diese beiden Pentagramme werden sozusagen als „Türöffner" für die Anrufung bzw. Bannung der vier anderen Elemente verwendet.

Die Verwendung des Licht-Pentagramms

Diese beiden Pentagramme werden in Ritualen so gut wie nie einzeln, also unabhängig von den anderen Elemente-Pentagrammen benutzt. Sie lassen sich jedoch durchaus in Einweihungs-Ritualen und Heilungs-Ritualen verwenden, in denen es darum gehen, dem Betreffenden zu helfen, sich an sich selber und an seinen heilen Zustand zu erinnern, d.h. sich wieder seiner eigenen Seele bewußt zu werden. In der Regel wird für diesen Zweck jedoch das Sonnen-Hexagramm und nicht eines der beiden Licht-Pentagramme benutzt.

II 5. g)   Die Kontemplation

Zu den allgemeinen Betrachtungen zur Kontemplation siehe das entsprechende Kapitel bei dem Erd-Element.

Licht in der Welt

Das Licht auf der Erde kommt von der Sonne. Der leuchtende Mond in der Nacht reflektiert das Sonnenlicht. Die ebenfalls leuchtenden Sterne sind Sonnen, nur sehr viel weiter entfernt als „unsere" Sonne. Das Licht, daß durch das Feuer von Holz, Kohle, Erdgas und Erdöl entsteht, stammt ebenfalls von der Sonne: Die Bäume erhalten ihre Energie durch das Sonnenlicht und die Kohle, das Erdgas und das Erdgas ist aus abgestorbenen Bäumen entstanden. Lediglich das Licht von glühender Lava stammt aus der Erde selber. Man könnte jedoch auch das Licht von Glühbirnen, deren Strom durch Wasserkraftwerke und Windturbinen erzeugt wird, zum „Erd-eigenen" Licht zählen.

Licht in jedem Ding

Licht in einzelnen natürlichen Dingen ist eher selten – lediglich einige Fischarten, Pilzarten und Käfer können Licht erzeugen (Biolumineszenz).

Weniger materiell betrachtet ist die Quintessenz, also das Licht, auch die Essenz einer Sache. Das ist bei den Lebewesen der Zellkern mit der DNS, bei Mineralien deren Strukturformel, bei Planeten die Gravitation als gestaltende Kraft, bei Unternehmen das Unternehmenskonzept und die Unternehmensleitung usw.

Man kann auch generell das Bewußtsein als den Licht-Aspekt einer Sache ansehen.

Licht in einem selber

Das Licht in einem selber ist die eigene DNS, das eigene Bewußtsein, das eigene Ich und der eigene Wille.

Die Polarisierung des Lichtes

Die vier Elemente lassen sich polarisieren und auch die sechs äußeren Chakren lassen sich polarisieren, aber nicht die Quintessenz (Licht) und auch nicht das Herzchakra, da sie beide den Kern, die Essenz, die Seele darstellen: Sie ist, was sie ist, und sie bleibt auch, was sie ist – die Polarisierung kann nur in der Psyche stattfinden, aber die Quintessenz gehört nicht zu der Psyche, sondern ist deren Quelle.

Die Heilung des Lichtes

Die Seele (Quintessenz, Licht) im Herzchakra kann der Psyche jedoch verschieden stark bewußt und zugänglich sein: Das reicht von der vollkommenen Unwissenheit über ihre Existenz bis hin zum ständigen inneren Gespräch mit ihr.

Die Heilung des Lichtes ist daher keine Auflösung einer Polarisierung, sondern eine meist allmähliche Bewußtwerdung dieses Lichtes, also der eigenen Quintessenz, der eigenen Mitte, der eigenen Seele.

II 5. h) Trancetanz

Die allgemeinen Betrachtungen zu dem Trancetanz finden sich bei dem entsprechenden Abschnitt bei dem Element Erde.

Sonnentanz und Sonnengesang

Die vermutlich am weitesten verbreitete Ekstase-Methode ist das intensive, innige Gebet an eine Gottheit. Während der Dauer eines solchen Gebetes ist der Betreffende ganz auf die Gottheit einsgerichtet.

Auch das Mantra als formalisierte Gebetsform ist sehr weit verbreitet. Ein sehr großer Teil der Mantren bezieht sich auf eine Gottheit, auf die man sich mithilfe des Mantras nach und nach ausrichtet, wodurch man idealerweise schließlich auf die Gottheit einsgerichtet wird.

Der Sonnengesang ist ein gesungenes Mantra, ein kurzer Chant, ein improvisierter Text oder einfach nur ein Vokal, der gesungen wird, während man auf die Sonne blickt. Die Ausrichtung auf die Sonne ruft auch die Ausrichtung auf die eigene Seele hervor, da beide ein „Element der Mitte" sind.

Der Sonnengruß aus dem Yoga ist eine Folge von Körperhaltungen und Bewegungen zwischen den einzelnen Haltungen und bezieht sich ebenfalls auf die Sonne und somit auch auf die Seele, da die Sonne weltweit neben dem Seelenvogel das wichtigste Symbol der Seele ist.

Der Sonnentanz ist von verschiedenen Völkern bekannt. Meistens handelt es sich um einen Kreistanz, der in einer Gruppe durchgeführt wird und auf die Sonne ausgerichtet ist, aber dem Finden des Kontaktes mit der eigenen Seele dient. In den Kulturen, in denen es einen Sonnentanz gibt, hat er eine zentrale Stellung in Bezug auf die Selbstfindung, die Initiation, den Schamanismus und der Heilung inne.

Es gibt noch weitere religiöse Tänze, die sich an verschiedene Gottheiten wenden. Auch sie kann man noch zu den „Licht-Tänzen" rechnen.

Das „Licht" in diesen Methoden, also die Quintessenz, ist persönlich gesehen die Seele und allgemein gesehen die Sonne.

Musik für Licht-Anrufungen

Das Folgende sind Musikstücke, die zu Licht-Anrufungen, zu Licht-Trancetänzen und Licht-Meditationen passen. Trancetänze werden fast immer zu Musik durchgeführt – ob man Musik zu Ritualen und Meditationen benutzt, ist eine Frage des persönlichen Stils.

Die im folgenden aufgeführte Musik läßt sich bei „youtube" finden.

- Thomas Tallis: Spem in alium
    „sphärische Chormusik"; um ca. 1550 komponiert   (11 Minuten)

- Yes: Awaken
    vielfältige, ergreifende, dichte, teilweise hymnische Musik mit Gesang, Kirchenorgel, Schlagzeug, Baß, Klavier, Harfe u.a. (16 Minuten)

- Yes: Nous somme de soleil
    bombastische, emotionale, teilweise auch ruhige Anrufung (22 Minuten)

- Tangerine Dream: Seven Letters from Tibet
    verschiedene intensive Stimmungen; vorwiegend elektronische Musik   (50 Minuten)

- Yes: Close to the Edge
    abwechselnd stille und kraftvolle Musik, kreativer hymnen-ähnlicher Aufbau; Band mit Gesang   (19 Minuten)

- Tangerine Dream: Sunrise in the third System
    elektronische Musik; Sonnenaufgang-Stimmung   (5 Minuten)

- Harry Eilenstein: Sunrise
    Oboen-Gruß an die Morgensonne; Oboe, Harfe, Schlagzeug, Kontrabaß u.a.   (5 Minuten)

- Ravel: Bolero
    sich steigernde Orchester-Musik   (16 Minuten)

- Pink Floyd: Shine on you crazy Diamond, part 1-9
    vielfältige, oft sehr emotionale Stimmungen, Wechsel von ruhig und kraftvoll (26 Minuten)

- Edvard Grieg: Morgenstimmung
    ein im besten Sinne lieblicher Gruß an die Sonne   (4 Minuten)

- Pink Floyd: A Saucerful of Secrets
    vom Chaos zur Harmonie   (12 Minuten)

- Tangerine Dream: Hyperborea
    von der Suche in der Leere zum erhabenen Strömen   (9 Minuten)

- Klaus Schulze: Timewind
    Orgel und Syntheziser, kraftvoll, tragend   (59 Minuten)

- True Words: Guan Yin Mantra
    Mantra an die chinesisch-buddhistische Muttergöttin
    (54 Minuten)

- Gong: Downwind
    erhaben-kraftvolle, sich steigernde Musik; Xylophon, Schlagzeug, E-Gitarre, Saxophon u.a. (12 Minuten)

- Tschaikowsky: Hymn of the Cherubim
    sphärisch-melancholischer und zugleich auch kraftvoller Chorgesang (8 Minuten)

- Jade Warrior: Way of the Sun
    der Sonnenlauf und der Zyklus des Sonnengottes; vielfältig, instrumental, melodisch, kreativ, mal still, mal kraftvoll (42 Minuten)

II 5. i) Die Anrufung

Die allgemeinen Kommentare zu den Anrufungen finden sich in dem entsprechenden Abschnitt bei dem Erd-Element.

Anrufung im ägyptischen Stil

In dieser Anrufung ist der grammatisch-inhaltliche Reim verwendet worden, der die älteste bekannte lyrische Form ist und vor allem in religiös-magischen Texten benutzt worden ist.

Am Anfang erhob sich die Re[63] aus dem Nun[64] empor,
Am Morgen kehren die Seelen aus dem Urmeer zurück.
Am Tag erleuchtet Re die Weite des Geb[65],
Am Tag erstrahlt die Seele in dem Leib des Menschen.
Am Abend kehrt Re in Nut[66] zurück,
Am Abend versinkt die Seele in den Wassern.
In der Nacht durchquert Re die Unterwelt,
In der Nacht reist die Seele durch das Reich der Träume.

Erwache, geflügelte Sonne[67], am Morgen!
Erwache, mein Seelenvogel, zu Tagesbeginn!
Strahle, Sonnenfalke[68], in der Mitte der Welt!
Strahle, Skarabäus[69], in meinem Herzchakra!
Führe, Sonnenauge, die Menschen durch den Tag!
Führe, Seelenvogel, mich durch mein Leben!
Du bist der König, Re, im Reich des Geb!
Du bist der König, Seele, im Land meines Leibes.

---

63 Re = Sonnengott
64 Nun = Urmeer
65 Geb = Erdgott
66 Nut = Himmelsgöttin (sie gebiert die Sonne am Morgen und verschlingt sie am Abend)
67 geflügelte Sonne= Flügelsonne (Zusammenfassung von Sonne und Seelenvogel) = Morgensonne (wiedergeborene Sonne) = Phönix (Seelenvogel der Sonne)
68 Sonnenfalke = Flügelsonne
69 Skarabäus = die Sonne als Käfer, der eine Mistkugel vor sich herschiebt; der Skarabäus war das Schutzamulett des Herzens (auch bei der Mumifizierung)

165

Anrufung im germanischen Stil

Bei dem „kostbaren Reim" stehen zwei Endreime hintereinander in jeder ungeraden Zeile (1, 3, 5, 7) – meistens am Anfang der Zeile. In jeder geraden Zeile (2, 4, 6, 8) steht derselbe Reim am Ende. In dem „Kostbaren Reim" steht idealerweise also z.B. am Anfang der ersten Zeile „Sandstrand" und am Ende der zweiten Zeile „Band". Das ist jedoch oft nur schwer umsetzbar.

Diese Reimform erscheint eigentlich in jedem Zeilenpaar, aber sie kann auch auf die 3./4. Zeile und die 7./8. Zeile beschränkt werden.

Der Stabreim sollte mit demselben Buchstaben beginnen wie das erste Wort des „kostbaren Reimes" – dann klingt der Reim schlüssiger.

Dies ist eine der anspruchsvolleren germanischen Reimformen – und daher passend für die Quintessenz.

Zusätzlich enthalten die Verspaare auch den Stabreim: mindestens zwei Worte mit demselben Anfangsbuchstaben in den ungeraden Zeiken und ein Wort mit diesem Anfangsbuchstaben in der darauffolgenden Zeile.

Aus dem Moor-Tor[70] zur modrigen Hel[71],
kommt machtvoll am Morgen die Sonne hervor.
Als Berg-Zwerg[72] bricht Tyr[73] aus dem Hügel
beginnt seine Himmelsreise, sein Tagewerk.
Der Glanz-Tanz erleuchtet den ganzen Himmel,
er grüßt die Menschen als göttlicher Kranz.
See-Schnee ist des Seemanns Leid,
doch die Sonne wandelt durch Wärme das Weh.

Am Sand-Strand am Morgen formt das Scheinen
von meinem Herzen zur Sonne ein Band.
Eine Bitte – das ist Sitte! – an die blendende Sonne:
belebe, erwecke, stärke meine Mitte!
Die Strahlen lösen die Schalen um meine Mitte,
zerstören die Fesseln, beenden die Qualen.
Der Kehle Befehle lenkt die Krieger,
doch der König in mir ist meine Seele.

---

70 Moor = Moore, Quellen, Seen u.ä. wurden als Tor in die Unterwelt angesehen
71 Hel = Unterwelt, Unterweltsgöttin
72 Zwerg = Totengeist; Berg = Hügelgrab, in dem der Totengeist wohnt – hier ist dieser Berg-Zwerg der Gott Tyr
73 Tyr = Sonnengott-Göttervater

Anrufung im keltischen Stil des Barden-Druiden Taliesin

Du kannst es nicht sehen,
aber es ist das Sehen.
Du kannst es nicht fassen,
aber es läßt Dich alles erkennen.

Es kommt von der Sonne
und erweckt alle auf Erden.
Es bringt Leben in alle Pflanzen
und ist der Schöpfer alles Grünen.

Es leuchtet im Außen
und es leuchtet im Innen;
es strahlt am Himmel
und es strahlt im Herzen.

Wenn es geht,
schläft alles ein;
wenn es kommt,
wacht alles auf.

Es ist das,
woraus alles entstanden ist;
es ist das,
wozu alles werden wird.

Es ist hoch oben
und es ist in der Mitte;
es ist weit fort
und es ist ganz innen.

Es hat keine Flügel
und kann doch fliegen,
es ist kein Feuer
und kann doch wärmen.

Komme herab auf die Erde!
Komme herab in die Pflanzen!
Komme hervor aus meinem Herzen!
Komme hervor als mein Wille!

Anrufung im romantischen Stil

Helles Licht am hohen Himmel,
goldner Reiter auf dem Schimmel[74]!
Leite uns durch jeden Tag,
durch Flüsse, Berge, Täler, Hag[75]!

  Komm in unsern Tempel herab!
  Komm in der Sonne Hügelgrab[76]!

Laß unser Herz[77] in Licht erstrahlen
und ende alle unsere Qualen!
Laß uns unsere Seele erblicken –
Nur Du kannst uns wahrhaft erquicken!

  Komm in unsern Tempel herab!
  Komm in der Sonne Hügelgrab!

Anrufung im modernen Stil

Licht der Mitte!
Du bist die Quelle der Kraft des Feuers,
Du bist der Ursprung der Liebe des Wassers,
Du bist die Herkunft der Wahrheit der Luft,
Du bist der Schöpfer des Gedeihens der Erde!
Erwache in mir,
leuchte in mir,
laß den Lotus meines Herzchakras erblühen,
gib meiner Seele Raum in dem Tempel[78] meiner Brust!
Schaffe einen Weg für meine Seele durch die Sushumna[79],

---

74 Schimmel-Reiter = die Sonne als Himmelsreiter
75 Hag = Wald, Forst
76 Sonnen-Hügelgrab = Die Sonne legt sich bei ihrem abendlichen Tod in ihr Hügelgrab und wird am Morgen von der Erdgöttin wiedergeboren. Das Hügelgrab ist der Schwangerschafts-Bauch der Erdgöttin – das legen der toten Sonne in das Hügelgrab ist somit symbolisch auch die Wiederzeugung der Sonne mit der Erdgöttin.
77 Herz: genau genommen das Herzchakra
78 Tempel der Brust = Herzchakra (das der Wphnort und der Tempel der Seele ist)
79 Sushumna = der zentrale, senkrechte, gerade „Lebenskraft-Kanal"

räume den Weg frei für meine Seele in Ida und Pingala[80],
laß sie als Gefühle im Sonnengeflecht und im Halschakra erglühen,
laß sie als Form im Hara und im Dritten Auge kristallisieren,
laß sie als Erleben im Wurzelchakra und im Scheitelchakra tanzen!
Licht der Mitte,
hilf mir, ich selber zu sein!

II 5. j) Kunst

Das Prinzip der „4+1 Elemente" in der Kunst ist bereits in dem entsprechenden Abschnitt über das Element Erde beschrieben worden.

Vom Stil her gehört am ehesten die visionäre Malerei hierhin. Technisch gesehen gibt es einige verschiedene Ansätze, „Licht zu malen", insbesondere die psychedelische Kunst (Darstellung von Drogen-Erlebnissen) und das anthroposophische „Schicht-Lasieren" mit Aquarellfarben. Thematisch gesehen gehört die religiöse Malerei zu der Quintessenz, also zu dem Licht. Man könnte auch die Mandalas hinzuzählen, da sie ebenfalls eine religiöse Malerei sind und sie auf die Essenz in der Mitte des Mandalas ausgerichtet sind.

Bei dem Tanz findet man das Licht in den religiösen Tänzen, wobei diese in der Regel auch durch eines der vier Elemente mitgeprägt sind.

In der Bildhauerei gehören die Statuen, Fresken u.ä. von Gottheiten, Religionsgründern, Heiligen, Ahnen, mythologischen Tieren und Fabelwesen usw. zu der Quintessenz.

Bei der Dichtung ist die Quintessenz nicht schwer zu finden: die gesamte mythologische, magische und religiöse Literatur.

In der Musik gibt es technisch gesehen keine „Licht-Instrumente" oder „Licht-Musikformen", sondern wieder nur Licht-Themen, d.h. religiös-mythologisch-magische Themen.

Zu der Licht-bezogenen Architektur zählen die Tempel, doch auch alle andere sakrale Bauten wie Tempelseen, Pyramiden, Prozessionsalleen, Gräber, Totenstädte und ähnliches mehr.

Dasselbe gilt auch für das Theater und den Film: Auch hier bestimmt nicht die Form, sondern der Inhalt, ob ein Schauspiel oder Film zu der Quintessenz gehört.

---

80 Ida und Pingala = die beiden äußeren, senkrechte, gewundenen „Lebenskraft-Kanäle"

II 5. k) Die Anwendung

Das Element Licht bzw. die Quintessenz wird erstaunlich wenig in der Magie und der Heilung verwendet.

Dieses Element erscheint vor allem als Urvertrauen oder spezieller als das Vertrauen in eine Gottheit und auch als die Selbsttreue.

Im Gegensatz zu den vier Elementen wird das Licht in Ritualen nur sehr selten verwendet – oder eben als Oberbegriff für die gesamte Lebenskraft aufgefaßt.

In manchen Zusammenhängen wird die eigene Seele als Licht angesehen. Das entspricht der Zuordnung der Elemente zu dem Lebensbaum:

- Erde	- Malkuth	- Erde	- Körper
- Wasser	- Yesod	- Mond	- Erinnerungen
- Luft	- Hod	- Merkur	- Denken
- Feuer	- Netzach	- Venus	- Fühlen
- Licht	- Tiphareth	- Sonne	- Wollen

III Das Herz der Elemente

(Tiphareth)

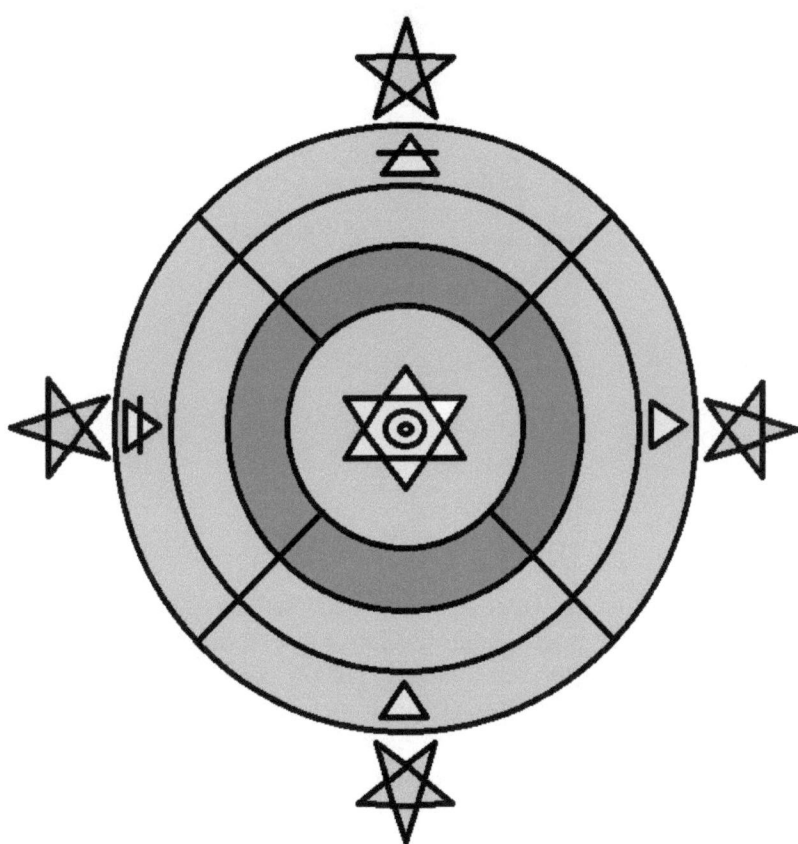

Als das „Herz der Elemente" kann man die wesentliche, zentrale Eigenschaft der Elemente ansehen, von der sich die übrigen Eigenschaften, Strukturen und Dynamiken des betreffenden Elementes ableiten lassen. Man könnte dies ein wenig poetisch auch die „Seele des Elementes" nennen – zumal es sich hier ja um die Tiphareth-Ebene handelt.

III 1.   Das Herz der Erde

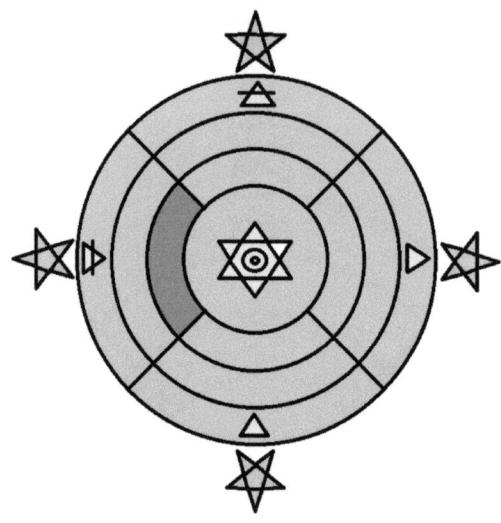

III 1. a)   Die Essenz

Das „Herz der Erde" ist das Gedeihen. Das bedeutet, daß sich die Dinge entfalten und wachsen und Früchte tragen können. Zum Gedeihen gehören auch das rechte Maß und das „von Herzen genießen können". Dieses „von Herzen genießen können" wurde von den griechischen Philosophen, die der Hedonismus-Richtung anhingen, als das sicherste Merkmal dafür angesehen, daß etwas in einem richtigen und heilen Zustand ist. Damit ist kein blinder Egoismus oder Gier oder gar Askese gemeint, sondern eben die Dinge in dem Maß haben zu wollen, die den größten Genuß entstehen lassen. Also kein Übermaß, kein Mangel und auch kein Ersatz – sondern eben das Richtige im richtigen Maß.

Zu diesem Gedeihen und Genießen gehört auch das Prinzip „sei jetzt hier". Nur wenn man präsent ist und die Dinge (einschließlich sich selber) so sieht, wie sie sind, kann man das Gedeihen fördern und dann genießen.

Es geht bei dem Element Erde also nicht um Reichtum und Armut, sondern um das passende Maß an Besitz – nicht zu viel und nicht zu wenig: gute und ausreichende Nahrung und eine gute Wohnung. Damit ist nun keineswegs ein langweiliges Mittelmaß gemeint, sondern eben das Maß, das einen selber am besten wachsen und gedeihen läßt und das das eigene Leben am meisten mit Lust, Glück und Freude erfüllt.

Im Tarot, im Ritual und auch allgemein in der Magie wird das Element Erde meist durch ein Pentakel (runde Scheibe mit Pentagramm) oder eine Münze dargestellt. Auch der Erd-Erzengel Auriel (Uriel) hält eine solche Münze in der Hand. Nun ist eine Münze ja ein passendes Symbol für Besitz, aber sie ist auch sehr abstrakt und der Streit ums Geld ruft in der Volkswirtschaft auch viele unerwünschte Nebenwirkungen hervor.[81] Daher kann man – man wenn man das einleuchtend findet – die Münze auch durch einen runden Brotlaib als Erd-Symbol ersetzen.

III 1. b) Die Vision

Man kann verschiedene Wesen und Dinge als die Essenz und das Symbol der Erde ansehen. Im Zusammenhang mit dem Pentagramm-Ritual ist naheliegenderweise der Erzengel Auriel das Zentrum und das „Herz" des Elementes Erde.

Er wird im Pentagramm-Ritual und auch in dem Elemente-Mandala im Norden imaginiert. Dies ist zunächst ein schöpferischer Vorgang – man erschafft etwas. Das Herstellen dieses inneren Bildes, das so intensiv werden kann, daß man es sowohl mit geschlossenen als auch mit offenen Augen sehen kann, entspricht der Herstellung einer Götterstatue: Sie ist ein Gefäß, ein „zweiter Leib" für die Gottheit oder im Falle der Statue eines Verstorbenen, ein „zweiter Leib" für diese Gottheit.

Wenn eine Statue geweiht wird, wird auch in ihr die Gottheit imaginiert, d.h. die Statue wird mit Lebenskraft erfüllt. Diese Lebenskraft ermöglicht der Gottheit dann, diese Statue als Leib zu benutzen. Der imaginierte Erzengel Auriel ist also ein „Lebenskraftleib ohne physischen Leib", d.h. eine Lebenskraftform, die nicht an eine Statue gebunden ist.

Wenn der Erzengel Auriel diese imaginierte Gestalt annimmt, erscheint er in ihr, nimmt sie als „Zweit-Körper" an – dann tritt diese imaginierte Form mit dem Erzengel selber in Resonanz. Dabei geschieht etwas Neues: Die Augen des Erzengels werden klar sichtbar und haben eine intensive Ausstrahlung und der Erzengel beginnt sich zu bewegen, zu sprechen und zu handeln. Der markanteste Punkt bei dem Übergang von „nur imaginieren" zu „Präsenz des Erzengels in der Imagination" ist es, daß man dem Erzengel in die Augen schauen kann und er offensichtlich zurückschaut.

Ab diesem Übergang wird das Rufen des Erzengels Auriel zu einer tatsächlichen Begegnung und man kann mit ihm sprechen, ihn um etwas bitten, ihm etwas zeigen usw. Ab diesem Punkt wird Auriel in dem eigenen Leben wirklich lebendig. Es ist auch recht wahrscheinlich, daß sich das eigene Verständnis für das Element Erde zu diesem Zeitpunkt schon deutlich vertieft hat und daß die verschiedenen Informationen und Vorstellungen über die Erde zu einem organischen Ganzen zusammenwachsen –

---

81 Siehe dazu bei Bedarf mein Buch „Von inner Fülle zu äußerem Gedeihen".

was ein ausgesprochen angenehmer Vorgang ist. Wenn diese Entwicklung beginnt, hat man das „Herz der Erde" erreicht.

Bei der Imagination des Erzengels Auriel wird üblicherweise angegeben, daß er ein Engel ist, eine Münze in seiner Hand hält und daß er in den Farben Zitronengelb, Rotbraun, Olivgrün und Schwarz erscheint. Das funktioniert auch zweifellos auf diese Weise.

Wenn man jedoch die Münze durch einen runden Brotlaib ersetzt, funktioniert die Imagination weiterhin – möglicherweise ist einem selber das Bild dann sympathischer.

Die vier Farben stammen aus der Darstellung der Sephirah Malkuth auf dem Lebensbaum als Kreis, der durch ein schrägliegendes Kreuz in vier Teile aufgeteilt ist. Es lassen sich bei der Imagination des Auriel jedoch auch andere Farben verwenden. Diese Farben ergeben sich wie folgt aus der Systematik der Farben auf dem kabbalistischen Lebensbaum:

- Die drei obersten Sephiroth sind schwarz-weiß: Kether – weiß; Chokmah – grau; Binah – schwarz.
- Dann folgt die „unsichtbare Sephirah": Da'ath – Regenbogen-farben.
- Als nächstes kommen die drei Sephiroth, die die Primärfarben tragen: Chesed – blau; Geburah – rot; Tiphareth – gelb.
- Darauf folgen die drei Sephiroth, deren Farbe sich aus der Mischung von zwei Farben ergibt: Netzach – grün (blau und gelb); Hod – orange (rot und gelb); Yesod – violett (blau und rot).
- Es ist daher naheliegend, die unterste Sephirah mit der Mischung aus allen drei Primärfarben darzustellen: Malkuth – braun (blau und rot und gelb).

Man kann also den Erzengel Auriel auch in braun imaginieren und zur Herstellung von Kontrasten bei der Imagination hellbraun, mittelbraun und dunkelbraun verwenden. Das ist einfacher zu imaginieren als die vier Farben, paßt von der Schlichtheit der Farbkombination besser zu den anderen drei Erzengeln und paßt zudem als Farbe auch ausgesprochen gut zu dem Element Erde.

Die drei anderen Element-Erzengel werden in einer Grundfarbe und der dazugehörigen Komplementärfarbe imaginiert. Die Komplementärfarbe zu braun ist jedoch wieder braun, sodaß man hier am besten verschieden helle Brauntöne verwendet.

Dies sind jedoch Dinge, die man selber ausprobieren muß – das, womit man sich am wohlsten fühlt, ist sehr wahrscheinlich auch das, was für einen selber am effektivsten sein wird.

Es gibt noch etwas, das möglicherweise zu dem Mandala-Bereich „Tiphareth-Ebene des Elementes Erde" gehört. Man kann den allgemeinen „Bereich Erde" in der Welt von dem persönlichen Anteil an dem „Bereich Erde" unterscheiden. Auch dieser persönliche Anteil hat ein Bild – dies ist der eigene Kraftstein. Der eigene Kraftstein ist sozusagen der Aspekt des „Herzens der Erde", der für einen selber von Bedeutung ist.

Wenn man den eigenen Kraftstein kennt – und es sich richtig anfühlt – kann man ihn bei Solo-Ritualen im Norden vor dem Erzengel Auriel imaginieren. Man kann evtl. auch imaginieren, daß Auriel Schmuck aus Bergkristallen trägt oder einen großen Bergkristall in seinen Händen hält. Das ist dann natürlich eine eher individuelle Version des Auriel, die daher nur für Solo-Rituale geeignet ist, in denen vor allem das persönliche Verhältnis zu Auriel wichtig ist.

III 1. c) Anwendung

Die Anwendung des Kontaktes zu dem Erzengel Auriel ergibt sich aus seinem Charakter: Man kann ihn im Ritual um Schutz bitten, ihn bei Themen der Erde wie Arbeit, Beruf, Wohnen u.ä. um Rat und Hilfe bitten, man kann in Traumreise-Gesprächen mit ihm das Erd-Element besser verstehen, man kann ihn um klare eigene Grenzen bitten, man kann sich im Kontakt mit ihm auch einfach nur wohlfühlen …

Es gibt keine Grenzen dafür, auf welche Weise Auriel das eigene Leben bereichern kann. Die Grundlage dafür ist, daß man einen lebendigen Kontakt zu ihm herstellt, in dem man mit ihm sprechen kann und idealerweise zumindestens auch seine Augen klar sehen kann.

Der eigene Kraftstein kann einem helfen, die Strukturen im eigenen Leben klarer zu sehen und sie evtl. zu heilen.

III 1. Das Herz des Wassers

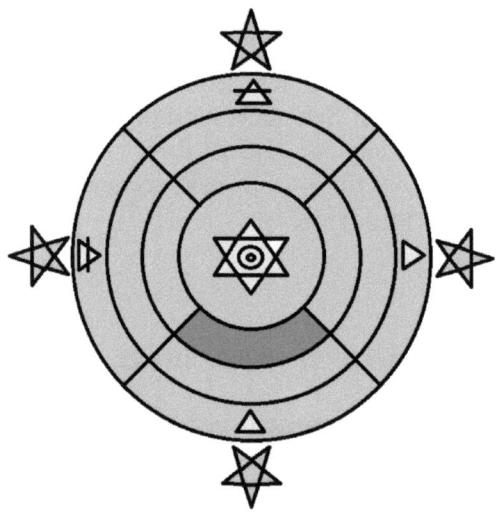

III 1. a) Die Essenz

Das „Herz des Wassers" ist die Liebe. Sie beginnt mit der Wahrnehmung, mit dem Kontakt, mit der Empfindung, mit der Anteilnahme, mit der Aufnahmebereitschaft, mit dem Teilen und führt über die Verbundenheit, den Austausch, die Gemeinsamkeit bis hin zur Liebe. Das Wasser ist auch das Element der Geborgenheit, der Fülle, des Vertrauens und des Fließens.

Im Tarot und im Ritual wird das Wasser in der Regel durch einen Kelch voll Wasser, Wein oder ähnliches dargestellt. Dieses Getränk erscheint in den Mythen als die Milch der Göttin, als der Unsterblichkeitstrank, als das Lebenselixier, als das Soma amrita, als der Nektar ambrosia, als das Haoma, als der Göttermet, als der Balché-Trank und noch vieles mehr.

III 1. b) Die Vision

Der Erzengel des Wassers ist Gabriel. Er steht im Westen und hält einen Kelch in seinen Händen. Er ist von blauer Farbe, die durch die Komplementärfarbe Orange

Kontur erhält.

Das Allgemeingültige zu den Erzengeln der vier Elemente ist bereits bei dem Erd-Element gesagt worden.

Zu dem Element Wasser gehört auch die Kraftpflanze eines Menschen. Das ist natürlich keine exakte Analogie „Wasser = Kraftpflanze“, sondern nur eine „Verwandtschaft“. Die Kraftpflanze beschreibt die Haltung eines Menschen, die er in seinem Leben einnimmt und die daher sein Verbündeter in diesem Leben ist. Auch in der Homöopathie ist diese spezielle Pflanze das pflanzliche Mittel, das sehr wahrscheinlich bei der Heilung des Betreffenden eine große Rolle spielt.

Wenn man die eigene Kraftpflanze kennt – und es sich richtig anfühlt – kann man sie bei Solo-Ritualen im Westen vor dem Erzengel Gabriel imaginieren (wenn die eigene Kraftpflanze ein Kraut ist) oder evtl. auch hinter ihm (wenn die Kraftpflanze ein Baum ist).

III 1. c) Anwendung

Die Anwendung des Kontaktes zu dem Erzengel Gabriel ergibt sich aus seinem Charakter: Man kann ihn im Ritual um Wahrnehmung, Anteilnahme, Liebe, Geborgenheit, Fülle usw. bitten, ihn bei Themen des Wassers wie Beziehungen, Freundschaften, Familie, Gefühlen, innerer Fülle u.ä. um Rat und Hilfe bitten, und man kann in Traumreise-Gesprächen mit ihm das Wasser-Element besser verstehen.

Die eigene Kraftpflanze sollte man nur bei Solo-Ritualen miteinbeziehen.

III 1.   Das Herz der Luft

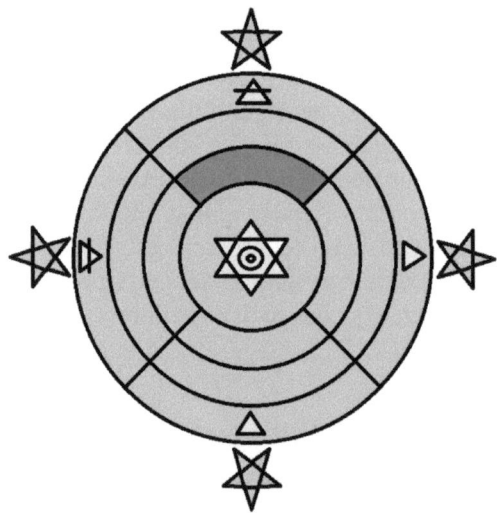

III 1. a)   Die Essenz

Äußerlich gesehen ist die Beweglichkeit das „Herz der Luft", innerlich ist es die Wahrheit bzw. die Aufrichtigkeit oder die Richtigkeit (im Sinne dessen, was funktioniert). Luft ist die Begegnung und der Kontakt, die Kombination und die Auflösung und somit auch die ständige Verwandlung. Die Luft ist zudem die Ungebundenheit – daher ist das ständig Neue das „Herz des Windes". Es ist die ständige Suche und das ständige Finden, der immer wieder wechselnde Horizont, das Ankommen und der Aufbruch, der Besuch, die Weitung, die Ausdehnung, das Ausgleichen, der Wind, der Sturm, der Wirbel … die Bewegung.

III 1. b)   Die Vision

Der Erzengel Raphael wird mit einem Schwert in der Hand und in gelber Farbe mit violetten Farb-Konturen dargestellt.

Über die Frage, ob das Schwert oder der Stab zur Luft gehört, gibt es immer wieder einmal Uneinigkeit – ist der Stab das Feuer der Lebenskraft in der Pflanze oder ist er die Verbindung der Luft, d.h. ein Symbol des Weltenbaumes? In der Regel wird jedoch das Schwert der Luft und somit Raphael zugeordnet.

Man kann den Kraftpilz zu dem Element Luft rechnen. Allerdings ist sowohl das Wesen der Pilze an sich, das Thema „Kraftpilz" und seine Zuordnug zur Luft keineswegs schon gründlich erforscht worden – die Luft ist das lediglich einzige Element, daß übrig bleibt, wenn man das Krafttier dem Feuer, die Kraftpflanze dem Wasser und den Kraftstein der Erde zuordnet …

Die vier Verbündeten Krafttier, Kraftpflanze, Kraftstein und Kraftpilz sind auf jeden Fall nur Zuordnungen zu den Elementen und keine präzisen Analogien zu ihnen wie z.B. die vier Aggregatzustände fest, flüssig, gasförmig und plasmaförmig.

Man kann – wenn man seinen Kraftpilz kennt – diesen Pilz vor Raphael auf dem Boden oder in seiner Hand imaginieren. Der Kraftpilz ist jedoch in hohem Maße noch ein Forschungsprojekt und keineswegs ein gesichertes Wissen.

III 1. c) Anwendung

Die Anwendung des Kontaktes zu dem Erzengel Raphael ergibt sich wieder aus seinem Charakter: Man kann ihn im Ritual um Verwandlung, Kontakte, Neuerungen, Beweglichkeit, Bewegung, Erkenntnisse usw. bitten, ihn bei Themen der Luft wie Forschung, Schule, Studium, Bücherschreiben, Sprache, Wanderungen, Erkenntnissen, Abwechslung im Leben u.ä. um Rat und Hilfe bitten, und man kann in Traumreise-Gesprächen mit ihm das Luft-Element besser verstehen.

III 1. Das Herz des Feuers

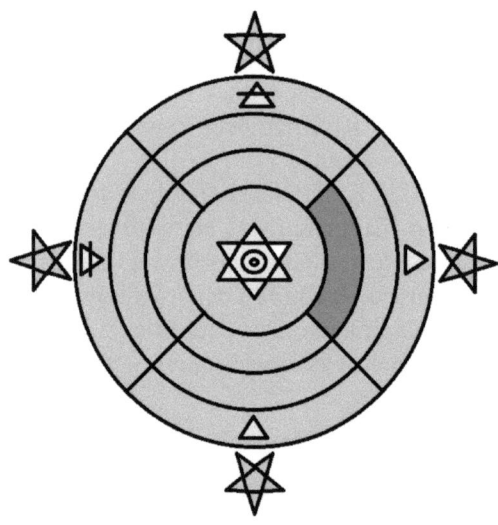

III 1. a) Die Essenz

Die Essenz des Feuers ist die Stärke, die vor allem in der Form der Kundalini erscheint. Das „Herz des Feuers" ist die Ausdehnung und die Verwandlung und ebenso der Impuls, der Tatendrang, der Kampf, die Wut, das Lachen, das Weinen, das Zittern, die Sexualität, die Schöpferkraft und generell jeglicher Drang.

III 1. b) Die Vision

Der Erzengel Michael wird im Christentum mit einem Schwert dargestellt. In der Magie trägt er jedoch den Stab des Feuers. Er erscheint in roter Farbe mit grün als Kontur und Kontrast.

Die Zuordnung des Krafttieres zu dem Element Feuer ist recht sicher, da sowohl das Feuer als auch das Krafttier eine Dynamik darstellen – das Feuer die allgemeine Dynamik und das Krafttier die individuelle Form der eigenen Dynamik.

Man kann daher das eigene Krafttier vor dem Erzengel Michael imaginieren. Das bereichert das Pentagramm-Ritual sehr deutlich und macht es deutlich individueller und lebendiger.

III 1. c) Anwendung

Die Anwendung des Kontaktes zu dem Erzengel Michael ergibt sich wieder aus seinem Charakter: Man kann ihn im Ritual um Kraft, Stärke, Impulse, Kreativität, Ausdehnung, Ausweitung, Tatendrang, Mut, Sexualität, Kampfkraft, das Erwachen der Kundalini usw. bitten, ihn bei Themen des Feuer wie Sport, Streit, Krieg, Antrieb, Durchsetzung, u.ä. um Rat und Hilfe bitten, und man kann in Traumreise-Gesprächen mit ihm das Feuer-Element besser verstehen.

III 1.   Das Herz des Lichtes

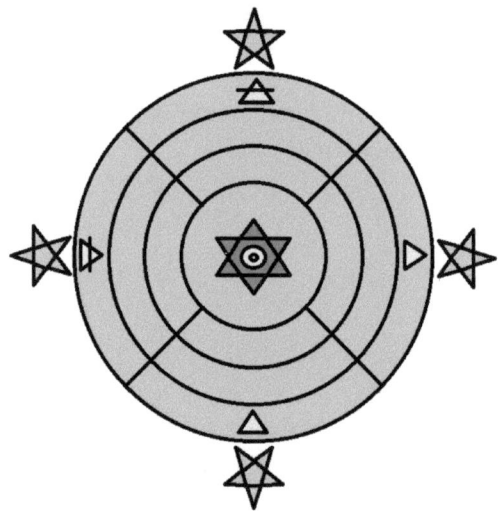

III 1. a)   Die Essenz

Das „Herz des Lichtes" ist die Seele, die Mitte und die Quintessenz. Sie ist der Ursprung, der Anfang, der beständige Bezugspunkt und das Ziel.

Um dieses „Herz des Lichtes" zu finden, kann man über sein eigenes Herzchakra meditieren, eine Sonnengottheit wie Re, Apollo oder Baldur oder auch eine Jenseits-reisegottheit wie Osiris, Dumuzi oder Christus anrufen, oder eine Traumreise zur eigenen Mitte oder in die Mitte des eigenen Horoskops unternehmen.

III 1. b)   Die Vision

Der Name des „Erzengels der Quintessenz" ist unklar, da er im Pentagramm-Ritual nicht explizit auftaucht, sondern nur durch das Hexagramm oben über dem Kreis angedeutet wird.

Es wäre ausgesprochen naheliegend und schlüssig, den Erzengel von Tiphareth – also Raphael – als den „Erzengel des Lichtes" aufzufassen, aber da Raphael im Penta-gramm-Ritual der Luft zugeordnet ist, kann er nicht noch ein zweites Mal erscheinen.

Die Elemente und die Erzengel					
Element	*Erzengel*				
	Pentagramm-Ritual	*Lebensbaum*			
		Sephirah	*Planet*	*Element*	*Erzengel*
Licht	-	Tiphareth	Sonne	Licht	Michael oder Raphael
Feuer	Michael	Netzach	Venus	Feuer	Haniel
Luft	Raphael	Hod	Merkur	Luft	Uriel/Auriel oder Michael
Wasser	Gabriel	Yesod	Mond	Wasser	Gabriel
Erde	Auriel	Malkuth	Erde	Erde	Sandalphon

Wie diese Übersicht zeigt, ist nicht einmal die Zuordnung der Erzengel zu den Sephiroth des kabbalistischen Lebensbaumes immer dieselbe. Auch die Zuordnungen der Erzengel zu dem Pentagramm-Ritual und dem Lebensbaum stimmen nicht überein.

Lediglich der Erzengel Gabriel gehört in allen Zuordnungen zu dem Element Wasser, zum Mond und zu Yesod. Als der Engel der Verkündung und der Lebenskraft paßt er auch ausgesprochen gut zu dem Element Wasser.

Aber einmal abgesehen von diesen Unstimmigkeiten in der Zuordnung der Erzengel zu den Elementen (solche Zuordnungs-Unstimmigkeiten finden sich in der Magie sehr häufig), kann man die klassische Zuordnung der Erzengel zu den vier Elementen bedenkenlos benutzen – sie funktioniert.

Es gibt also vorerst keinen „Erzengel der Quintessenz".

Das individuelle „Herz des Lichtes" ist die eigene Seele. Sie ist auch die „persönliche Quintessenz", die u.a. bei ihrer Inkarnation als Mensch das zu ihr passende Krafttier, die passende Kraftpflanze, den passenden Kraftstein und evtl. auch den passenden Kraftpilz (das ist noch weitgehend unerforscht) zu ihrer Inkarnation herbeiruft.

III 1. c) Anwendung

Die Anwendung des Kontaktes zu dem „Erzengel des Lichtes" (und evtl. zu der eigenen Seele) ergibt sich wieder aus seinem Charakter: Man kann ihn im Ritual um Selbsterkenntnis, Eigenständigkeit, Selbstausdruck usw. bitten, ihn bei Themen des

Lichtes wie Hilfe, Heilung, Zentrierung, Ausrichtung u.ä. um Rat und Hilfe bitten, und man kann in Traumreise-Gesprächen mit ihm das Licht-Element besser verstehen.

IV Das Kontinuum der Elemente
(Da'ath)

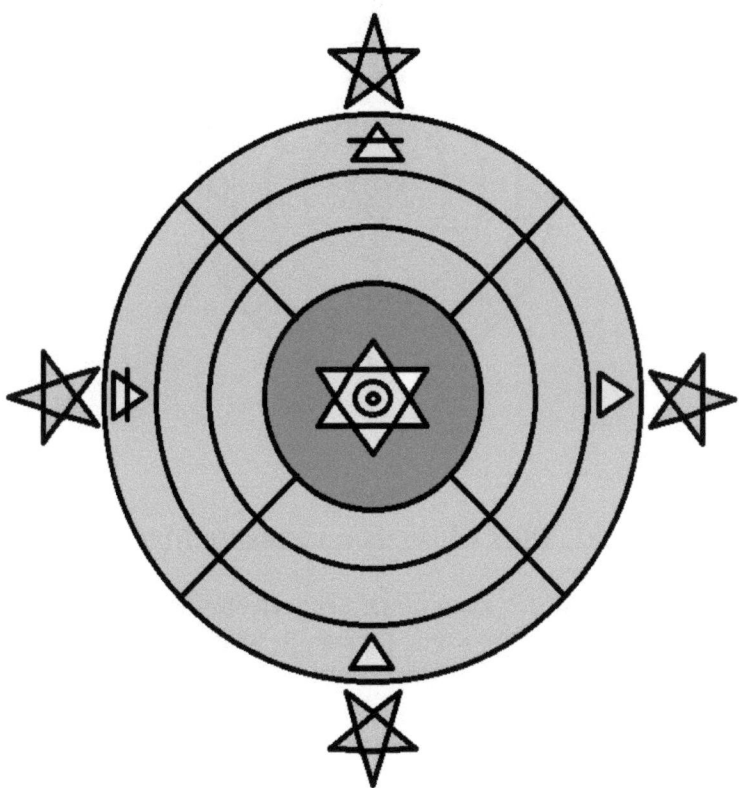

In den bisherigen Bereichen des Mandalas, also in den drei äußeren Kreisringen (Malkuth, Yesod, Tiphareth), sind die vier Elemente klar voneinander unterschieden und getrennt gewesen. Das ändert sich in dem viertäußeren Bereich des Elemente-Mandalas, der der Sephirah Da'ath auf dem Lebensbaum und somit der vierten Kugel von unten bei der „Übung der Mittleren Säule" entspricht.

In diesem Bereich kann man die Elemente zwar noch einzeln betrachten, aber nicht mehr isoliert, sondern nur noch in Bezug zueinander.

185

IV 1.   Das Kontinuum der Erde

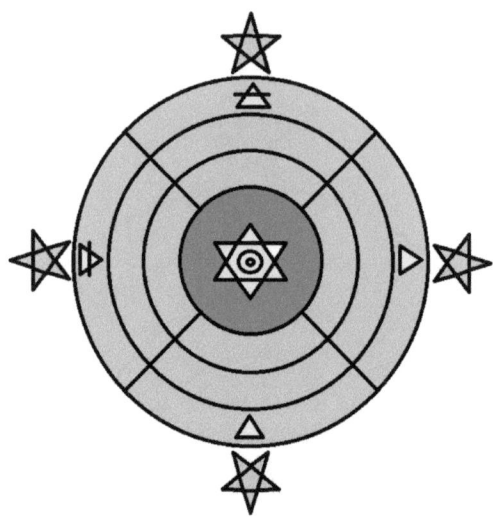

IV 1. a) Die Erde in dem Elemente-Mandala

Die Erde, also die Feststoffe, kann durch Erhitzen stufenweise flüssig („Wasser"), gasförmig („Luft") und plasmaförmig („Feuer") werden sowie durch Auflösung („$E=mc^2$") in Energie („Licht") verwandelt werden.

Man kann diese Verwandlungen auch etwas „naturnaher" betrachten:

> - Erde wird durch Wasser aufgeschwemmt und löst sich in im Wasser auf – insbesondere Salze und ähnliche „Erden";
> - festes Gestein kann durch Wind aufgelöst und zu Staub im Wind (Luft) werden;
> - feste Stoffe wie Holz können verbrannt werden und zu Feuer werden;
> - feste Stoffe wie Uran oder Plutonium können durch Kernspaltung teilweise zu Energie, also zu Licht werden.

Es gibt diese Verwandlungen auch auf der Ebene der Psyche, wo dies oft nicht nur mögliche, sondern sogar notwendige Verwandlungen sind:

- Gedeihen (Erde) gibt der Liebe (Wasser) Vertrauen;
- Festigkeit und Realismus (Erde) gibt der Wahrheit (Luft) ein Fundament;
- Vorräte (Erde) geben der Kraft (Feuer) Nahrung;
- Gedeihen (Erde) gibt der Seele (Licht) Ausdrucksmöglichkeiten.

Die hier angeführten Zusammenhänge sind natürlich nur einige Beispiele für die Wirkungen der Elemente aufeinander und für die möglichen Verwandlungen in ein anderes Element. Das gilt auch für die Beispiele bei den anderen Elementen und bei der Quintessenz.

IV 1. b)   Die Notwendigkeit des Elemente-Kontinuums

Was wäre, wenn die Elemente und die Quintessenz einzeln wäre, wenn es in Da'ath kein „Elemente-Kontinuum" gäbe?

Zunächst einmal könnten sich feste, flüssige, gasförmige und plasmaförmige Stoffe nicht ineinander und auch nicht in Energie verwandeln – dann gäbe es den allergrößten Teil der physikalischen, chemischen und biologischen Vorgänge, die unsere Welt ausmachen, nicht mehr. Es gäbe auch keine leuchtende Sonne mehr, da es keine Kernfusion in ihr mehr gäbe – es wäre kalt und dunkel im Weltall …

Stattdessen gäbe es fünf verschiedene und weitgehend voneinander getrennte Welten mit fünf verschiedenen Regeln, Gesetzen und Dynamiken – aber kein Leben.

Wie die vier Aggregatzustände plus die Energie zeigen, sind die vier Elemente und die Quintessenz jedoch ein Kontinuum, d.h. man kann von dem einen zu dem anderen Element wechseln.

Wenn das Erd-Element alleine wäre, wäre alles auf das Gedeihen und auf die augenblickliche Situation bezogen – aber in der Erde gäbe es keine Kraft (Feuer), keine Verbindungen (Wasser), keine Bewegung (Luft) und keine Identität (Licht) und somit eben auch kein Leben und kein Gedeihen. Das Gedeihen der Erde braucht den Austausch mit den anderen Elementen.

Aus dieser Betrachtung ergibt sich die Schlußfolgerung, daß die fünf Erzengel der vier Elemente und der (namenlose) Erzengel des Lichtes eine Gemeinschaft sind, in der jeder alle anderen braucht, damit gemeinsam die Vielfalt der Welt und das Leben erschaffen werden kann.

Die Frage, von welchem Element aus man vorzugsweise diese Zusammenhänge zwischen den vier Elementen und der Quintessenz betrachtet, hängt davon ab, in welchen Tierkreiszeichen (die alle einem der vier Elemente zugeordnet sind) die Planeten und der Aszendent im eigenen Horoskop stehen.

IV 1. c)   Das Erd-Element als Wirtschaftsform

Wenn alleine das Erd-Element das Wirtschaften und die Gerechtigkeit prägen würde, entsteht aus dem Prinzip das Gedeihens die Maxime, daß letztlich immer das Gesamtwohl entscheidet. Das bedeutet, daß so gehandelt werden sollte, daß für die größte Anzahl an Menschen das möglichst Beste entsteht.

Dieser zweifellos sinnvolle wirtschaftliche Ansatz könnte jedoch auch zu solchen Extremfällen wie dem Töten eines Gesunden, um mit seinen Organen fünf Schwerkranken das Leben zu retten, führen ... Wenn fünf Menschen überleben können statt einem, ist das das größere Gemeinwohl.

Wie der Lateiner sagt: „rectissimum est summa iniustitia", d.h. „das strengste Recht ist das größte Unrecht". Es ist offenbar notwendig, die Extreme, die durch die Einseitigkeit eines Elements entstehen können, durch die Einbeziehung der anderen Elemente auszugleichen.

Generell würde die ausschließliche Orientierung an dem Erd-Element und somit an dem größtmöglichen Nutzen für die Gesamtheit der Menschen auch bedeuten, daß es einen sehr einflußreichen Staat gibt, der einen großen Teil der Einkünfte der Menschen so durch Steuern und Ausgaben umverteilt, daß es allen möglichst ähnlich gut geht – dann wäre der Gesamtnutzen am größten. Das käme einer zentralen Planwirtschaft wie im Kommunismus sehr nahe.

Doch es gibt ein Grundproblem in der zentral gelenkten kommunistischen Wirtschaftsform: Durch diese zentrale Lenkung aller Vorgänge zum Nutzen und Wohle aller fällt der Egoismus als Antrieb fort, wodurch nur noch wenig Kraft und Engagement in allen Wirtschafts- und Produktionsvorgängen bleibt.

IV 1. d)   Die Gottheiten

Da'at ist der Bereich der Gottheiten, weshalb man in dem Erd-Aspekt von Da'ath die Erd-Gottheiten wie Geb, Jörd, Demeter, Mutter Erde, Buddha Aksobhya usw. findet. Anrufungen und Invokationen dieser Gottheiten sind daher ein wichtiger Zugang zu diesem Bereich.

IV 1. e) Wunder

Die „gewöhnliche Erd-Magie", die auf der Lebenskraft beruht (Yesod) wird hier zu der „außergewöhnlichen Erd-Magie" (Da'ath), also sozusagen zu den „Erd-Wundern". Dazu zählen:

- die aus vielen Kulturen bekannten Materialisierungen;
- das Geistheilen von Knochenbrüchen durch die Aborigines in Australien und ähnliche „Extrem-Heilungen";
- das Auferwecken von Toten durch die ägyptischen Zauberer und durch Elias, Elisa und Christus;
- die kontaktlosen Fernstöße in den fernöstlichen Kampftechniken;
- die massive Vermehrung von Brot und Fisch durch Elias, Elisa und Christus („Speisung der 5000");
- das u.a. von christlichen Heiligen und tibetischen Mönchen bekannte Gehen durch verschlossene Türen;
- die vor allem von einigen Yogis bekannte Teleportation, d.h. das „Springen" an einen weit entfernten Ort;
- die Verwandlung eines Stabes in eine Schlange durch Mose, Aaron und die ägyptischen Zauberer;
- das Regnenlassen von Fleisch und Brot durch Mose;
- die Verwandlung giftiger Speise in gesunde Speisen durch Elisa;
- die Verwandlung von Gegenständen u.a. durch die ägyptischen Zauberer;
- das Gehen durch Felsen durch Milarepa;
- und das Hervorrufen eines Erdrutsches durch einen Wikinger-Magier.

Da der eben angeführte Bericht über den Erdrutsch aus dem „Landnahmen-Buch" nicht weithin bekannt ist und in der betreffenden Saga zudem einige interessante Einzelheiten zu diesem Zauber geschildert werden, wird er hier angefügt:

Einst lebte ein Mann, der Lodmund der Alte genannt wurde, und ein anderer, der Bjolf genannt wurde – sein Ziehbruder. Sie fuhren von Vors auf der Landzunge von Thula aus nach Island. Lodmund war außergewöhnlich stark und ein großer Zauberer.

Er warf seine Hochsitz-Pfosten über Bord während sie noch auf See waren und schwur, daß er sich dort niederlassen würde, wo sie an Land kamen.

Diese Ziehbrüder kamen zu den Ostfjorden und Lodmund ließ sich in Lodmunds-Fjord nieder und bleib dort den Winter über. Dann hörte er von seinen Hochsitz-Säulen im Süden des Landes. Da trug er all seinen Besitz auf sein Schiff.

Als sie das Segel aufzogen, legte er sich nieder und gebot allen, auf gar keinen Fall

seinen Namen auszusprechen. Als er eine Weile so gelegen hatte, hörten sie einen
gewaltigen Lärm und die Männer sahen einen riesigen Erdrutsch auf das Heim, in
dem Lodmund gewohnt hatte, niedergehen. Danach richtete er sich auf.

... ...

Er siedelte dort, wo seine Hochsitz-Pfosten an Land gespült worden waren und das
war auf dem Solheim-Sand zwischen dem Ziegenbock-Fluß und dem Dreckbach, der
nun Jokul-Fluß genannt wird. Er lebte in Lodmund-Tal und nannte seinen Hof Sol-
heimar („Sonnenheim").

Alle diese hier und im Zusammenhang mit den anderen Elementen aufgeführten
Wunder sollte man natürlich einfach glauben – sie werden erst dann plausibel, wenn
man selber zumindestens einige solcher Phänomene erlebt hat und daher weiß, daß sie
prinzipiell möglich und daher real sind.

IV 2.   Das Kontinuum des Wassers

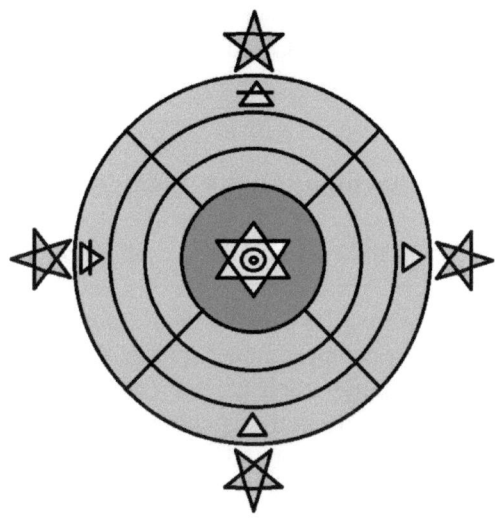

IV 2. a)   Das Wasser in dem Elemente-Mandala

Das Wasser, also die Flüssigkeiten, kann durch Abkühlen fest werden („Erde") und durch Erhitzen stufenweise gasförmig („Luft") und plasmaförmig („Feuer") werden sowie durch Auflösung („E=mc^2") in Energie („Licht") verwandelt werden.

Man kann diese Verwandlungen auch etwas „naturnaher" betrachten:

    - In Wasser gelöste Stoffe können zusammen mit dem Wasser zu Mineralien (Erde) werden – so entstehen z.B. Opale in Geysiren aus Wasser und Siliciumdioxyd;
    - Wasser kann zu Dampf, Nebel und zu Wolken (Luft) werden und man kann auch durch Erhitzen das Wasser, das in Mineralien gebunden ist, lösen;
    - Flüssigkeiten wie Erdöl oder ätherisches Öl können zu Feuer werden, wenn man sie entzündet;
    - auch Flüssigkeiten können bei Kernspaltungen in Energie (Licht) verwandelt werden.

Es gibt diese Verwandlungen auch auf der Ebene der Psyche, wo dies oft nicht nur mögliche, sondern sogar notwendige Verwandlungen sind:

- Liebe (Wasser) ist die Hingabe, die das Gedeihen (Erde) ermöglicht;
- Liebe (Wasser) ist der innige Kontakt, der das Erkennen der Wahrheit (Luft) erst möglich macht;
- Liebe (Wasser) ist oft die Wurzel für die größten Heldentaten (Feuer);
- Liebe (Wasser) ermöglicht es, sich der eigenen Seele (Licht) zu öffnen).

IV 2. b)   Die Notwendigkeit des Elemente-Kontinuums

Das Allgemeine zu diesem Punkt ist bereits in dem Kapitel über das Erd-Element gesagt worden.

Wenn es nur Wasser gäbe, wäre alles durch Kontakt und Liebe geprägt – dann gäbe es nicht die unterscheidenden astrologischen Aspekte, also das Halbsextil, das Quadrat und das Quincunx und folglich auch keinen Tierkreis. Dann gäbe es zwischen allem Kontakte, also die astrologischen Aspekte Konjunktion, Sextil, Trigon und Opposition, aber und keinerlei Strukturen und folglich auch kein Leben.

IV 2. c)   Das Wasser-Element als Wirtschaftsform

Das Wasser ist in dem Slogan der französischen Revolution „Freiheit, Gleichheit, Brüderlichkeit" in der Form der „Brüderlichkeit" vertreten. Im Kommunismus ist versucht worden, diese Brüderlichkeit zu einem generellen Wirtschaftssystem zu konkretisieren. Rudolf Steiner hat diese Brüderlichkeit auf das Wirtschaften eingeschränkt und die Kooperativen mitbegründet.

Das Problem bei diesem Ansatz ist, daß es in den Menschen nicht nur Liebe und Mitgefühl gibt, d.h., daß sie nicht nur nach dem Wohlergehen der anderen schauen, sondern daß sie auch nach ihrem eigenen Wohlergehen streben. Dies ist auch notwendig, denn wenn der Egoismus fehlt, funktioniert letztlich gar nichts mehr.

VI 2. d)   Die Gottheiten

Die Wassergottheiten sind die „Bewußtseinseinheiten" in dem Wasser-Aspekt von Da'ath. Bekannte Wassergötter sind Nun, Ägir, Hler, Gymir, Mannan McLir, Neptun und Poseidon; bekannte Wassergöttinnen sind Nut und Dana (nach der die Flüsse

Donau, Don, Dnjepr und Dnjestr benannt worden sind). Auch Buddha Ratnasambhava gehört zu dem Wasser-Element.

VI 2. e) Wunder

„Wasser-Wunder" oder genauer gesagt „Wunder, die mit Wasser und anderen Flüssigkeiten in Zusammenhang stehen", sind fast so genauso häufig wie die „Erd-Wunder". Zu ihnen gehören:

- das Gehen über Wasser durch Christus, Naropa und einige andere buddhistische Heilige;
- das Schwimmenlassen von Eisen durch Elisa;
- das Teilen eines Sees, Flusses oder Meeres durch die ägyptischen Zauberer, Moses, Elias und Elisa;
- das Verwandeln von Wasser in Wein durch Christus;
- das Hervorspringenlassen von Quellen durch Moses, Baldur und andere;
- das Herbeirufen von Regen u.a. durch Elias;
- die Verwandlung von giftigem Wasser in gesundes Wasser durch Elisa;
- und die Vermehrung von einem Krug Öl in viele Krüge Öl durch Elisa.

IV 3.   Das Kontinuum der Luft

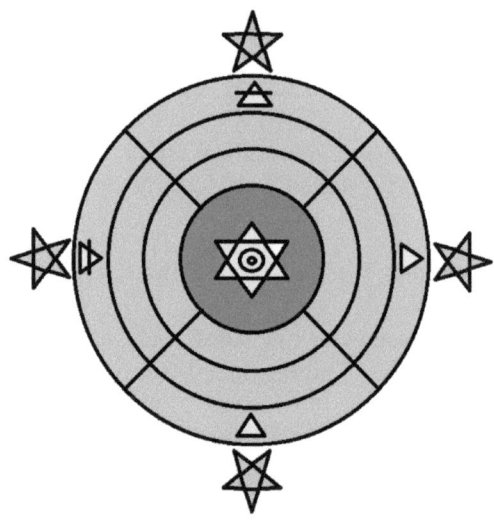

IV 3. a)   Die Luft in dem Elemente-Mandala

Die Luft, also die gasförmigen Stoffe, kann durch Abkühlen stufenweise flüssig („Wasser") und fest („Erde") sowie durch Erhitzen plasmaförmig („Feuer") werden sowie durch Auflösung („$E=mc^2$") in Energie („Licht") verwandelt werden.

Man kann diese Verwandlungen auch etwas „naturnaher" betrachten:

> - Gase (Luft) können sich auf Oberflächen absetzen (Erde) und mit anderen Stoffen feste Verbindungen eingehen;
> - Gase (Luft) werden beim Einatmen von Sauerstoff durch Menschen und Tiere oder beim Aufnehmen von Kohlendioxyd durch die Blätter der Pflanzen zu einem Teil von Flüssigkeiten (Wasser) – bei Menschen und Tieren ist dies das Blut, bei den Pflanzen die Pflanzensäfte;
> - Gase (Luft) können zusammen mit anderen Gasen brennen (Feuer);
> - auch Gase (Luft) können bei Kernspaltungen in Energie (Licht) verwandelt werden.

Es gibt diese Verwandlungen auch auf der Ebene der Psyche, wo dies oft nicht nur mögliche, sondern sogar notwendige Verwandlungen sind:

- Wahrheit (Luft) gibt dem Gedeihen (Erde) funktionsfähige Strukturen und Dynamiken;
- Wahrheit (Luft) wird durch das Erkennen der Zusammengehörigkeit, der Ähnlichkeit oder der Ergänzung zu Liebe (Wasser);
- Wahrheit (Luft) gibt der Kraft (Feuer) eine klare Richtung, die Einsgerichtetheit und somit Effektivität;
- Aufrichtigkeit (Luft) gibt der Seele (Licht) die Möglichkeit, sich durch die Psyche und den Körper auszudrücken.

IV 3. b)   Die Notwendigkeit des Elemente-Kontinuums

Das Allgemeine zu diesem Punkt ist bereits in dem Kapitel über das Erd-Element gesagt worden.

Wenn es nur Luft gäbe, wäre alles in Bewegung und es könnten sich keinerlei Strukturen und somit auch kein Leben bilden.

IV 3. c)   Das Luft-Element als Wirtschaftsform

Der Luft, also der Qualität der Wahrheit, entspricht in dem Slogan der französischen Revolution „Freiheit, Gleichheit, Brüderlichkeit" der Gleichheit. Wie die Erfahrung zeigt, sind die Menschen jedoch nicht alle gleich – sie haben einen verschiedenen Charakter, sie können nicht alle dasselbe, sie brauchen nicht alle dasselbe und sie werden nicht alle auf dieselbe Weise glücklich. Ein generelles Gleichheits-Prinzip würde also keineswegs ein allgemeines und für alle gleich großes Wohlbefinden entstehen lassen.

Rudolf Steiner hat deshalb die Gleichheit nur auf das Recht bezogen: Jeder hat dieselben Rechte. Daraus ergibt sich letztlich ein Staat, der nur eine „Nachtwächter-Funktion" hat, der also nur darauf achtet, daß niemand die juristische Gleichheit verletzt. Diese rechtliche Gleichheit würde jedoch dazu führen, daß die Unterschiede in dem Charakter und den Fähigkeiten der Menschen zu sehr großen Unterschieden in den konkreten Lebenssituationen und in dem materiellen Wohlstand führen würden.

Auch hier wird daher der Einfluß der anderen Elemente gebraucht, um die Einseitigkeit des Luft-Elementes abzumildern und die Qualitäten der Luft in ein größeres Ganzes zu integrieren.

195

IV 3. d)   Die Gottheiten

Es gibt relativ wenige Gottheiten, die in erster Linie Luftgötter, Windgöttinnen oder ähnliches sind. Dazu zählen Shu, Amun, Boreas (Nordwind), Zephyras (Westwind), Notus (Südwind) und Eurus (Ostwind) und im weiteren Sinne auch Odin oder Buddha Amithaba.

IV 3. e)   Wunder

Wenn man nach Wundern sucht, also nach „außergewöhnlicher Magie", die mit der Luft in Zusammenhang steht, findet man zwar nur wenige, aber dafür recht markante Beispiele:

> - die Levitation, also das Schweben, das u.a. von Milarepa und von mehreren christlichen Heiligen berichtet wird;
> - den Lung-Lauf einiger tibetischer Mönche, bei dem sie in Trance sehr weite Strecken sehr schnell zurücklegen;
> - Beschwörungen von Wind oder Sturm wie durch den keltischen Barden-Druiden Talisien oder durch die germanischen Zauberer, die auf diese Weise einen guten Fahrtwind für ihre Drachenschiffe herbeiriefen;
> - und das Einstellen des Atmens über mehrere Tage durch Yogis, die sich für eine bestimmte Frist begraben lassen.

IV 4. Das Kontinuum des Feuers

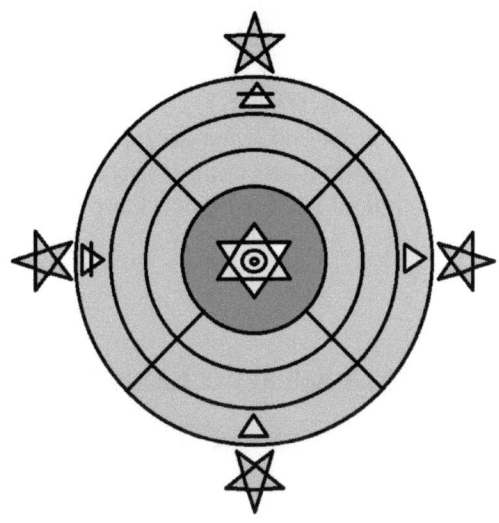

IV 4. a) Das Elemente-Mandala

Das Feuer, also der sehr heiße Plasma-Zustand, kann durch Abkühlen stufenweise gasförmig („Luft"), flüssig („Wasser") und fest („Erde") werden sowie durch Auflösung („E=mc²") in Energie („Licht") verwandelt werden.

Man kann diese Verwandlungen auch etwas „naturnaher" betrachten, wobei die Vorgänge hier nicht mehr allzu nah an der uns vertrauten Natur sind, da in unserer Umwelt so gut wie keine plasmaförmigen Stoffe vorkommen – solche Vorgänge findet man vor allem in der Sonne und in anderen Sternen. Daher sind die hier angeführten Verwandlungen nicht ganz so präzise, aber dafür anschaulicher als die Vorgänge bei der Kernfusion und der Kernspaltung in Sternen, Atombomben und Kernreaktoren.

- brennendes Holz (Feuer) wird zu Asche (Erde);
- durch Hitze (Feuer) wird festes Silber zu flüssigem Silber (Wasser);
- durch Hitze (Feuer) wird ein Teil von brennender Kohle zu Gas (Luft);
- auch plasmaförmige Stoffe (Feuer) können bei Kernspaltungen in Energie (Licht) verwandelt werden.

197

Es gibt diese Verwandlungen auch auf der Ebene der Psyche, wo dies oft nicht nur mögliche, sondern sogar notwendige Verwandlungen sind:

- Kraft (Feuer) gibt die Möglichkeit, die Materie (Erde) den eigenen Vorstellung gemäß zu formen und dadurch Gedeihen und Wohlstand zu erreichen;
- Kraft (Feuer) bewirkt das Streben nach Selbstausdruck, was zu einem intensiven Kontakt mit anderen und somit auch zu Liebe (Wasser) führt;
- Kraft (Feuer) gibt den Mut, aufrichtig (Luft) zu sein;
- Kraft (Feuer) ermöglicht der Seele, den Körper zu erschaffen und sich zu inkarnieren.

IV 4. b)   Die Notwendigkeit des Elemente-Kontinuums

Das Allgemeine zu diesem Punkt ist bereits in dem Kapitel über das Erd-Element gesagt worden.

Wenn es nur Feuer gäbe, wäre alles in ständiger Verwandlung und Expansion – genau genommen wäre alles ein einziges Kontinuum, das überall gleich heiß und in gleichem Maße gleißend hell wäre. In diesem Zustand ist das Weltall die ersten 700 Jahre nach dem Urknall gewesen. Dieser Zustand wir „thermisches Gleichgewicht" genannt. Erst nach dieser Zeit war das Weltall soweit abgekühlt, daß die Atomkerne Elektronen an sich binden konnten, d.h. daß sie den Plasma-Zustand beenden konnten.

In diesen ersten 700 Jahren war das Weltall sozusagen ein einziger Stern, eine einzige Sonne, die den gesamten Raum ausgefüllt hat und über all gleich dicht, heiß und hell war. In diesem Zustand sind keine komplexeren Formen möglich (nicht einmal Atome mit einer Elektronenhülle) und schon gar nicht irgendeine Form von leben.

„Nur Feuer" schafft zwar eine umfassende Einheit, aber keine Vielfalt und keine Lebendigkeit.

IV 4. c)   Das Feuer-Element als Wirtschaftsform

Das Feuer entspricht dem ersten Begriff in dem Slogan der französischen Revolution „Freiheit, Gleichheit, Brüderlichkeit".

Eine Wirtschaftsform, die auf dem Feuer-Prinzip aufbaut, betont den Selbstausdruck des Einzelnen, also seine Freiheit. Die Grenze dieser Freiheit liegt nur in dem Selbstausdruck der anderen – es ist also eine Wirtschaftsform des Rechtes des Stärkeren. Dies sind die liberalen oder libertären Staatsformen, in denen sich der Staat fast vollkommen aus dem Privatleben der Menschen heraushält, d.h. er beschränkt sich weitgehend auf die Verteidigung des Staates gegen Feinde. Jegliche Steuern werden als Diebstahl durch den Staat und als Versklavung des Individuums durch den Staat angesehen. Es gibt also keine Umverteilung des Wohlstandes, keine Krankenkassen, keine staatliche Arbeitslosenversicherung, keine staatlichen Renten usw. Letztlich strebt jeder – wenn man diesen Feuer-Ansatz zuende denkt – nach Allmacht und Unsterblichkeit.

Es ist natürlich offensichtlich, daß nicht jeder Allmacht erlangen kann, sondern immer nur ein Einziger. Die Extremform einer Feuer-Staatsform ist daher die Diktatur, in der ein Einziger alle Macht hat – so wie König Ludwig XIV. von Frankreich gesagt hat: „L'etat, c'est moi!", d.h. „Der Staat bin ich!"

Rudolf Steiner hat, um dieses Problem zu lösen, die Freiheit auf die Meinungsfreiheit und die Kunst beschränkt – womit er natürlich die große Initiative und Kraft des Feuers aus dem Wirtschaften herausgenommen hat. Es hat sich auch gezeigt, daß sich auch in Kooperativen, also in der Wirtschaftsform, die die Brüderlichkeit und die Kooperation als Grundlage hat, immer wieder einzelne „feurige" Personen durchsetzen und dann das Unternehmen de facto leiten oder es auch ganz schlicht als Einzelunternehmer übernehmen.

Steiners Ansatz der Zuordnung der drei Slogans (und daher indirekt auch eines Großteils der vier Elemente) auf drei verschiedene Lebensbereiche (Freiheit in der Meinung und der Kunst, Gleichheit vor dem Recht, Brüderlichkeit im Wirtschaften) reicht offensichtlich noch nicht aus. Diese Zuordnung ist noch immer eine Trennung und kein Kontinuum, also noch keine organische Verbindung der vier Elemente und der Quintessenz.

In der sozialen Marktwirtschaft wird zumindestens die Eigeninitiative des Feuers (Marktwirtschaft) mit der Ausrichtung auf das Gemeinwohl der Erde (sozial) und der Gleichheit der Luft (gleiches Recht für alle) kombiniert. Man könnte dieses „soziale Netz" auch als eine Kombination aus dem Mitgefühl des Wasser und dem Streben nach dem maximalen Nutzen für die Gemeinschaft (Erde) ansehen – dann wären in der sozialen Marktwirtschaft alle vier Elemente verbunden worden.

IV 4. d)   Die Gottheiten

Es gibt nur recht wenige eindeutig feurige Gottheiten wie den indischen Feuergott Agni, den germanischen Feuergott Logi und die hawaiianische Vulkan-Göttin Pele.

Einige Gottheiten wie Shiva oder Buddha Amoghasiddhi sind mehr oder weniger eng mit dem Feuer verbunden.

IV 4. e) Wunder

Mit den „Feuer-Wundern" steht es ähnlich wie mit den „Luft-Wundern": Es gibt zwar nur wenige, aber diese sind recht markant:

- das barfuß-Laufen über glühende Kohlen („Feuerlauf") und das nackte Liegen auf glühenden Kohlen, das u.a. von den Germanen, den Kelten, den Griechen, den Indern und den Hawaiianern bekannt ist;
- die Feuer-Anrufung des Elias, der dadurch einen nassen Holzstoß entzündet hat;
- die „Feuerprobe", bei der man die „Hand für etwas ins Feuer legt" oder seine Hand in glühendes Öl taucht, wie dies vor allem von den Kelten und den Germanen bekannt ist;
- das Trinken von glühendem, flüssigem Kupfer durch einen Mahasiddhi (buddhistischer Yogi);
- und die tibetische Tummo-Meditation, bei der die Kundalini erweckt wird, wodurch man sich nur leicht bekleidet in eisiger Kälte warmhalten und sogar nasse Kleidung auf seiner Haut trocknen kann.

Wenn man von der Kraft als Eigenschaft des Feuers ausgeht, gibt es noch eine ganze Reihe mehr an Wundern, die zu diesem Element gehören:

- Verfluchungen von einzelnen Personen in der Regel mit deren Tod u.a. durch die ägyptischen Magier, Moses, Elisa, Christus und viele anderen;
- die Verfluchung von ganzen feindlichen Heeren durch die Druiden, die germanischen Zauberer oder Elisa, wobei dabei verschiedene Phänomene auftreten können, unter denen das zweitweilige Erblinden der Feinde mit großem Abstand das häufigste ist;
- die mit einer übermenschlichen Kraft verbundene Kampfekstase, während der der Betreffende gegen Feuer und Waffen gefeit ist, was von den germanischen Berserkerb und Ulfhedin sowie von den keltischen Ekstase-Krieger wie Cú Chulainn bekannt ist;
- und die Dominanz-Magie, die von der Hypnose über Kampfmagie bis zu Fernstößen reicht.

IV 5. Das Kontinuum des Lichtes

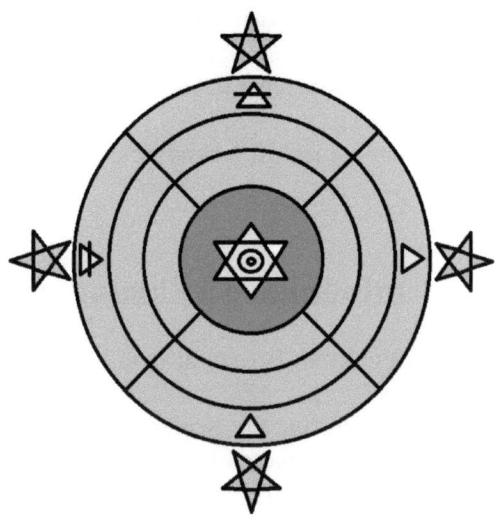

IV 5. a) Das Elemente-Mandala

Energie („Licht") kann durch Verdichten („$E=mc^2$") zu plasmaförmiger Materie („Feuer") werden, die dann stufenweise durch Abkühlen gasförmig („Luft"), flüssig („Wasser") und schließlich fest (Erde) wird.

Man kann diese Verwandlungen auch etwas „naturnaher" betrachten:

    - Energie (Licht) ermöglicht das Entzünden von Feuer;
    - Energie (Licht) bewirkt unterschiedlich warme Luftbereiche, wodurch diese diese Unterschiede auszugleichen und daher sich zu bewegen beginnen und so Wind und Sturm entstehen lassen (Luft);
    - Energie (Licht) ermöglicht verschieden warme Wasserbereiche, die dadurch zu strömen beginnen, und sie bewirkt auch das Verdunsten von Meerwasser, das dann zu Wolken wird und schließlich abregnet und als Fluß zum Meer zurückkehrt (Wasser);
    - Energie (Licht) ermöglicht den Pflanzen zu wachsen (Erde).

Es gibt diese Verwandlungen auch auf der Ebene der Psyche, wo dies oft nicht nur mögliche, sondern sogar notwendige Verwandlungen sind:

- Identität (Quintessenz) gibt der Kraft (Feuer) das Thema, das dann ausgedrückt wird;
   - Identität (Quintessenz) erschafft die Bewußtheit, die Erkenntnisse (Luft) ermöglicht;
   - Identität (Quintessenz) erschafft in sich selber verankerte und in sich selber ruhende Liebe (Wasser);
   - Identität (Quintessenz) erschafft lebendige Formen (Erde).

IV 5. b) Die Notwendigkeit des Elemente-Kontinuums

Das Allgemeine zu diesem Punkt ist bereits in dem Kapitel über das Erd-Element gesagt worden.

Wenn es nur Licht gäbe, würden nur die Seelen existieren, aber sie würden sich nicht inkarnieren können und daher auch nichts ausdrücken und erleben können. Möglicherweise wäre das ausgesprochen langweilig …

IV 5. c) Die Quintessenz als Wirtschaftsform

Die Quintessenz ist die Bewußtheit und die Wahl und die Lenkung. Somit ist das Licht, d.h. die Quintessenz, das Element, das die Eigenschaften der vier anderen Elemente lenken und zu dem gestalten sollte, was der Betreffende erreichen will. Die Quintessenz ist somit das Element der Koordination und der Kooperation.

IV 5. d) Die Gottheiten

Man kann vor allem die Sonnengötter wie Tyr, Helios und Sol sowie die Sonnengöttinnen wie die japanische Amaterasu zu den Licht-Gottheiten zählen. Auch „Gottheiten der Mitte" wie Buddha Vairocana oder Einweihungs- und Mysteriengottheiten wie Mithras, Odin, Orpheus usw. gehören zu der Quintessenz.

Die monotheistischen Götter wie Brahma, Jahwe, Gott Vater oder Allah gehören jedoch nicht zur Quintessenz, da sie sich nicht auf den Ursprung und auf die Mitte eines einzelnen Systems (Lebensbaum: „Tiphareth") , sondern auf die gesamte Welt (Lebensbaum: „Kether") beziehen.

IV 5. e) Wunder

Es ist schwierig, Wunder der Quintessenz zuzuordnen, da diese eher der Ausgangs-punkt eines Wunders ist als der Bereich, in dem sich ein Wunder manifestiert.

Man könnte noch am ehesten das Pfingstfeuer, das Wiederbeleben von Toten, das Beleben von Figuren („Golem") sowie das Töten und Wiederbeleben von Tieren, das von den Ägyptern, den Hethitern und den Griechen berichtet wird, zu der Quintessenz rechnen.

V Die Einheit der Elemente

(Kether)

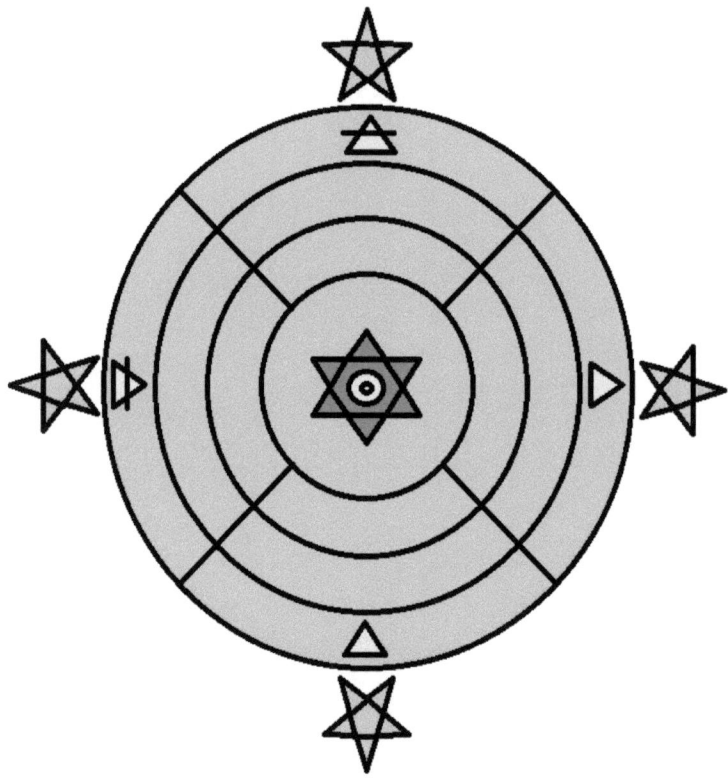

Was läßt sich zu der Einheit der vier Elemente und der Quintessenz in Kether sagen? Kether ist die allem zugrundeliegende Einheit, die daher selber keine Struktur hat, aber in sich die Möglichkeit trägt, sich in Strukturen auszudifferenzieren. Sie ist der Ursprung und die Grundlage der vier Elemente und der Quintessenz.

Sie wird auf Traumreisen und in Visionen als gleißend-weißes Licht oder als glänzende Schwärze erlebt, in der es keinerlei Unterscheidungen, Grenzen oder ähnliches gibt. Sie ist das Eine-Alles-Einzige.

C   Das Pentagramm-Ritual

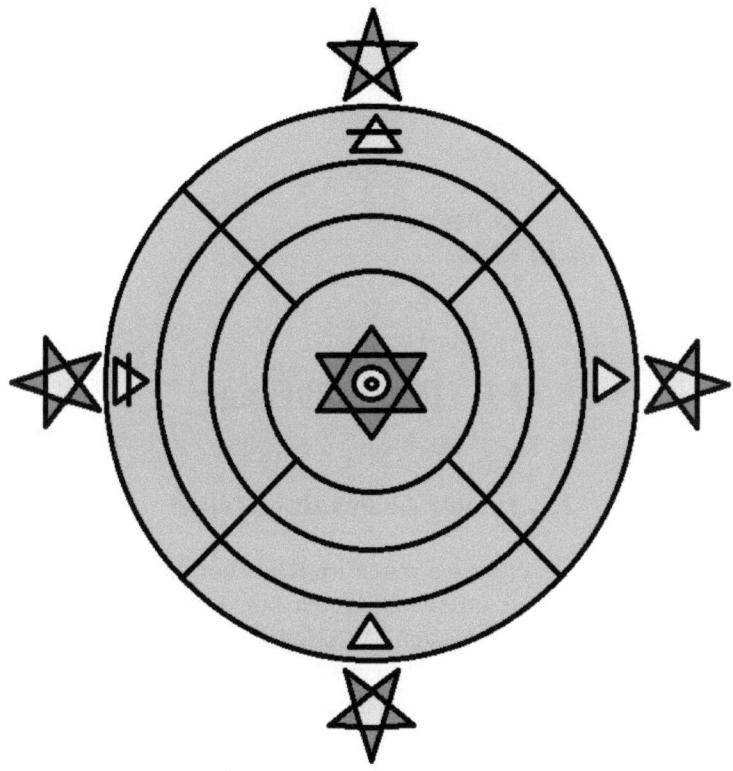

In dem vorigen Teil des Buches ist das Mandala der vier Elemente mit der Quintessenz in seinem Zentrum beschrieben worden, wobei die fünf Kreise des Mandalas den Bereichen der Mittleren Säule (Kether – Da'ath – Tiphareth – Yesod – Malkuth) entsprechen.

Auf diesem Mandala baut das Pentagramm-Ritual auf, das das grundlegende Ritual in der heutigen westlichen Magie ist. Dieses Ritual wird nun im Folgenden ausführlich beschrieben, wobei insbesondere auf die verschiedenen Möglichkeiten eingegangen wird, dieses Ritual immer lebendiger (Wasser), klarer (Luft), kraftvoller (Feuer) und daher auch nützlicher (Erde) werden zu lassen, wodurch dieses Ritual schließlich zu einem Hilfsmittel für den eigenen Selbstausdruck (Licht) wird.

205

I Das Ritual

Das Ritual selber ist recht einfach aufgebaut und letztlich auch recht einfach durchführbar.

Das Ritual hat den folgenden Aufbau:

- das Ziehen des Kreises
- das kabbalistische Kreuz
- die vier Pentagramme
- die Anrufung der vier Erzengel
- das kabbalistische Kreuz

I 1. Durchführung

I 1. a) das Ziehen des Kreises

Man geht dreimal im Uhrzeigersinn innen im Kreis um den Ort, den man schützen will, herum. Dabei zeigt man mit dem Zauberstab, mit der Hand oder mit dem ausgestreckten Daumen, Zeigefinger und Mittelfinger auf den Kreis, den man auf den Boden gemalt hat oder den man dort imaginiert. Dieser Kreis kann auch der Rand eines runden Teppichs sein oder die Kante unten zwischen dem Boden und der Mauer eines Raumes (Tempels).

Bei der ersten Runde imaginiert man den Kreis als milchigweiß leuchtendes Licht, das evtl. einen leichten Blauschimmer hat. Bei der zweiten Runde verstärkt man diese Imagination und bei der dritten Runde läßt man diesen Kreis intensiv und mit scharfem Rand aufleuchten.

I 1. b) das kabbalistisches Kreuz

„Ateh ... "   die linke Hand kommt von oben herab und berührt
(„Dein ist ...")   mit den Fingerspitzen die Stirn

„ ... Malkuth ... "   die Hand zieht die Linie, die über dem Kopf begann,
(... das Reich ...)   weiter hinab, bis die Hand zu einem Punkt unter den

	Füßen weist und somit den senkrechten Balken des Kreuzes kennzeichnet
„ ... ve-Geburah ...“ (… und die Kraft …)	die Fingerspitzen berühren die rechte Schulter
„ ... ve-Gedulah ...“ (… und die Herrlichkeit …)	die Fingerspitzen gehen hinüber zur linken Schulter und berühren sie und ziehen dadurch den Querbalken des Kreuzes
„ ... le Olam, Amen.“ (… in Ewigkeit, Amen.)	beide Hände werden vor der Brust gefaltet und dadurch symbolisch beide Balken miteinander verbunden, wobei man an dem Kreuzungspunkt eine rote Rose imaginieren kann

I 1. c) die vier Pentagramme

das bannende Erd-Pentagramm, das im Kleinen Pentagramm-Ritual verwendet wird

Osten: Luft-Pentagramm

Man zieht im Osten mit der Hand (Geste und Imagination) das Pentagramm (ein aufrechtes Pentagramm, das mit einer Spitze nach oben und mit zwei Spitzen nach unten weist. Man beginnt von links unten und geht weiter nach oben Mitte, dann nach rechts unten, nach links Mitte, waagerecht nach rechts Mitte, zurück nach links unten). Dann hält man die Hand in die Mitte des imaginierten Pentagramms und intoniert: *„Yod-He-Vau-He“*.

Süden: Feuer-Pentagramm

Man zieht auf dieselbe Weise das Feuer-Pentagramm im Süden und intoniert *„Adonai“*.

Westen: Wasser-Pentagramm

Man zieht auf dieselbe Weise das Feuer-Pentagramm im Westen und intoniert *„Eheieh".*

Norden: Erd-Pentagramm

Man zieht auf dieselbe Weise das Feuer-Pentagramm im Norden und intoniert *„Agla".*

Man geht noch einmal zu dem Luft-Pentagramm im Osten und hält die Hand (oder den Zauberstab, falls man einen benutzt) schweigend in die Mitte des Pentagramms, um den Kreis der Pentagramme zu schließen.

I 1. d)   die Anrufung der vier Erzengel

Man steht in der Kreuzhaltung (Arme nach beiden Seiten ausgestreckt) mit dem Blick nach Osten und spricht und imaginiert dabei das Folgende:

„Vor mir Raphael,	(gelb-violetter Erzengel der Luft, er hält ein Schwert, im Hintergrund Wolken)
hinter mir Gabriel,	(blau-oranger Erzengel des Wassers, er hält einen Kelch, im Hintergrund das Meer)
zu meiner rechten Hand Michael,	(rot-grüner Erzengel des Feuers, er hält einen Stab, im Hintergrund Flammen)
zu meiner linken Hand Auriel,	(zitronengelb-olivgrün-rotbraun-schwarzer oder brauner Erzengel der Erde, er hält ein Pentakel bzw. eine Münze, im Hintergrund Felder, Weiden und Wälder),
ich stehe inmitten des Kreises	(die Imagination des Kreises verstärken)
und über mir flammt der sechsstrahlige Stern ."	(Hexagramm, = Symbol der Mitte und der Quintessenz)

I 1. e)   das kabbalistisches Kreuz

Wie zuvor – siehe oben.

I 2. Allgemeines

Das „Kleine Bannende Pentagramm" ist wahrscheinlich das am häufigsten benutzte Ritual in der heutigen westlichen Magie. Dies liegt vermutlich zum einen daran, daß dieses Ritual gleich mehrere Funktionen hat, und zum anderen daran, daß es aufgrund seiner Einfachheit und aufgrund seiner grundlegenden Symbolik sehr ansprechend und leicht verständlich ist.

- Der Kreis ist ein leicht faßbares Symbol der Abgrenzung und des Schutzes. Diese Symbolik wird durch die vier Pentagramme noch verstärkt, die sozusagen einen Zaun bilden.

- Die vier Elemente in den vier Richtungen, die durch die vier Pentagramme, die vier Gottesnamen und die vier Erzengel repräsentiert werden, sind die bekanntesten Elemente der europäischen Magie.

Aus der Verbindung der vier Elemente mit den vier Richtungen ergibt sich das einfachste und bekannteste Mandala des Abendlandes, also der westlichen Kultur.

Diese Zuordnung entspricht zudem den Jahreszeiten:

- die Luft bringt im Frühling Neues – die Luft steht im Osten, wo die Sonne aufgeht;
- das Feuer bringt im Sommer große Kraft und Hitze – das Feuer steht im Süden, wo die Sonne am Mittag hoch am Himmel steht;
- das Wasser füllt die Früchte im Herbst mit Saft und bringt Fülle – das Wasser steht im Westen, wo die Sonne am Abend untergeht;
- die Erde ist die Stille und das Ruhen des Winters – die Erde steht im Norden, die der kalten Nacht entspricht.

- Der Magier selber steht im Zentrum dieses Mandalas und wird daher an sich selber, an seinen Willen, seine Mitte und durch das Hexagramm über ihm auch an seine Seele erinnert.

Das Urbild für den Magier in der Mitte des Kreises der vier Element-Pentagramme ist der Magier auf der Tarot-Karte, der vor sich die Symbole der vier Elemente auf dem Altar liegen hat: Er ist der Lenker der vier Elemente – er hat die Position der Quintessenz eingenommen.

- Das Pentagramm-Ritual ist eine Anrufung der vier Elemente, der vier Erzengel, die zu den vier Elementen gehören, sowie der vier Aspekte Gottes, die den vier Elementen entsprechen.

Dadurch ist dieses Ritual auch eine generelle Stärkung des Magiers sowie ein Herbeirufen der vier möglichen Hilfen: der Stärke des Feuers, der Liebe des Wassers, der Wahrheit der Luft und des Gedeihens der Erde.

- Das Pentagramm-Ritual kann als Schutz und zur Stärkung und zur Zentrierung verwendet werden, aber auch als Eröffnung und Schließung eines komplexeren Rituals sowie zur Reinigung und zur Weihung eines Ortes.

I 3. Aufbau

Der Aufbau des Rituals ist bereits kurz geschildert worden. Er besteht aus fünf Abschnitten:

- das Ziehen des Kreises
- das kabbalistische Kreuz
- die vier Pentagramme
- die Anrufung der vier Erzengel
- das kabbalistische Kreuz

Dieser Aufbau ist in sich sehr schlüssig – in ihm baut jeder Teil auf dem vorhergehenden auf. Dadurch ergibt sich die folgende Dynamik:

- Durch das Ziehen des Kreises wird der Raum definiert, indem man magisch aktiv sein will. In ihm will man sowohl magisch wahrnehmen (Telepathie) als auch magisch handeln (Telekinese).

- Durch das kabbalistische Kreuz zentriert man sich in sich selber und stellt sich unter den Schutz von Gott (oberes Ende des Kreuzes) und von Christus (der durch das Kreuz symbolisiert wird). Die Gestik des Kreuzes ruft zudem das Licht Gottes (Kether) auf die Erde (Malkuth) herab.

- Die vier Pentagramme sind die Differenzierung der Einheit von Kether bzw. der Quintessenz. Hier wird sozusagen die Schöpfung dargestellt – auf dem kabbalistischen Lebensbaum ist dies der „Blitzstrahl der Schöpfung".
Durch die vier Elemente in den vier Richtungen bekommt das Herabrufen des Lichtes durch das kabbalistische Kreuz Stabilität und zugleich Vielfalt: Aus dem weißen Licht der Sonne im Zentrum wird der farbige Regenbogen ringsum.

- Die Geste hinauf zur Spitze des senkrechten Kreuz-Balkens ist der Bezug auf die „oberste Instanz", d.h. auf Gott selber.
Die Anrufung der vier Gottesnamen bei den Pentagrammen ist sozusagen die „zweitoberste Instanz", durch die die Autorität von Gott selber (Kether) weiter herabgeleitet wird.
Die Anrufung der vier Erzengel ist gewissermaßen die „drittoberste Instanz", durch die die Autorität Gottes noch einmal einen Schritt weiter herabgeleitet wird.

Dieses Verfahren des „offiziellen Behördenweges" findet sich auch bei den mittelalterlichen Beschwörungen in der Form von „Im Namen von Gott Vater, im Namen von Christus, im Namen der Erzengel, im Namen der Engel rufe ich Dich ..." usw. Auch hier folgten die damaligen Magier der Hierarchie von ganz oben bis zu sich selber herab. Im Pentagramm-Ritual steht somit der Magier mit der Autorität Gottes in der Mitte des Kreises.

Wie groß die Wirkung dieses Verfahrens ist, hängt natürlich nicht nur von dem Aussprechen dieser Worte ab, sondern auch von der Bewußtheit und der Intensität des Willens und der Imagination des Magiers bei diesem Ritual – sowie von seinem Weltbild.

- Durch das kabbalistische Kreuz zentriert man sich am Ende noch einmal in sich selber und versichert sich noch einmal des Schutzes Gottes (Kether).

I 4. Symbolik

Die Symbolik des Pentagramm-Rituals ist im Grunde genommen ausgesprochen schlicht:

- Unten ist der Kreis, der den Schutz symbolisiert, aber der in gewisser Weise auch die Verbindung zur Erde ist;
- im Osten ist das Element Luft;
- im Süden ist das Element Feuer;
- im Westen ist das Element Wasser;
- im Norden ist das Element Erde;
- und oben ist das Hexagramm, das das Licht und die Quintessenz und auch die Verbindung zum Himmel darstellt.

In der erweiterten Symbolik dieses 3D-Mandalas gibt es noch sechs weitere Elemente bzw. deutlicher wahrgenommene Verbindungen:

- Von unten kommt das Erdfeuer herauf und wird als Kundalini innerhalb des Körpers zur Gesundheit und innerhalb der Psyche zur Lebendigkeit;
- von Osten kommt das Luft-Element und wird im Körper zur Beweglichkeit und in der Psyche zur Aufrichtigkeit;
- von Süden kommt das Feuer-Element und wird im Körper zur Kraft und in der Psyche zu Tatendrang;
- von Westen kommt das Wasser-Element und wird im Körper zur Kontaktfreudigkeit und in der Psyche zur Liebe;
- von Norden kommt das Erd-Element und wird im Körper zum Gedeihen und in der Psyche zur Zufriedenheit;
- von oben kommt das Himmelslicht herab und wird als Bindhu im Körper zur Kooperation und in der Psyche zur Bewußtheit.

I 5. Motivation, Konzentration, Imagination und Intonation

Bei allem, was man macht, ist die Motivation das entscheidende Element. Daher ist es auch bei der Durchführung des Pentagramm-Rituals wesentlich, daß man weiß, warum man es durchführt: als Schutz, als Reinigung eines Ortes, zum Weihen eines Tempels, zum Rufen von Lebenskraft, als Vorbereitung eines komplexen Rituals, aus Neugier, um das Ritual anderen zu zeigen und zu lehren …

Die Wirksamkeit jeder Form der Magie hängt von der Intensität des Willens ab, mit der man es durchführt. Dieser Wille ergibt sich zum einen aus der Intensität und der Klarheit und Eindeutigkeit der Motivation und zum anderen aus dem allgemeinen Charakter des Magiers.

Neben der Intensität der Motivation und des Willens hat auch die Intensität und die Klarheit der Imagination einen Einfluß auf die Effektivität der Magie und somit auch auf die Wirkung des Pentagramm-Rituals. Man kann die Motivation als die Richtung, den Willen als die Kraft und die Imagination als die Form der Lebenskraft ansehen, die man durch die Magie in Bewegung setzt.

Die regelmäßig (am besten tägliche) Durchführung des Pentagramm-Rituals kann eine gute Möglichkeit sein, um die Imagination zu üben – aber es ist keineswegs notwendig, dieses Ritual 1000-mal durchzuführen, damit es eine Wirkung bekommt.

Schließlich gibt es noch das Sprechen bzw. Singen der Texte in diesem Ritual. Gesungen werden auf jeden Fall die vier Gottesnamen, evtl. auch die Worte bei dem kabbalistischen Kreuz. Die dabei benutzte Art des Singens ist weit verbreitet und findet sich z.B. im Christentum in der Gregorianik, bei den Kelten und Germanen beim Kriegsgesang, bei den Tibetern bei den rituellen Baßgesängen usw. Schon unter vielen altägyptischen Zaubersprüchen stand die Anpreisung „gut singbare Zaubersprüche".

Bei diesem Singen wird meistens der gesamte Text auf derselben Tonhöhe gesungen. Dieses Singen ist eher langsam und möglichst deutlich. Eine kräftige Stimme, möglichst viele Obertöne, ein voller Klang („stehende Welle") und das natürliche Vibrato der Stimme (mit ca. 6Hz) sind allesamt förderlich, aber glücklicherweise nicht unbedingt notwendig.

Es können also nicht nur Opernsänger gute Magier werden …

II Die Vertiefung des Rituals

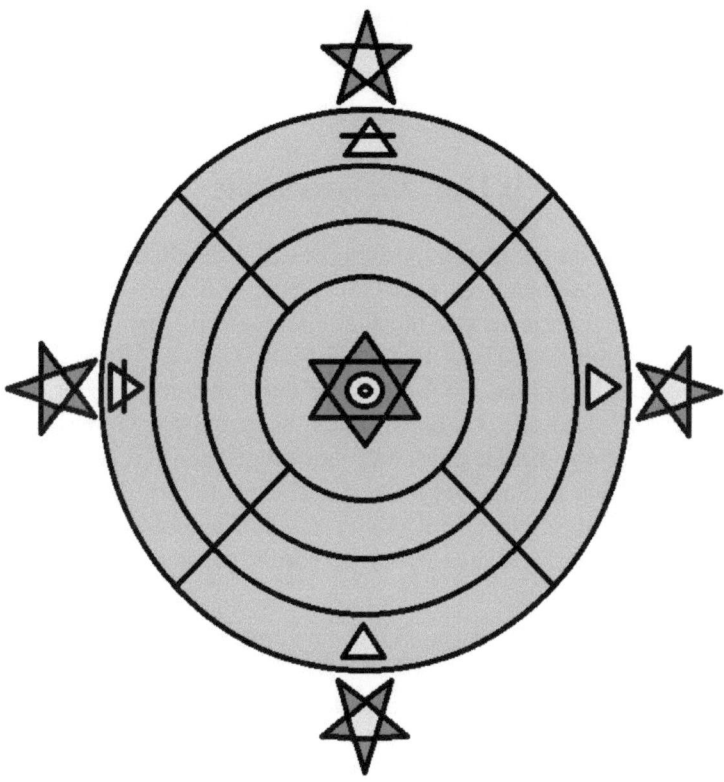

Wenn ein Ritual neu ist, muß man erst einige Male durchführen, um es kennenzulernen. Anschließend kann man es dann entsprechend seiner Wirkung verwenden.
Durch den Gebrauch des Rituals, aber auch durch seine gründliche Betrachtung wird
das Ritual dann mit der Zeit zu einem immer wirksameren Werkzeug, das man immer
geschickter zu benutzen versteht.

II 1. Die vier Elemente und die Quintessenz

Je besser man die verschiedenen Teile des Pentagramm-Rituals, also vor allem die Qualitäten der vier Elemente, versteht, desto besser kann man das Ritual durchführen und desto tiefer wird das Erlebnis bzw. desto größer wird die Wirkung.

II 1. a) Die Geschichte

Über die Geschichte ist bereits am Anfang des 2. Teils dieses Buches geschrieben worden. Es ist in der heute benutzen Form im „Order of the Golden Dawn" entwickelt worden, aber einzelne Elemente wie die vier Elemente reichen bis zu den Griechen zurück.

Wenn man möchte, kann man die Geschichte der einzelnen Aspekte dieses Rituals wie den aramäischen Text des kabbalistischen Kreuzes, die Gottes- und Erzengel-Namen, das Pentagramm, das Hexagramm, den magischen Kreis, das kabbalistische Kreuz usw. zum Teil bis zu 2500 Jahre weit zurückverfolgen. Es ist jedoch zweifel-haft, oft das generell die effektivste Methode ist, um die Effektivität des Rituals zu steigern – aber für manche wird dies sicherlich förderlich sein.

II 1. b) Das Elemente-Mandala

Die Vertrautheit mit dem Elemente-Mandala, die Analogie zwischen den vier Ele-menten und den vier Jahreszeiten, den vier Aggregatzuständen, den grundlegenden Qualitäten der Psyche usw. ist ausgesprochen sinnvoll, da man erst dann wirklich erkennen kann, wann man welches Element braucht – und an welchen Erzengel man sich daher man besten wendet.

Auch die fünf Ebenen, die der „Mittleren Säule" aus dem kabbalistischen Lebens-baum entsprechen, sind hilfreich, aber nicht so grundlegend wie die Qualitäten der vier Elemente und der Quintessenz. Wenn man mithilfe des Elemente-Mandalas, das im 2. Teil dieses Buches ausführlich beschrieben worden ist, Rituale oder Meditatio-nen durchführen will, sollten einem diese fünf Ebenen der Elemente jedoch vertraut geworden sein. In diesem Zusammenhang ist auch das Durchführen der „Übung der Mittleren Säule" (die später noch beschrieben wird) ausgesprochen empfehlenswert.

II 1. c) Die Symbole des Tarot

Je nach den Kenntnissen und Vorlieben des Magiers kann man die verschiedensten Symboliken den vier Richtungen und den vier Elementen zuordnen, um die eigenen Vorstellungen über die Elemente zu bereichern.

Da die Tarotkarten eines der bekanntesten Symbol-Systeme in der westlichen Magie sind, liegt es nahe, einmal an dem Ort, an dem man üblicherweise das Pentagramm-Ritual durchführt, die zu diesem Element passenden Tarotkarten zu legen und sich dann das so entstehende Mandala zu betrachten.

Diese Zuordnungen sind:

- Erde:
- Münz-As bis Münz-10
- Münz-König
- Münz-Königin
- Münz-Ritter
- Münz-Knappe
- Herrscherin (Fruchtbarkeit, Gedeihen)
- Lebensrad (ständiger Wandel)
- Tod (Verwandlung)
- Turm (Fehlkonstruktion)

- Wasser:
- Kelch-As bis Kelch-10
- Kelch-König
- Kelch-Königin
- Kelch-Ritter
- Kelch-Knappe
- Hohepriesterin (Liebe und Stille)
- Liebende (Kontakt, Vereinigung)
- Hängender (Einweihung, Selbstopfer)
- Stern (Hingabe)
- Mond (Träume, Traumreisen, Psyche)

- Luft:
- Schwert-As bis Schwert-10
- Schwert-König
- Schwert-Königin
- Schwert-Ritter
- Schwert-Knappe

217

- Hohepriester (Wissen, magische Fähigkeiten)
- Gerechtigkeit (Gleichheit, Unparteilichkeit)
- Einsiedler (Streben nach Erkenntnis, Meditation)
- rechtes Maß (Achtsamkeit)

- <u>Feuer</u>:
  - Stab-As bis Stab-10
  - Stab-König
  - Stab-Königin
  - Stab-Ritter
  - Stab-Knappe
  - Herrscher (Stärke, Dominanz)
  - Siegeswagen (Durchsetzung)
  - Stärke (Selbstbeherrschung durch Selbstkenntnis)
  - Teufel (verdrängte Kraft)

- <u>Quintessenz</u>:
  - Narr (der Magier am Anfang seiner Ausbildung als Zauberlehrling)
  - Magier (sein Stab repräsentiert die Quintessenz, die die vier Element-Symbole auf dem Altar lenkt)
  - Sonne (Seele, eigene Mitte)
  - Auferstehung (Besinnung auf die eigene Seele)
  - Welt (gelenkter, harmonischer Tanz der vier Elemente)

Man kann die großen Arkana auch auf andere Weisen den vier Elementen zuordnen – dann ist man schon in der Auseinandersetzung mit der Symbolik sowohl der vier Elemente als auch der Tarot-Karten. Auf diese Weise gelangt man zu einem tieferen Verständnis der vier Elemente und der Quintessenz.

Möglicherweise klingt die Anregung, die Karten wirklich dort auf dem Boden auszulegen, wo man das Pentagramm-Ritual durchführt, eher banal, aber es lohnt sich: Wenn man die Tarotkarten dort als Elemente-Mandala liegen sieht, hat das durchaus eine Wirkung.

II 1. d) Yod-He-Vau-He

Die vier Buchstaben des Gottesnamens „יהוה“, also „Jahwe“ oder „Jehova“ aus dem alten Testament, entsprechen den vier Elementen. Dieser Name wird wie allgemein das Hebräische (und auch das Arabische) von rechts nach links gelesen.

Dieser Name wurde – da er nicht ausgesprochen werden durfte – auch „Tetragrammaton“, d.h. „Vierbuchstabiger“ genannt.

Die Zuordnung der vier Elemente zu den vier Buchstaben ist:

- י	- Jod	- Feuer
- ה	- (erstes) He	- Wasser
- ו	- Vau	- Luft
- ה	- (zweites) He	- Erde

II 2. Traumreisen

Traumreisen sind eines der wichtigsten Hilfsmittel, um eine Symbolik kennenzulernen, um zu einer Gottheit Kontakt aufzunehmen ... oder auch, um den verlorenen
Haustürschlüssel wiederzufinden.

II 2. a) Traumreisen zu den vier Elementen

Beispiele für solche Traumreisen finden sich bereits im zweiten Teil dieses Buches.
Es ist sehr jedoch empfehlenswert, solche Traumreisen auch selber durchzuführen, da
die vier Elemente und die Quintessenz zwar eine generelle Symbolik haben, aber
dennoch jedem Menschen aufgrund seiner Kultur, seines Horoskopes und seiner
Biographie ein wenig anders erscheinen – und ein persönlicher Kontakt ist immer
lebendiger als die nur gelesene Traumreise eines anderen.

II 2. b) Traumreisen zu den vier Erzengeln

Für die Traumreisen zu den vier Erzengeln gilt dasselbe wie für die Traumreisen zu
den Elementen selber: Man kann sich von den Traumreisen von anderen inspirieren
lassen, aber ein persönliches Verhältnis zu den Erzengeln erhält man erst dann, wenn
man selber zu ihnen reist.

Die folgenden Traumreisen sind natürlich auch nur meine eigene Erfahrung und
nicht so etwas wie die „absolute Wahrheit". Diese Traumreisen sind nur als Anregung
für eigene Traumreisen gedacht.

Bei diesen Erlebnissen wird es natürlich auch sehr schnell persönlich – schließlich
ist man selber einer der beiden Gesprächsteilnehmer und man unterhält sich sehr
wahrscheinlich vor allem über die Dinge, die wirklich wesentlich sind. Daher sind
auch die folgenden vier Beispiele deutlich persönlicher als die bisherigen Teile dieses
Buches – abgesehen von den Traumreisen zu den vier Elementen und zu der Quintessenz.

Raphael

„Raphael, magst Du mir etwas sagen oder zeigen?"

„Warum sollte ich das tun?"

„Ich möchte Dich besser verstehen."

„Das stimmt nicht. Du willst in Deinem Buch zeigen, wie man so etwas macht."

„Hm, ja ... Zumindestens ist schon mal deutlich, daß Du der Erzengel der Klarheit, Direktheit und Aufrichtigkeit bist."

Raphael schweigt ...

„Kannst Du mir denn sagen, was diejenigen tun können, die Dich besser verstehen wollen und die Dich kennenlernen wollen und die gerne einen persönlichen Kontakt zu Dir hätten?"

„So ist Deine Frage schon besser. Komm zu mir."

„Traumreise?"

„Egal wie: Träume, Traumreisen, Visionen, Intuition, mich einfach innerlich ansprechen ..."

„Was kann man von Dir erwarten? Ich meine, hilfst Du, Klarheit zu erlangen und Dinge zu erkennen? Ist das richtig?"

„Ja."

„Hm ... gibt es im Augenblick etwas, was für mich sinnvoll zu erkennen wäre?"

„Befreie Deine Stimme."

„Du meinst, daß ich endlich den Baß bekomme, der immer wieder mal auftaucht?"

„Es geht nicht um den Baß, auch wenn der das Ergebnis ist. Es geht um die Freiheit Deines Halschakras."

„O.k., das verstehe ich. Was empfiehlst Du mir dafür?"

„Singen und Aufrichtigkeit."

„Hm, ja, Danke ... und gibst Du mir Hinweise, wenn ich mal auf dem Schlauch stehe? Das wäre schön."

„O.k."

„Wäre es sinnvoll, von der 'akustischen Traumreise' zur 'optischen Traumreise' zu wechseln?"

„Wie Du willst."

Ich schaue innerlich, was ich sehe.

Ich sehe Raphael wie beim Pentagramm-Ritual – nur sind seine Konturen deutlich schärfer, vor allem an den Flügeln ... im Hintergrund ist Himmel und Wolken ... er hält nichts in den Händen, er hat die Hände segnend auf Schulterhöhe erhoben ...

Ich habe den für mich eher ungewohnten Impuls, mich vor ihn niederzuknien, aber er sagt, daß ich das nicht tun soll: „Erhebe Dich."

Er streicht mit seiner rechten Hand über meinen Hals und macht etwas mit meinem Halschakra. Er holt etwas aus ihm heraus – es ist länglich, schwarz, wie eine *zottelige Wurzel oder so was ähnliches.*

„Was ist das?"

„Deine Angst."

„Was tue ich am besten mit ihr?"

„Nimm sie in Deine Hände."

„O.k."

Ich tue das.

Die 'Angst-Wurzel' verwandelt sich in einen kleinen Harry, der irgendwo zwischen einem und drei Jahre alt ist. Ich beschütze ihn.

„Ist das die Angst, die bei mir beim Meditieren und bei anderen Gelegenheiten manchmal so einen heftigen Schmerz im Hals verursacht?"

„Ja."

„Den habe ich gestern Abend beim Telefonieren gefühlt – das ist, als wenn die Stimmbänder zerrissen würden. Was hilft da?"

„Sei freundlich zu dem kleinen Harry."

„Ja, das tue ich. ... ... Zeigst Du immer das, was gerade aktuell wichtig ist?"

„Wäre etwas anderes sinnvoll?"

„Nein ... natürlich nicht ... Und Du bist für Erkenntnisse zuständig?"

„Und für Bewegung."

„Heißt das, Daß Du auch Erstarrungen auflösen kannst?"

„Wenn Bewegung das ist, was sie heilt, ja."

„Ich bin gerade wieder ein bißchen verkopft, oder?"

„Ja."

„Was wäre gerade am wichtigsten oder am fruchtbarsten?"

„Singen."

„Ja, gut ... Danke, Raphael!"

„Bitte."

„Ho!"

Michael

„Michael, ich würde mich freuen, wenn Du mir etwas über das Feuer und über Dich sagst, was mir weiterhilft und evtl. auch den Lesern dieses Buches."

„Das einzige, was Du für die Leser dieses Buches tun kannst, ist ihnen Dein eigenes Beispiel eines Gespräches mit mir zu geben."

„Ja, gut ... das verliere ich immer wieder ein bißchen aus den Augen ... Was kannst Du mir denn sagen, raten oder zeigen?"

„Lebe fröhlich."

„Oh ... damit habe ich jetzt nicht gerechnet. "

„Deshalb machst Du ja solche Traumreisen: Damit Du Neues siehst und tun kannst. "

„Magst Du mir etwas zu diesem 'fröhlich leben' sagen? "

„Du weißt schon, was ich meine. "

„Ehm ... sich treu sein und das tun, was Freude macht? "

„Ja – das sind zwei mögliche Beschreibungen dafür. "

„Und wie kann man es noch umschreiben? "

„Tanzen. "

„Hm, ja ... das ist mir auch wichtig – sowohl das konkrete Tanzen als auch die Haltung des Tanzens. ... Ist dabei das Fließen, das Ruhen im Augenblick, der Selbstausdruck wichtig? "

„Und die Absichtslosigkeit. "

„Die Absichtslosigkeit? Ich hätte eher mit Zielgerichtetheit gerechnet. "

„Das ist dasselbe. "

„Ehm ... Meinst Du mit Absichtslosigkeit, das was Lao-tse 'Wu-Wei', also das Nicht-Tun genannt hat? "

„Werde nicht akademisch, denn dann verpaßt Du das Wesentliche. "

„Äh ... ja, gut ... Meinst Du mit 'Absichtlosigkeit', daß ich das leuchten lasse, was ich bin, und da keine Strukturen drumherum aufbaue? "

„Ja. Das ist das, was einen improvisierten Tanz ausmacht. Du selber bist das einzige, was diesen Tanz gestaltet. "

„Ich habe damit gerechnet, daß Du mir etwas über Kraft erzählst – also über die psychische und körperliche Entsprechung zu dem Element Feuer. "

„Was anderes als das ist denn Tanz? "

„Die Kraft ist also der Selbstausdruck? "

„Wozu sonst könntest Du Kraft sinnvoll gebrauchen? "

„Hm, ja ... so habe ich das noch nicht betrachtet. Kraft ist also die Bejahung des hemmungslosen Selbstausdrucks? "

„In der Essenz ja. "

„Und was ist da noch drumherum? "

„Das, worin Du Dich ausdrückst – Du brauchst immer eine Umgebung, andere Menschen, etwas, was Du gestalten kannst. Aber die Kraft kommt von innen, aus Dir, aus dem, was Du bist. "

„Ja, das kann ich verstehen. Heißt das, daß Du der Erzengel des Selbstausdrucks bist? "

„Das ist einer meiner Aspekte. "

„Welche Aspekte gibt es noch? "

„Die sind für das Pentagramm-Ritual nicht relevant. "

„Hm, ja gut ... Würdest Du denn anderen Menschen andere Aspekte des Feuers und

von Deinem Wesen zeigen?"

"Natürlich – andere brauchen andere Dinge von mir als Du. Du brauchst einen sicheren und ungehemmten Selbstausdruck. Das fehlt Dir. Deshalb zeige ich Dir etwas zu diesem Aspekt des Feuers."

"Und die vielen anderen Aspekten zeigst Du denen, die sie gerade brauchen, nehme ich an."

"Ja."

"Hm – eine effektive und ökonomische Methode."

"Ja."

... ...

"Danke, Michael!"

"Bitte!"

"Ho!"

Gabriel

"Gabriel, ich würde mich freuen, wenn Du mir etwas zu Dir sagst oder mir etwas über Dich sagst."

"Was kennst Du bisher als Methoden dafür?"

"Drei Dinge: das Traumreisen-Gespräch, die Traumreisen-Bilder und das 'in die Augen blicken', durch die man das Bewußtsein des anderen spüren kann. Hm – und das Wechseln mit dem eigenen Bewußtsein in den anderen."

"Dann schaue mir in die Augen und wechsle mit Deinem Bewußtsein in mich hinein – und dann schaue."

"Gut. ... ... Ich sehe Deine Augen ... Dein ganzes Gesicht erhält eine deutlichere Kontur ... ich sehe auch Deine Flügel sehr klar ... ich wechsle mit meinem Bewußtsein in Dich hinüber ... mir fällt auf, daß das nicht wie sonst üblich ein Sprung ist, sondern ein Hinübergleiten, bei dem ich Deinem Gesicht ganz nah komme ...

Ich bin nun in Dir ... Mir fällt auf, daß das anders ist, als wenn ich in einen konkreten Menschen wechsele oder auch als wenn ich in Christus oder Buddha wechsle. In einem anderen Menschen ist dessen Persönlichkeit spürbar und es ist ein Zentrum dar – sozusagen ein Bewußtseins-Mittelpunkt. Aber Du hast kein solches Zentrum – Du hast sozusagen ein dezentrales Bewußtsein."

"Ich bin ein Teil des Kontinuums von Da'ath."

"Das sind Götter doch auch. Und die fühlen sich anders an – persönlicher, mit einem zentralen Bewußtsein."

"Stimmt das oder hast Du nicht genau hingeschaut?"

"Ich schaue noch einmal ... ... Hm, ja ... Du hast recht – die haben alle ein

dezentrales Bewußtsein, die sind mit ihrem Bewußtsein in allem, die sind ein Aspekt des Kontinuums. Bei vielen Göttern gibt es lediglich so etwas wie eine 'verdichtete Bewußtseins-Wolke im Zentrum ihres Bildes', wenn ich das mal so ausdrücken darf. Aber selbst diese Verdichtung des Bewußtseins in dem Bild, das ich von Dir habe – also die Gestalt mit Flügeln – kann ich in Dir nicht finden. Liegt das daran, daß Du innerhalb des Pentagramm-Rituals und innerhalb des Elemente-Mandalas vor allem die Verkörperung des Elementes Wasser bist und daß das Wasser ein Aspekt aller Dinge ist?"

„Ja. Vergleiche mich einmal mit dem indischen Gott Agni."

„O.k. ... ... Hm ... er hat auch diese Verdichtung des Bewußtseins in seiner Gestalt, obwohl er auch Teil des Kontinuums ist. Mir scheint, daß das daran liegt, daß dieser indische Feuergott auch das Urbild des Priesters ist. Ich habe mir gerade auchgleich noch den Ritualtrank-Gott Soma angeschaut – dort habe ich dasselbe wie bei Agni vorgefunden.

Mir fällt auf, daß ich hier gerade grundsätzliche Dinge über Götter und Engel betrachtet und entdecke bzw. von Dir gezeigt bekomme. Gehört so etwas speziell zu Dir?"

„Ja – ich bin der Erzengel der Verkündigung. Daher zeige ich das Neue."

„Gehört die Verkündigung nicht eher zur Luft?"

„Das Lernen gehört zur Luft und auch die Wahrnehmung mit den Sinnen. Aber das, was verkündet wird, begreifst Du nur durch den innerlichen Kontakt zu dem Verkündeten – und das gehört zum Wasser."

„O.k. – den Unterschied verstehe ich. Gibt es noch speziellere Dinge, die zu dem Wasser, d.h. zu Dir gehören?"

„Du bist mit Deinem Bewußtsein inzwischen wieder in Dich zurückgekehrt. Wechsle noch einmal in mich hinein."

„O.k. – mach ich ... ... Ich sehe die Weite des Wassers von innen her, also das Wasser bzw. den Wasser-Aspekt in allen Dinge ... von Deinem Bewußtsein aus ist auch mein Bewußtsein abgrenzungslos, ich kann alles Wasser sehen ... Ich sehe es nicht im Detail, sondern als Raum, als Grundgefühl ... nunja, es ist schwierig, solche Dinge anschaulich zu beschreiben ... Was nun?"

„Bleibe dort und spüre."

„O.k., mach ich ... ... Da ist Stille, da ist Frieden, da ist komischerweise keine Bewegung, obwohl es auch nicht fest ist, das ist sozusagen Ruhen ..."

„Schaue weiter."

„Gut ... ... Da ist Kontakt mit allem Wasser, das gesamte Wasser ist eine Einheit ... ... jetzt bin ich in dem Wasser-Kontinuum drinnen, ich erlebe es von innen her ... das ist angenehm, ich beginne zu lächeln ... Ich habe Liebe erwartet, aber das war vor allem ein Konzept von mir ... was ich wahrnehme, ist einfach endloses Wasser und ein Wohlfühlen und Ruhen – man könnte das 'natürliche Hingabe' nennen ... das

Lächeln wird immer mehr und da ist so etwas wie 'Tiefenentspannung' ... da ist Fülle – da ist aber nichts im Wasser, sondern das Wasser selber ist diese Fülle ... das Wesentliche ist das Lächeln ... Was sagst Du dazu, Gabriel?"

„Es ist gut so – Du hast das gesehen und erlebt, was Du sehen und erleben kannst."

„Es gibt also noch mehr?"

„Ja, natürlich."

„Vermutlich auch noch viele Dinge, die deutlich spezieller sind?"

„Auch das."

„Aber ich habe jetzt erst einmal gesehen, was ich jetzt gerade sehen kann?"

„Was gerade förderlich ist."

„Diese Auswahl ist vermutlich auch ein Aspekt des Wassers, oder?"

„Wasser ist freundlich."

„Ja gut ... da höre ich einen guten Bekannten von mir in mir sagen, daß Wasser auch Sturmfluten und Ertränken sein kann."

„Das ist das konkrete Wasser und nicht die Qualität, die ihr mit 'Wasser' bezeichnet habt."

„Ja, das ist ein Unterschied. ... Ja, vielen Dank, Gabriel!"

„Bitte."

„Ho!"

Auriel

„Auriel, magst Du mir etwas zeigen, sagen oder raten?"

„Tue das, was Dich gedeihen läßt."

„Ist das nun ein spezieller Rat für mich oder ein allgemeiner Rat von Dir an alle?"

„Er ist für Dich gedacht, aber er paßt auch für die meisten anderen – wobei jeder eine etwas andere Version dieses Rates braucht."

„Du förderst das Gedeihen, aber das Gedeihen kommt bei jedem auf eine etwas andere Weise?"

„Ja."

„Hm – das könnte man auch als 'gut geerdeten Egoismus mit Weitblick' nennen, oder?"

„Das wäre Deine Formulierung, ja."

„Gibt es noch etwas, was Du mir sagen oder raten könntest?"

„Die wichtigen Dinge kennst Du schon: viel in der Natur sein, des öfteren barfuß gehen, mit den Händen in der Erde arbeiten im Garten oder ähnlichem – und eben darauf achten, was Dich gedeihen läßt."

„Eigentlich habe ich da keine Frage mehr dazu."

„Du kannst ja jederzeit zu mir kommen, wenn eine Frage auftaucht, von der Du vermutest, daß ich Dir die Antwort darauf sagen kann."

„Ja ... Danke, Auriel!

„Bitte."

„Ho!"

II 2. c)   Traumreisen in den Kreis

„Hallo Kreis – komischerweise habe ich noch nie Traumreisen in die drei Grundsymbole des Pentagramm-Rituals unternommen, also Kreis, Pentagramm und Hexagramm. Was bist Du?"

„Klarheit, Unterscheidung, Grenze, Schutz, Hülle, Umfang der Mitte."

„Hm ... das sind Dinge, die ich schon kenne ... Gibt es da noch etwas, was ich nicht sehe?"

„Ja – Du schützt Deinen Kreis nicht in ausreichendem Maße. Für Beziehungen, Freundschaften und das Erhalten der Harmonie läßt Du zu, daß Dein Kreis verletzt wird. Dann brichst Du jedesmal früher oder später zusammen. Erhalte Deinen Kreis, was auch immer geschehen mag. Nur in heilem Zustand kannst Du etwas Sinnvolles tun und erschaffen."

„Oje ... das habe ich bei Beratungen schon des öfteren anderen Menschen beigebracht, aber ich selber kann es immer noch nicht ..."

„Du kannst es schon sehr viel besser als früher und in den meisten Situationen ist Dein Kreis stabil. Aber Du bist noch nicht perfekt."

„Wo liegt der Schwachpunkt bei meinem Kreis?"

„Im Westen."

„So habe ich das ja noch gar nicht betrachtet – der Kreis hat in den vier Richtungen verschiedene Qualitäten?"

„Im Pentagramm-Ritual schon. Du suchst nach Harmonie – folglich ist der Kreis bei Dir im Westen, also bei den Gefühlen und den Kontakten, anfällig für Störungen."

„Hm ... es sind bisher ausschließlich Menschen mit Skorpion-Aszendent oder mit einem Planeten im Skorpion im 1. Haus gewesen, die mich ausheben können – und der Skorpion ist ein Wasserzeichen ... schau einer an ... Und wie heile oder repariere ich die West-Seite meines Kreises?"

„Stelle Dich in Deinen Kreis und schließe die Bruchseite Deines Kreises im Westen, wo die Flut der Selbstüberzeugtheit und Durchsetzungsfähigkeit der Skorpione Deinen Damm durchbrochen und Dein Land verwüstet hat."

„Hm ... ja ... das mache ich mal gleich, also jetzt ... ... Und verliere ich dadurch

die Harmonie in meinem Leben und die Kontakte?"

„Du kannst immer nur Deine Seite der Begegnungen lenken und Deine Hälfte der Begegnung gestalten."

„Hm, ja ... das verliere ich manchmal aus den Augen. Ich mit meinem Waage-Aszendent sehe die Begegnung aus dem Blickwinkel der Harmonie, aber jemand mit einem Skorpion-Aszendent sieht die Begegnung immer aus dem Blickwinkel der Intensität. Ich vergesse immer wieder mal, daß ich ja nur meine eigene Welt gestalten kann und nicht die Welt an sich – auch wenn ich natürlich auch einen Einfluß auf die Welt an sich habe. ... Gibt es noch mehr zu sagen, Kreis, was für mich oder für die Leser dieses Buches von Bedeutung ist?"

„Der Kreis ist eine semipermeable Membran."

„Ja – dazu bin ich schon vor vierzig Jahren gekommen. Der Kreis ist wie eine Zellwand: Eine Hülle, die das Förderliche hereinläßt, das Störende draußenhält und das, was nicht mehr gebraucht wird, rauswirft. Man könnte auch sagen, daß der Kreis wie eine solide Stadtmauer mit Toren und wachsamen Wächtern an den Toren ist."

„Und Du bist der Burgherr oder der Bürgermeister und solltest Dir klarmachen, was für Deine Stadt förderlich ist und was nicht und Deine Wächter an den Toren die entsprechenden Befehle geben. Sie haben kein Problem damit, Deine Aufträge auszuführen – Du hast ein Problem damit, klare Anweisungen zu geben."

„Ja, das kann ich sehen. ... Vielen Dank, Kreis! Du hast mir deutlich mehr gezeigt, als ich erwartet habe!"

„Bitte – dafür machst Du ja auch diese Traumreisen."

„Danke ... ... Ho!"

II 2. d)   Traumreisen in das Pentagramm

„Hallo Pentagramm – magst Du mir etwas sagen, zeigen oder raten?"

„Was weißt Du über mich?"

„Du erscheinst in den frühen Königreichen wie Ägypten und in der späten Jungsteinzeit in Mesopotamien als Symbol eines Sterns und somit auch der Seele. Allerdings bist Du da noch kein Pentagramm, sondern ein fünfstrahliger Stern. Als Pentagramm bist Du mir erst aus dem Mittelalter bekannt – aber da habe ich auch noch nicht sonderlich gründlich geforscht.

Spätestens seit Leonardo da Vinci ist die obere Spitze des Pentagramms dem Kopf und die vier anderen Spitzen den Armen und Beinen eines Menschen gleichgesetzt worden – der Leib ist dann das Pentagon in der Mitte. In dieser Form wird das Pentagramm oft als 'Kopf über Körper' interpretiert, also als Selbstbeherrschung, Triebkontrolle u.ä. Das umgekehrte Pentagramm ist daher die Herrschaft der Triebe *und somit die Herrschaft des Teufels. Das ist offensichtlich eine stark christlich geprägte Symbolik. "*

„Schaue mal nach, ob Du noch andere Pentagramm-Symboliken findest. "

„Jetzt? "

„Ja. "

„Ja, gut ... dann bis gleich. "

... ...

„Also – ich habe nachgeschaut und ich habe Folgendes gefunden:

1. Viele Blüten sind fünfblättrig.

2. Das Pentagramm enthält den Goldenen Schnitt.

3. Um 3500 v.Chr. ist das Pentagramm in der mesopotamischen Stadt Ur das Symbol der Muttergöttin Ishtar und des Sonnengottes Marduk gewesen.

4. In Mesopotamien ist das Pentagramm (neben dem achtstrahligen Stern) seit 3000 v.Chr. das Symbol für 'Gottheit' gewesen.

5. Pythagoras hat um 540 v.Chr. das Pentagramm als Symbol für 'Gesundheit' und 'Lebenslauf' gesehen.

6. Seit 300 v.Chr. ist es auch das Symbol von Jerusalem. An seinen fünf Spitzen befinden sich dann die fünf Konsonanten 'JRSLM' des Namens 'Jerusalem'.

7. Für die Gnostiker war es das Symbol ihres Gottes Abraxas.

8. Die fünf Spitzen wurden als die fünf Wunden Christi gedeutet – wodurch das Pentagramm selber zu Christus wird.

9. Sowohl das aufrechte als auch das umgekehrte Pentagramm war seit dem Mittelalter ein weit verbreitetes Schutzsymbol, das in beiden Formen an Toren, an Hallen-Decken, an Wänden, auf Türschwellen und auch an Kirchenfenster zu finden ist. Die Unterscheidung der beiden Formen ist erst um 1850 von Èliphas Lévi eingeführt worden, der das aufrechte Pentagramm mit Christus und das umgekehrte Pentagramm mit dem Teufel assoziiert hat.

10. Das Pentagramm erscheint sowohl aufwärts als auch abwärts gerichtet auf Wappen und Fahnen.

11. Es ist das zentrale Symbol der Freimaurer, dessen fünf Spitzen die fünf Eigenschaften Klugheit, Gerechtigkeit, Stärke, Mäßigung und Fleiß symbolisieren, die evtl. den vier Elementen und der Quintessenz entsprechen: Klugheit = Quintessenz, Gerechtigkeit = Luft, Stärke = Feuer, Mäßigung = Wasser, und Fleiß = Erde.

12. In Westafrika ist das Pentagramm das Symbol des Sternes Sirius, der mit der dortigen Schöpfungsmythe verbunden ist.

13. Die Deutung als 'Drudenfuß', also als 'Symbol der Druiden' ist recht neu und (soweit ich das beurteilen kann) frei erfunden worden.

14. Für die Satanisten ist das umgekehrte Pentagramm das Symbol des Satan oder des Baphomet.

15. Eine eher seltene und recht neue Deutung ist die Auffassung des Pentagramms als Darstellung der fünf chinesischen Elemente Feuer, Wasser, Holz, Erde und Metall.

16. Im Wicca (Neuheidentum) ist das Pentagramm vor allem das Symbol des Pan.

Und nun?"

„Du siehst, Du solltest immer als erstes mal schauen, was Du auf normale Weise herausfinden kannst, bevor Du eine Traumreise unternimmst."

„Zumindestens sollte ich beide Methode anwenden – was ich in aller Regel ja auch tue."

„Wehrhaftigkeit und Selbstschutz gehören auch zum Pentagramm – und Du wehrst Dich gerade."

„Hm – stimmt ... Was kannst Du denn noch dazu ergänzen?"

„Nichts."

„Nichts?"

„Ja – nichts. Das Pentagramm gewinnt seine Kraft durch seine Benutzung."

„Und der goldene Schnitt in ihm? Macht der das Pentagramm lediglich zu einem geeigneten Gefäß für Kraft?"

„Man kann es so sagen."

„Ich habe das Gefühl, noch nicht alles zu wissen, was ich über das Pentagramm wissen könnte."

„Stimmt."

„Sollte ich dafür eine bildhafte Traumreise machen und kein Gespräch mit Dir, also keine 'akustische Traumreise'?"

„Versuch's einfach."

„O.k. ... ... Ich sehe sofort das flammende Pentagramm – so wie es manchmal auch von den Freimaurern dargestellt wird. Das Pentagramm ist von seiner Form her feurig.

Gibt der Goldene Schnitt ihm seine 'harmonische Spannung', wenn man das mal so formulieren darf?

Oh – das ist ja auch eine Beschreibung für das Quincunx in der Astrologie, also für den 5/12-Kreis, d.h. für den 150°-Aspekt: der ist Verwandlung und Spannung.

Und das paßt wiederum zu dem Pentagramm als Schöpfungssymbol in Westafrika, zu Christi Auferstehung, zu dem Schutz durch das Pentagramm, zu der Gesundheits- und Lebenslauf-Symbolik bei den Griechen ...

Das Pentagramm ist ja tatsächlich von seiner Zahl her und von seiner Symbolik her eine Entsprechung zu dem astrologischen Quincunx!

Und das Pentagramm enthält den Goldenen Schnitt, der die Qualität der Spannung und der Heilung hat, die wiederum die beiden Seiten des Quincunxes sind, das der Aspekt des Tierkreiszeichens Jungfrau (Heilung) und des Tierkreiszeichens Skorpions (Spannung) sind. Uff!

So habe ich das Pentagramm ja noch nie gesehen! So etwas ... Und man schützt und heilt sich mit dem Pentagramm-Ritual. Das paßt ...

Und man führt das Pentagramm-Ritual immer wieder aufs Neue durch – auch das Quincunx charakterisiert eine endlose, phasenweise Tätigkeit wie das Geschirrspülen, das Windelwechseln, das Zähneputzen, das Fahrradaufpumpen usw.

Das Pentagramm ist also das Symbol des Quincunxes. So was! Das macht mir den Charakter des Pentagramms deutlich klarer. Auch das ständige Neuerschaffen der vier Elemente aus der Quintessenz sowie die Rückführung der vier Elemente in die Quintessenz entsprechen den beiden Seiten des Quincunxes: das Erkennen der Essenz durch die Meditation und das Gestalten des eigenen Lebens durch die Handlung.

Danke, Pentagramm! Das war jetzt ja wirklich eine Bereicherung!"

„Bitte – Du hast eigentlich alles selber gemacht. Ich habe Dich nur darauf hingewiesen, wohin Du mal schauen solltest. "

„Hm – auch das ist eine Qunincunx-Methode: Durch kleine fördernde Zutaten wie Schmieröl oder durch kleine Hindernisse wie Sand im Getriebe die Dinge dorthin lenken, wohin man sie haben will. Du verhältst Dich wie ein Quincunx-geprägter Mensch. "

„So ist es. "

„Danke! Vielen, vielen Dank, Pentagramm! Das war ein großes Geschenk!"

„Bitte – gerne wieder. "

„Ho!"

Die Zuordnung des Quincunxes zu der Jungfrau und dem Skorpion ergibt sich aus der folgenden Symmetrie zwischen den Tierkreiszeichen und den Aspekten:

Tierkreiszeichen und Aspekte			
Aspekt	*Größe des Aspektes = Entfernung zum Widder*	*Tierkreiszeichen*	*Qualität des Aspektes*
Konjunktion	0°	Widder	einsgerichtet im Hier und Jetzt
Halbsextil	30°	Stier	Entwicklungschritt in die Zukunft hinein
Sextil	60°	Zwillinge	lose Kombination von Neuem
Quadrat	90°	Krebs	Schutz des Innen
Trigon	120°	Löwe	Ausrichtung auf die eigene Mitte
Quincunx	150°	Jungfrau	Wiederherstellen der Ordnung
Opposition	180°	Waage	harmonische Gegensatz-Ergänzung
Quincunx	150°	Skorpion	Wiederherstellen der Spannung
Trigon	120°	Schütze	Ausrichtung auf ein Ziel
Quadrat	90°	Steinbock	Schutz des Außen
Sextil	60°	Wassermann	feste Kombination von Neuem
Halbsextil	30°	Fische	Entwicklungschritt aus der Vergangenheit heraus
Konjunktion	0°	Widder	einsgerichtet im Hier und Jetzt

Der Goldene Schnitt ist ein Größenverhältnis, das sich recht häufig in der Natur – insbesondere bei Pflanzen – wiederfinden läßt. Seine mathematische Definition ist recht einfach, aber nicht unbedingt sonderlich anschaulich: „a:b=a:(a+b)“.

Man kann dieses spezielle Größenverhältnis besser durch eine Graphik erfassen:

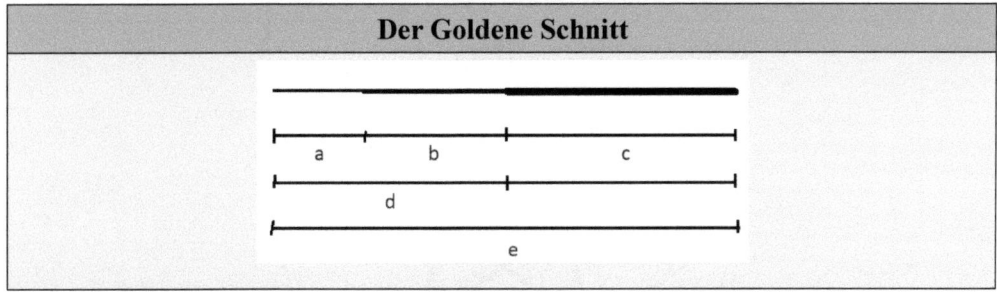

Der Goldene Schnitt

Die kurze Linie links oben (a) verhält sich zu der mittellangen Linie in der Mitte (b) genauso wie die diese mittellange Linie zu der Linie, die aus diesen beiden Linien besteht (d). Wenn man a durch b teilt, erhält man dieselbe Zahl wie wenn man b durch c teilt – in beiden Fällen ist dies 1,618…

Beim Goldenen Schnitt verhält sich die kürzere Linie sich zu der längeren Linie wie die längere Linie zu der Gesamtlinie.

Auch b:c ist 1,618… und ebenso e:d.

Der goldene Schnitt ist also ein festes Größenverhältnis. Es tritt vor allem bei Wachstumsprozessen auf.

Man kann die Größe dieses Verhältnisses auf recht einfache Weise durch eine Annäherung berechnen:

```
  1+ 1=  2      2:   1= 2,000…
  1+ 2=  3      3:   2= 1,500…
  2+ 3=  5      5:   3= 1,666…
  3+ 5=  8      8:   5= 1,600…
  5+ 8= 13     13:   8= 1,624…
  8+13= 21     21: 13= 1,615…
 13+21= 34     34: 21= 1,619…
 21+34= 55     55: 34= 1,618…
 34+55= 89     89: 55= 1,618…
144+89=233    233:144= 1,618…
…
```

Das Pentagramm und das Pentagon in ihm und auch das Pentagon um es herum sind vollständig durch den Goldenen Schnitt definiert – was eigentlich ziemlich erstaunlich ist …

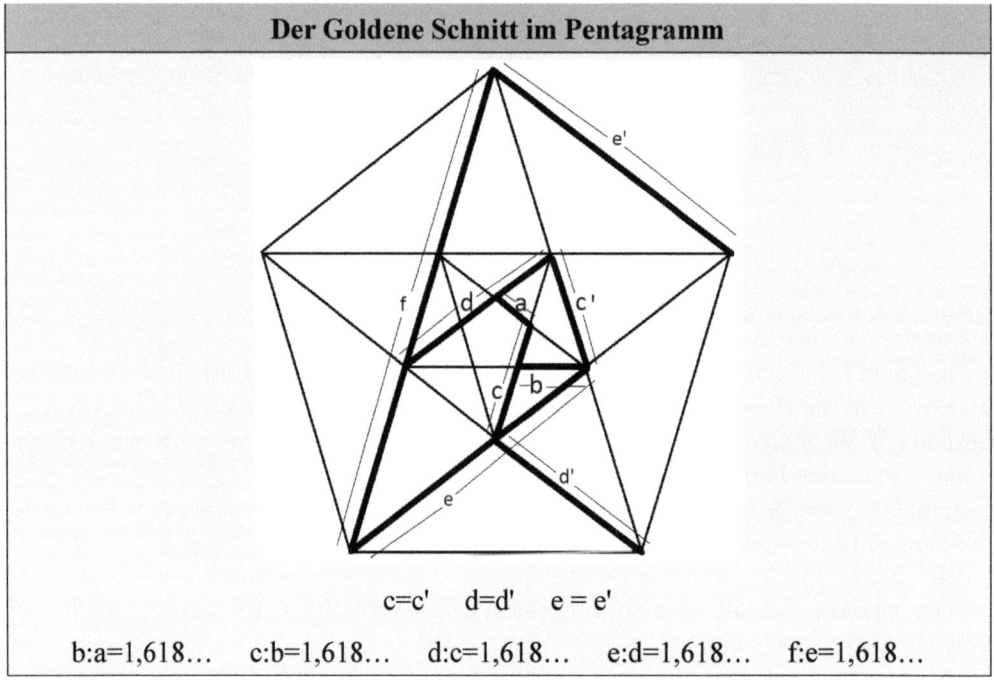

Der Goldene Schnitt im Pentagramm

c=c'   d=d'   e = e'

b:a=1,618…   c:b=1,618…   d:c=1,618…   e:d=1,618…   f:e=1,618…

II 2. e) Traumreisen in das Hexagramm

„Hallo, Hexagramm – ich würde Dich gerne besser kennenlernen.“
„Dann mach's wie beim Pentagramm: Schaue zuerst einmal, was Du über mich in Erfahrung bringen kannst.“
„Ja, gut.
… … …   … … …   … … …
Also:

1. Das Hexagramm entspricht von seiner Qualität her dem Sextil, also dem 1/6-Kreis. Dieser astrologische Aspekt hat die Größe 60° und verbindet gleiche oder sehr ähnliche Einheiten zu einer Gruppe. Dieses Phänomen kann man u.a. bei Schneeflocken, bei Bienenwaben, bei gleichgroßen Kugeln in

einem Behälter und bei mehreren Monden auf derselben Umlaufbahn beobachten.

2. Am Nordpol des Saturn findet sich ein Sturm-Wirbel in der Form eines Hexagons. An den beiden Polen des Jupiters findet sich hingegen ein Oktagon bzw. ein Pentagon, das manchmal auch zu einem Hexagon wird. Dieses Hexagon ist zwar die wahrscheinlichste, aber nicht die einzig mögliche Form an dieser Stelle.

3. Das älteste bekannte Hexagramm wurde in dem Ashtarak-Grab in Armenien gefunden und stammt von ungefähr 2500 v.Chr. Das Hexagramm und das Pentagramm stammen also aus ungefähr derselben Epoche: aus der Frühzeit des Königtums.

4. In den hindhuistischen und buddhistischen Schriften ab ca. 750 v.Chr. ist das Hexagramm u.a. eine Darstellung der negativen Eigenschaften der Menschen, d.h. der 'Höllen', in die der Mensch aufgrund seiner Taten nach seinem Tod geraten kann.

5. Viele Mandalas beruhen auf dem Hexagramm – vor allem in Südindien, aber auch im tibetischen Buddhismus. Wie in der Kabbala stellt es den idealen, geheilten Zustand des Menschen dar, also die Erleuchtung, die Vereinigung mit Gott.

6. Im Hindhuismus ist das Hexagramm auch die Vereinigung von Shiva und Shakti. Shiva ist die Silbe 'Om', die die Welt auflöst, und Shakti ist die Silbe 'Hrim', die die Welt erschafft.

7. Manchmal wird in indischen Schriften auch das Herzchakra als Hexagramm in einem zwölfblättrigen Lotus dargestellt.

8. Im tibetischen Totenbuch findet sich ein Hexagramm mit einer Swastika in der Mitte. Die Swastika ist ein indogermanisches Sonnensymbol – auch in der Kabbala steht die Sonnen-Sephirah 'Tiphareth' in der Mitte; ebenso steht die Sonne in der Mitte der sieben klassischen Planeten, das Sonnen-Chakra 'Herzchakra' in der Mitte der sieben Chakren, und auch in dem heutigen Gebrauch des Hexagramms in der Magie steht die Sonne in der Mitte des Hexagramms. Alle diese Systeme haben die Form eines Hexagramms mit der Sonne im Zentrum oder können auch in dieser Form dargestellt werden.

9. Es ist auch das 'Siegel Salomos'.

10. In der Gnosis ist das Hexagramm die Vereinigung von Christus und Sophia (Weisheit). Dies entspricht dem Adam Kadmon, also dem idealen Menschen in der Kabbala, der als Hexagramm die Verbindung von Yesod, Hod, Netzach, Geburah, Chesed und Da'ath sowie Tiphareth in der Mitte ist. Diese sieben Sephirah auf dem kabbalistischen Lebensbaum entsprechen auch den sieben Chakren und den sieben klassischen Planeten.

11. Das früheste erhaltene jüdische Hexagramm findet sich in einer

Synagoge in Galiläa und stammt von ca. 350 v.Chr.

12. Das Hexagramm erscheint auf der israelische Flagge und wird dort nach dem alttestamentarischen König David 'Davidstern' genannt.

13. Es erscheint als Schutzzeichen auf antiken jüdischen Amuletten.

14. Christus wird manchmal in einem Hexagramm dargestellt.

15. In den ältesten christlichen Kirchen sind viele Hexagramme als Ornament zu sehen. Vermutlich sind die Schutzzeichen.

16. Im Mittelalter war es in Kirchen weit verbreitet.

17. In mittelalterlichen Kirchen und Kathedralen erscheint das Hexagramm als 'Stern der Schöpfung'.

18. Es ist ein Symbol der islamischen Mystiker.

19. Viele Ornamente in Moscheen beruhen auf dem Hexagramm als Grundform.

20. Auch im Islam wird das Hexagramm das 'Siegel Salomons' genannt.

21. In der Alchemie stellt das Hexagramm die Vereinigung der beiden Grundelemente der Welt, d.h. von Sulphur und Mercurius dar.

22. Die Hexagramm-Symbolik des Vereinigung von zwei Gegensätzen und der Harmonie findet sich auch bei den Freimaurern.

23. Wie das Pentagramm wird es auch als Schutzsymbol verwendet.

24. Das Hexagramm ist auf europäischen Wappen, Fahnen und Münzen weit verbreitct.

25. Es ist als 'Bierstern' in Süddeutschland das Symbol der Brauer – der Grund dafür ist nicht ganz klar.

26. Das Hexagramm ist das Symbol und Siegel der Theosophen.

27. Das Hexagramm mit der aus dem Meer aufsteigenden Sonne im Zentrum ist das Symbol des 'Golden Dawn'-Ordens. Diese aufgehende Sonne hat diesem Orden auch den Namen gegeben. Auch hier stellt das Sonnen-Hexagramm die Vereinigung von Mensch und Gott dar, also den erleuchteten, idealen Menschen, der in der Kabbala 'Adam Kadmon' genannt wird.

28. Die vier alchemistischen Elemente-Zeichen lassen sich zu einem Hexagramm kombinieren: Das aufrechte Dreieck ist das Feuer-Symbol, das aufrechte Dreieck mit Querstrich ist das Luft-Symbol, das nach unten weisende Dreieck ist das Wasser-Symbol und das nach unten weisende Dreieck mit Querstrich ist das Wasser-Symbol. Das Hexagramm als Ganzes oder das Haexagramm mit dem Sonnen-Symbol im Zentrum ist das Symbol der Quintessenz. Das Hexagramm als Symbol der Quintesenz ist also die Wurzel der vier Elemente: Die vier Elemente sind sowohl von ihrem Wesen her als auch von der Graphik ihrer alchemistischen Symbole her vier verschiedene Aspekte der Quintessenz.

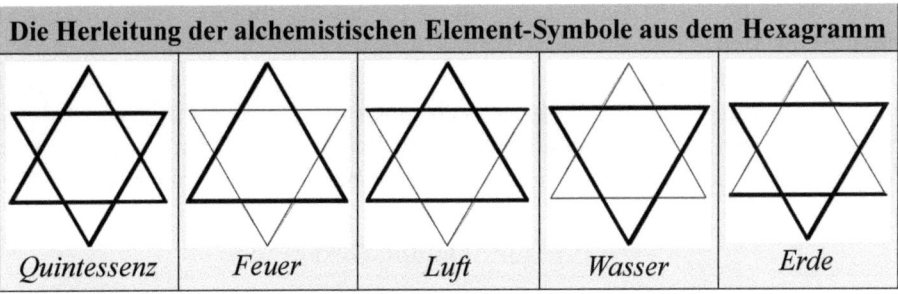

Die Herleitung der alchemistischen Element-Symbole aus dem Hexagramm

| Quintessenz | Feuer | Luft | Wasser | Erde |

29. Das Hexagramm ist auch eine Vereinigung von Diesseits (abwärts weisendes Dreieck = Yang) und Jenseits (aufwärts weisendes Dreieck = Yin).

30. Es ist ein wichtiges Symbol der Mormonen.

31. In China werden die 64 Symbole, die aus je sechs Linien von Yin und Yang bestehen, als die '64 Hexagramme des I Ging' bezeichnet. Sie sind jedoch mit dem geometrischen Hexagramm, das aus zwei gleichseitigen Dreiecken besteht, nicht verwandt.

O.k. ... das Hexagramm ist also ein Symbol der Heilung, der rechten Ordnung, der Vereinigung mit Gott, der Sonne im Zentrum der sieben Planeten, des Herzchakras im Zentrum der sieben Chakren, der Vereinigung der Gegensätze, der Ursprung bzw. die Summe und die Synthese der vier Elemente – alles in allem also die 'Gruppe mit Zentrum' und somit auch die 'Seele im Zentrum der Psyche'.

Gibt es noch etwas, was Du dem hinzufügen kannst und magst, Hexagramm?"

„Nein – das genügt."

„Hm ... na, gut ... ich habe hier gerade nicht das Gefühl, daß es da gerade noch etwas zu entdecken gibt.

Vielen Dank!"

„Bitte."

„Ho!"

Im Gegensatz zu dem Pentagramm, das vollständig durch den Goldenen Schnitt geprägt ist, besteht das Hexagramm aus Linien, die alle gleichgroß sind, aus Winkeln, die alle gleichgroß sind (60°) und aus Formen, die alle genau gleich sind (gleichseitige Dreiecke). Der völlig verschiedene Charakter des Pentagramms und des Hexagramms ist wirklich nicht zu übersehen …

Während das Hexagramm eine gleichmäßige Fläche aus gleichgroßen gleichseitigen Dreiecken bildet, umgibt jedes Pentagramm ein Pentagon, das wiederum die Mitte eines größeren Pentagramms ist, das wieder ein noch größeres Pentagon umgibt, das wiederum die Mitte eines noch größeren Pentagramms ist usw.

Das Hexagramm ist statisch und bleibt immer gleichgroß – eine Gruppe von gleichen Elementen.

Das Pentagramm/Pentagon ist hingegen dynamisch und wächst ständig und wird nach außen hin immer größer bzw. nach innen hin immer kleiner. Auch der Goldene Schnitt, der alle Größenverhältnisse in dem Pentagramm definiert, tritt vor allem bei Wachstumsprozessen auf, die sich ja auch hier bei dem Pentagramm deutlich zeigen.

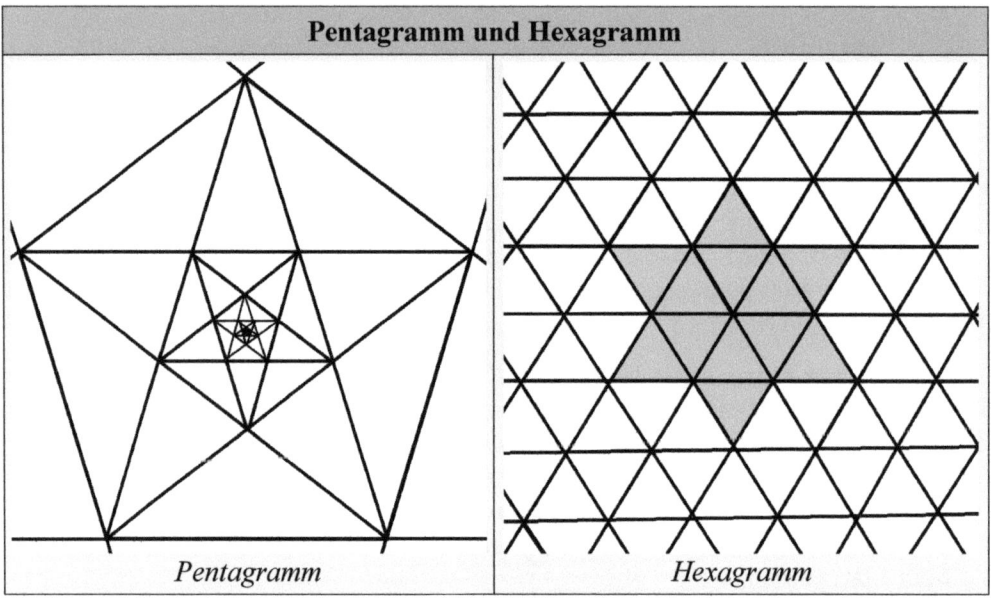

Pentagramm und Hexagramm

Pentagramm   *Hexagramm*

II 2. f) Traumreisen in das Kreuz

„Hallo, Kreuz! Magst Du mir etwas sagen, zeigen oder raten?"
„Zentriere Dich."
„Ist das das, was ein Kreuz bewirken kann?"
„Ja."
„Der senkrechte Balken ist dabei die Verbindung von Gott, Kether, Jenseits, Nirvana und Leere mit Erde, Malkuth, Diesseits, Samsara und Form?"
„Ja."
„Und der waagerechte Balken ist die Verbindung von Kraft, Geburah und der rechten Hand mit der Weisheit, Chesed und der linken Hand?"
„Ja."

„Das war's?“

„Ja.“

„Hm ... kannst Du nicht noch mit etwas ergänzen?“

„Das war's. Der Kreuzungspunkt ist die Zentrierung.“

„Auf dem Lebensbaum wäre dies die Kreuzung des Pfades von Kether (Gott) nach Tiphareth (Seele) mit dem Pfad von Chesed (Reinkarnations-Erinnerungen) nach Geburah (Karma-Verarbeitung). Dieser Punkt liegt innerhalb des Bereiches der Seele, also in dem Dreieck Chesed – Geburah – Tiphareth.“

„Nimm das geometrisch nicht zu genau. Das ist ein Einfügen eines christlichen Symbols in ein jüdisches Diagramm. Die Zentrierung ist immer auf die eigene Seele ausgerichtet, also auf Tiphareth in dem Lebensbaum – das ja auch genau in der Mitte liegt.“

„Ja ... o.k. ... das sehe ich eigentlich auch so. ... Danke.“

„Bitte.“

„Ho!“

II 3. Die persönliche Variante des Pentagramm-Rituals

Das Pentagramm-Ritual hat eine allgemeine Grundform, aber wie eine Wohnung, eine E-Gitarre oder wie ein PC kann auch dieses Ritual durchaus auch so „personalisiert" werden, daß es dem Charakter und den Bedürfnissen des Magiers möglichst gut entspricht.

II 3. a) Die Symbole

Es liegt in der Natur der Sache, daß man das „personalisierte Pentagramm-Ritual" nicht für alle gültig beschreiben kann – es sind eben individuelle Abwandlungen.
Sieben mögliche Abwandlungen der Symbolik sind:

- das Ziehen eines Kreises zu Beginn des Pentagramm-Rituals – der Kreis gehört nicht zu der Standard-Ausstattung dieses Rituals, auch wenn er hier stets als Teil des Pentagramm-Rituals angegeben worden ist (man kann den Kreis also auch fortlassen);
- dasselbe gilt für die Imagination einer passenden Szenerie hinter den Erzengeln, die in diesem Buch zwar bereits stets mit angegeben worden ist, aber auch nicht zu der klassischen Version des Pentagramm-Rituals gehört: Wolken im Osten, Feuer im Süden, Meer im Westen, Felder, Wälder und Berge im Norden (man kann die Szenerie/Landschaft also auch fortlassen);
- die Farben mittelbraun und rotbraun für den Erzengel Auriel statt zitronengelb, olivgrün, rotbraun und schwarz;
- ein rundes Brot statt einer Münze in den Händen des Erzengels Auriel;
- das Symbol der Sonne (Kreis mit einem kleinen Kreis im Zentrum = „Auge") in der Mitte des Hexagramms über dem eigenen Kopf;
- das Fortlassen der Kreuze am Anfang und am Ende (wenn einem die christlichen Assoziationen nicht behagen) und ihr Ersetzen durch eine andere Symbolik der Zentrierung wie z.B. die Man-Rune;
- das Einfügen der eigenen „Verbündeten" in die Erzengel-Symbolik: im Osten vor Raphael der Kraftpilz, im Süden vor Michael das Krafttier, im Westen vor oder hinter Gabriel die Kraftpflanze und im Norden vor Auriel der Kraftstein.

II 3. b) Zusätzliche und veränderte Worte

Möglicherweise gibt es zu der abgeänderten Symbolik auch abgeänderte oder zusätzliche Worte wie z.B. bei der Ergänzung durch den Kreis.

Falls man zu Beginn einenn Kreis zieht, kann man dann statt dem traditionellen *„Um mich flammen Pentagramme und über mir leuchtet der sechsstrahlige Stern.“* das ergänzte *„Ich stehe inmitten des Kreises, um mich flammen Pentagramme und über mir leuchtet der sechsstrahlige Stern.“* benutzen.

Falls man die Man-Rune statt des kabbalistischen Kreuzes verwendet, singt man entsprechend statt *„Ateh Malkuth ve-Geburah ve-Gedulah le-Olam Amen“* natürlich den Nunen-Namen *„Man“*.

II 3. c) Zusätzliche Gesten

Dasselbe wie für die Symbole und Worte gilt auch für die Gesten: Wenn man den Kreis als Element hinzunimmt, sollte man ihn auch mithilfe einer Geste ziehen – z.B. indem man dreimal im Kreis um den Ort, an dem man das Ritual durchführen will, schreitet und dabei mit Zeigefinger und Mittelfinger oder mit dem Stab den Kreis zieht.

Wenn man das Kreuz durch die Man-Rune ersetzt, nimmt man natürlich auch die Haltung der Man-Rune ein.

II 3. d) Imaginationen

Die Imaginationen sollten den Symbolen, Worten und Gesten entsprechen – z.B. bei dem Kreis oder der Man-Rune.

Man die Imagination in vielerlei Hinsicht erweitern: z.B. auf eine Landschaft hinter den Erzengeln, auf die Erde unten, den Himmel oben, das goldene Leuchten des Hexagramms, das Flammen der Pentagramme, das Blicken in die Augen der Erzengel usw.

Es ist sinnvoll, die Dinge, die man spontan sieht wie z.B. ein weites Meer oder Wolken oder einen Regenbogen hinter dem Erzengel Gabriel, in die Imaginationen aufzunehmen. Auf diese Weise werden die Imaginationen sowohl reichhaltiger und differenzierter als auch persönlicher und lebendiger.

Man kann auch Unterschiede einführen wie z.B. das Blicken der Erzengel zu der Mitte, wenn man das Pentagramm-Ritual zur Anrufung, Heilung, Klärung, Stärkung u.ä. durchführt, und das Blicken der Erzengel nach außen hin, wenn man das Ritual zum Schutz durchführt. Solche Unterscheidungen sind nicht notwendig, aber wenn sie sich gut anfühlen und die Effektivität des Rituals fördern – warum nicht?

Die „klassischen" Farben, in denen die Erzengel imaginiert werden, sind bei Raphael, Michael und Gabriel die drei Grundfarben und die dazugehörenden Komplementärfarben. Diese Komplementärfarben kann man sehen, wenn man z.B. längere Zeit auf einen blauen Gegenstand schaut und dann auf ein weißes Blatt Papier – dort sieht man dann für kurze Zeit das Nachbild dieses Gegenstandes in seiner Komplementärfarbe, d.h. in orange.

Die vier „klassischen" Farben des Erzengels Auriel sind eher assoziativ zu den Farben der Erde und nicht systematisch aus dem Lebensbaum abgeleitet worden.

II 4.   Die vier Wege

Die vier Wege sind zum Teil bereits in der ersten Hälfte dieses Buches als die Strukturen in dem Elemente-Mandala beschrieben worden. Hier folgt nun noch einmal die Beschreibung dieser vier Wege in Bezug auf das „Beleben" des Pentagramm-Rituals.

II 4. a)   Der Weg der Erde

<u>Malkuth</u>: Zunächst einmal ist die Erde der feste Aggregatzustand und daher auch alle festen Formen und das Dauerhafte.

<u>Yesod</u>: Im Bereich der Lebenskraft ist die Erde das Gedeihen, das Wachsen, die Langsamkeit, die Gründlichkeit, die Erinnerung, die Fruchtbarkeit und die allmähliche Verwandlung.

<u>Tiphareth</u>: Hier erscheint die Essenz der Erde: das Gedeihen, das Aufbauen und das Abbauen – der Lauf des Lebens.

<u>Da'ath</u>: Im Kontinuum erscheint die Erde als die Erd-Gottheiten. Hier ist die Erde vor allem die Beständigkeit des Bewußtseins.

<u>Kether</u>: Hier wird die Erde zur Quintessenz.

<u>Schlange der Weisheit</u>: Um von der Erde als Aggregatzustand zu der Essenz der Erde zu gelangen, geht man den Erlebnis-Weg der Erde. Das bedeutet, daß man Dinge ergründet, erlebt, die eigenen Erlebnisse gründlich verdaut, Dinge annimmt und wieder losläßt. Man könnte diesen Weg „Karma-Yoga" nennen. Dieser Weg ist langsam und gründlich.

<u>Blitzstrahl der Schöpfung</u>: Um von der Essenz zu dem Aggregatzustand zu gelangen, braucht man den Schöpferwillen: Man erschafft etwas, man baut etwas auf, man läßt es gedeihen und man genießt die Früchte seiner Arbeit. Auch in dieser Richtung ist dieser Weg ist langsam und gründlich.

Dieser Weg liegt im Norden des Kreises des Pentagramm-Rituals, wo der Erzengel Auriel als Ratgeber und Helfer steht.

II 4. b) Der Weg des Wassers

Malkuth: Ganz am materiellen Ende dieses Weges ist das Wasser der flüssige Aggregatzustand und daher auch alle langsam fließenden Bewegungen, bei der die Atome und die Moleküle den Kontakt zueinander bewahren.

Yesod: Im Bereich der Lebenskraft ist das Wasser das Fließen, der Kontakt, das Aufnehmen, das Abgeben, die Anteilnahme, die Verbindung und die Auflösung der Verbindung, die Wahrnehmung und die Gefühle.

Tiphareth: Hier erscheint die Essenz des Wassers: die Gefühle, die Verbundenheit und die Liebe.

Da'ath: Im Kontinuum erscheint das Wasser als die Wasser-Gottheiten. Hier ist das Wasser vor allem die Wahrnehmungsfähigkeit des Bewußtseins.

Kether: Hier wird das Wasser zur Quintessenz.

Schlange der Weisheit: Um von dem Wasser als Aggregatzustand zu der Essenz des Wassers zu gelangen, geht man den Anteilnahme-Weg des Wassers. Das bedeutet, daß man alle Dinge wahrnimmt, Kontakt zu ihnen aufnimmt, sie fühlt, mit ihnen mitfühlt, Anteil an ihnen nimmt und sich ihnen öffnet. Man könnte diesen Weg „Pfad der Liebe" oder auch „Bakhti-Yoga" nennen. Dieser Weg ist voller intensiver und tiefer Erlebnisse – sowohl schmerzhafter als freudevoller.

Blitzstrahl der Schöpfung: Um von der Essenz zu dem Aggregatzustand zu gelangen, braucht man die Anteilnahme: Man handelt aus Liebe heraus und erschafft eine Gemeinschaft und erlebt sich auch stets als Teil einer Gemeinschaft. Auch in dieser Richtung ist dieser Weg voller intensiver Gefühle.

Dieser Weg liegt im Westen des Kreises des Pentagramm-Rituals, wo der Erzengel Gabriel als Ratgeber und Helfer steht.

II 4. c)   Der Weg der Luft

Malkuth: Zunächst einmal ist die Luft der gasförmige Aggregatzustand und daher auch alle schnellen Bewegungen, bei denen sich die Atome und Moleküle vollständig voneinander lösen.

Yesod: Im Bereich der Lebenskraft ist die Luft die Beweglichkeit, der rasche Wandel, die Klarheit, die Erkenntnis, das Denken und das Sprechen.

Tiphareth: Hier erscheint die Essenz der Luft: die Klarheit, die Richtigkeit und die Wahrheit.

Da'ath: Im Kontinuum erscheint die Luft als die Luft-Gottheiten. Hier ist das Wasser vor allem die Verwandlungsfähigkeit des Bewußt-seins.

Kether: Hier wird die Luft zur Quintessenz.

Schlange der Weisheit: Um von der Luft als Aggregatzustand zu der Essenz der Luft zu gelangen, geht man den Erkenntnis-Weg der Luft. Das bedeutet, daß man Dinge sieht, sie mit anderen vergleicht, sie erforscht und ihr Verhalten auf allgemeine Weise beschreibt. Man könnte diesen Weg „Erkenntnis-Pfad" nennen. Dieser Weg ist eher schnell und führt zu klaren Vorstellungen über sich selber und die Welt.

Blitzstrahl der Schöpfung: Um von der Essenz zu dem Aggregatzustand zu gelangen, braucht man den Willen zum Erschaffen einer großen Vielfalt aus einigen wenigen Prinzipien heraus: Man hat Freude am Neuen und Schönen. Auch in dieser Richtung ist dieser Weg eher schnell und voller bunter Vielfalt.

Dieser Weg liegt im Osten des Kreises des Pentagramm-Rituals, wo der Erzengel Raphael als Ratgeber und Helfer steht.

II 4. d) Der Weg des Feuers

Malkuth: Zunächst einmal ist das Feuer der plasmaförmige Aggregatzustand und daher auch alle vollständig ionisierten Substanzen und die aufgrund der hohen Energie der Teilchen weitgehend freie Bewegung.

Yesod: Im Bereich der Lebenskraft ist das Feuer die Aktivität, die Stärke, die Handlung, die Durchsetzung und die Schöpfung.

Tiphareth: Hier erscheint die Essenz des Feuers: die Stärke und das Strahlen.

Da'ath: Im Kontinuum erscheint das Feuer als die Feuer-Gottheiten. Hier ist das Feuer vor allem die Aktivität des Bewußtseins.

Kether: Hier wird das Feuer zur Quintessenz.

Schlange der Weisheit: Um vom Feuer als Aggregatzustand zu der Essenz des Feuers zu gelangen, geht man den Taten-Weg des Feuers. Das bedeutet, daß man handelt, strebt, sich konzentriert, einsgerichtet wird, die Ekstase sucht, die Meditation erforscht und in allem seinen eigene Kraft klar und mit großem Willen ausrichtet. Man könnte diesen Weg „Stärke-Pfad" nennen. Dieser Weg ist schnell und heftig.

Blitzstrahl der Schöpfung: Um von der Essenz zu dem Aggregatzustand zu gelangen, braucht man den Tatendrang, den Schöpfungswillen und die Kreativität: Man hat Lust zu handeln und sich selber in seinem Handeln zu erleben. Auch in dieser Richtung ist dieser Weg schnell und heftig.

Dieser Weg liegt im Süden des Kreises des Pentagramm-Rituals, wo der Erzengel Michael als Ratgeber und Helfer steht.

II 4. e) Der Weg des Lichtes

Malkuth: Zunächst einmal ist das Licht die freie Energie und daher die Essenz aller Materie, die sich mithilfe von „$E=mc^2$" aus Energie zu Materie verdichten kann.

Yesod: Im Bereich der Lebenskraft ist das Licht vor allem die Bewußtheit.

Tiphareth: Hier erscheint die Essenz des Lichtes: die Seele.

Da'ath: Im Kontinuum erscheint das Licht als die Gottheiten. Hier ist das Licht vor allem die Kreativität des Bewußtseins.

Kether: Hier ist das Licht die noch (oder wieder) ungeformte Quintessenz.

Schlange der Weisheit: Um von dem Licht als Energie in unserer Welt zu der Essenz des Lichtes zu gelangen, geht man den Seelen-Weg des Lichtes. Das bedeutet, daß man sich um Selbsterkenntnis bemüht, um ein klares und ruhiges Bewußtsein, das sich seiner selber bewußt ist. Man könnte diesen Weg den „Inneren Pfad" nennen. Dieser Weg ist sanft und still und unscheinbar.

Blitzstrahl der Schöpfung: Um von der Essenz zu der eigenen Mitte zu gelangen, braucht man den Inkarnations-Impuls der eigenen Seele: Man inkarniert sich nur dann, wenn die Seele etwas Bestimmtes erleben will. Auch in dieser Richtung ist dieser Weg sanft und still und unscheinbar.

Dieser Weg liegt in der Mitte des Kreises des Pentagramm-Rituals, wo die eigene Seele in einem selber als Ratgeber und Helfer steht.

II 5.   Die Vereinigung der vier Elemente

Über dieses Thema ist bereits bei dem Elemente-Mandala beschrieben worden. Allerdings gibt es noch einige Aspekte, die im Zusammenhang mit dem Pentagramm-Ritual von Bedeutung sind.

II 5. a)   Da'ath

Auf dem Lebensbaum findet sich die Vereinigung der vier Elemente in Da'ath, also in der Sephirah des Kontinuums aller Dinge. Dies ist auch die Sephirah der Gottheiten und der Mythen. Hier existieren noch verschiedene Qualitäten, aber keine festen Abgrenzungen mehr. Auf der physischen Ebene sind dies die Energiequanten, die sich überlagern können ohne sich gegenseitig zu beeinflussen – so können z.B. zwei Lichtstrahlen nicht aneinander stoßen.

In dieser Weise finden sich hier auch die vier Elemente und die Quintessenz als Teile eines Kontinuums und nicht als abgegrenzte Einheiten.

Im Pentagramm-Ritual bedeutet dies, daß die Erzengel Raphael, Michael, Gabriel und Auriel zwar getrennt voneinander in den vier Richtungen stehen, aber daß sie sozusagen „Brüder" sind, die gemeinsam wirken und deren Wirkungen sich überlagern und ergänzen.

In psychischer Hinsicht bedeutet dies, daß man gleichzeitig durch das Feuer handeln, durch das Wasser fühlen, durch die Luft denken und durch die Erde das Ganze gedeihen lassen kann – und durch das Licht dies alles bewußt tut.

II 5. b)   Innere Vereinigung

Die fünf Fähigkeiten der vier Elemente und der Quintessenz – also die Bewußtheit des Lichtes, die Kraft des Feuers, die Klarheit der Luft, die Liebe des Wassers und das Gedeihen der Erde – können innerlich miteinander verbunden werden.

Das kann natürlich erst dann gelingen, wenn diese fünf Fähigkeiten an sich entwickelt und von eventuellen Blockaden befreit worden sind. Es bleiben danach zwar noch immer Vorlieben für das eine oder andere Element, aber man kann sie im Prinzip alle einsetzen.

Um das zu erreichen, ist es neben der Selbstbetrachtung und der Selbstheilung hilfreich, über die Verwandlung der Elemente in die jeweils anderen Elemente zu meditieren, da auf diese Weise das Theorie des Elemente-Kontinuums zu einem klaren

Konzept und zu einem wirklichen Erlebnis wird. Diese Meditation über die Elemente-Verwandlung ist schon in dem ersten Teil dieses Buches über das Elemente-Mandala beschrieben worden.

Man kann sich auch vorstellen, daß man ausgehend von dem eigenen Sonnenge-flecht vier Lebenskraft-Nabelschnüre zu den vier Erzengeln und eine weitere solche Silberschnur zu der eigenen Seele (Quintessenz) hat, durch die die Qualität der vier Elemente und der eigenen Seele in den eigenen Lebenskraftkörper fließt und sich dort zu Lebendigkeit vereint.

II 5. c) Äußere Vereinigung

Es liegt nahe, in der Magie auch die vier Erzengel zu bitten, die eigenen Wünsche zu erfüllen. Dabei wird man vermutlich einen der vier Erzengel bitten, diesen Wunsch zu erfüllen: bei Geld-Fragen den Erd-Erzengel Auriel, bei Liebes-Fragen den Wasser-Erzengel Gabriel, bei Gesundheits-Fragen den Feuer-Erzengel Michael und bei Fra-gen der Selbsterkenntnis die eigene Seele, die den individuellen Anteil an der Quint-essenz repräsentiert.

Obwohl man sich an nur einen der Erzengel bzw. an die eigene Seele wendet, wer-den die anderen trotzdem mitwirken, da stets alle fünf Elemente gebraucht werden – aber in sehr verschiedenen Anteilen. Es geht nicht ganz ohne die Bewußtheit des Lichtes, ohne die Kraft des Feuers, ohne die Klarheit der Luft, ohne die Liebe des Wassers oder ohne das Gedeihen der Erde …

II 5. d) Ruhen in der Mitte

Ein weiterer Punkt ist, daß man stets von der Quintessenz aus handeln sollte – also aus der eigenen Seele im eigenen Herzchakra heraus. Das bedeutet, daß man sich stets bewußt sein wollte, wer man ist, was man will, was man entscheidet und was man tut.

Wenn man aus der Quintessenz heraus handelt, die im Pentagramm-Ritual durch das Sonnen-Hexagramm dargestellt wird, ist das eigene Handeln ein strahlender und daher auch beglückender Selbstausdruck.

II 5. e)   Die vier Elemente und die Quintessenz auf dem Pentagramm

Licht, Feuer, Luft, Wasser und Erde sind auch auf dem Pentagramm miteinander vereint – sie sind den fünf Spitzen zugeordnet.

Da das Pentagramm – wie bereits beschrieben – die Qualität des astrologischen Quincunx-Aspektes hat, findet sich bei dem Pentagramm auch der ständige Wandel, der für das Quincunx so typisch ist. Dieser Wandel ist unter anderem die ständige Verwandlung der vier Elemente und der Quintessenz ineinander, die durch das Pentagramm auch graphisch dargestellt wird.

Genau genommen müßte dafür eigentlich das Pentagramm in einem Pentagon stehen, da erst diese graphische Form jeweils alle fünf Spitzen des Pentagramms miteinander verbindet. In manchen graphischen Darstellungen findet sich auch anstelle des Pentagons ein Kreis rings um das Pentagramm.

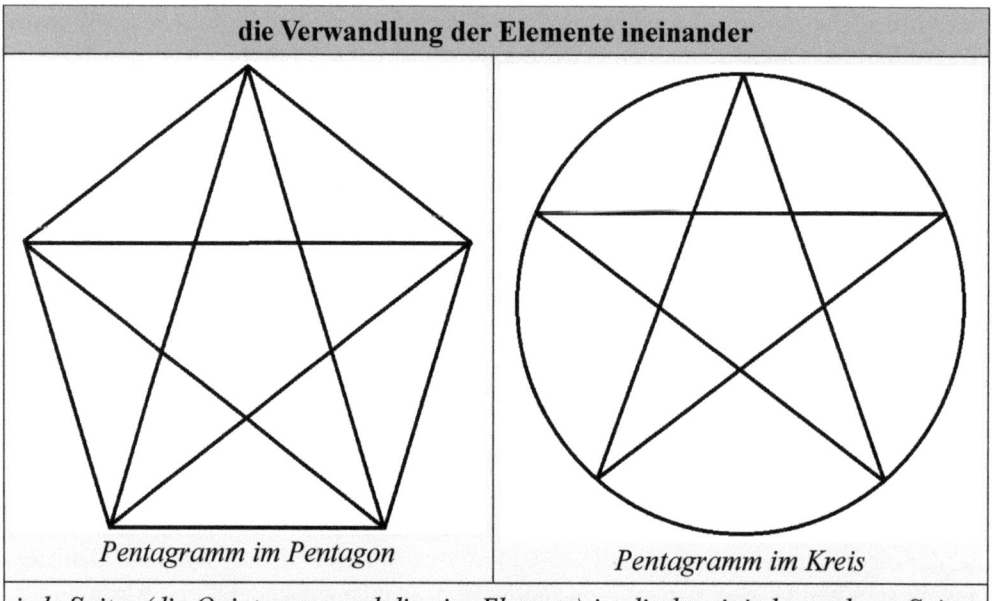

die Verwandlung der Elemente ineinander

Pentagramm im Pentagon

Pentagramm im Kreis

jede Spitze (die Quintessenz und die vier Elemnte) ist direkt mit jeder anderen Spitze verbunden

II 6. Das Leuchten der Mitte

Die Quintessenz ist der Ursprung der vier Elemente Feuer, Wasser, Luft und Erde. Der persönliche Anteil an der allgemeinen Quintessenz ist die eigene Seele. Es ist daher die eigene Seele, die die vier Elemente gestalten sollte.

Da es jedoch das Wachbewußtsein ist, das im Alltag die bewußten Entscheidungen trifft, ist es wichtig, daß man selber einen möglichst guten Kontakt zu seiner eigenen Seele herstellt – durch Meditationen, Traumreisen, inneren Gesprächen mit ihr und ähnlichen Methoden. Auf diese Weise kann dann das Wachbewußtsein in Kooperation mit der eigenen Seele die vier Elemente, d.h. die Lebenskraft lenken.

Wenn dieser Zustand erreicht wird, gelangen die Impulse der Seele ungehindert durch die Psyche nach außen in die eigenen Haltungen und Handlungen. Dann beginnt man von der Mitte her nach außen hin zu strahlen.

Im Tarot wird dies durch den Magier, der die Symbole der vier Elemente, also Kelch, Stab, Schwert und Münze, vor sich auf dem Altar liegen hat, symbolisiert. Die Verbundenheit mit der eigenen Seele und noch weiterreichend mit Gott wird durch den erhobenen rechten Arm und den gesenkten linken Arm des Magiers dargestellt: die Verbindung „nach oben", die „hier unten" gelebt wird.

Dieses Leuchten der Mitte hat eine große Wirkung: Man erkennt sich selber immer klarer, man heilt sich selber, man segnet das eigene Leben, man drückt sich selber immer vollständiger aus usw.

In dem Pentagramm-Ritual erscheint die Quintessenz als das Hexagramm oben über dem Magier in dem Kreis. Die Verbindung mit der Quintessenz wird durch den senkrechten Balken des kabbalistischen Kreuzes dargestellt, der von oben von Kether über Da'ath, Tiphareth und Yesod nach Malkuth hinab führt.

Der Kontakt zu den vier Elementen wird durch die Pentagramme, die vier Gottesnamen und schließlich durch den Blick in die Augen der Erzengel hergestellt.

Die eigentliche Handlung der Seele (durch die Psyche als Übermittler) in der Lebenskraft, also in den vier Elementen, entsteht, wenn man damit beginnt, mit den Erzengeln zu sprechen, sie um Rat und Hilfe zu bitten, ihnen Wünsche mitteilt, zusammen mit ihnen nach einem Weg sucht usw. Das ist die „kooperative Haltung".

Es gibt noch weitere möglichen Einstellungen, die man zu den 4+1 Elementen haben kann – diese werden jedoch erst in einem späteren Kapitel besprochen, da sie Abweichungen von der eben beschriebenen kooperativen und organischen Haltung sind.

III Die Ergänzungen des Pentagramm-Rituals

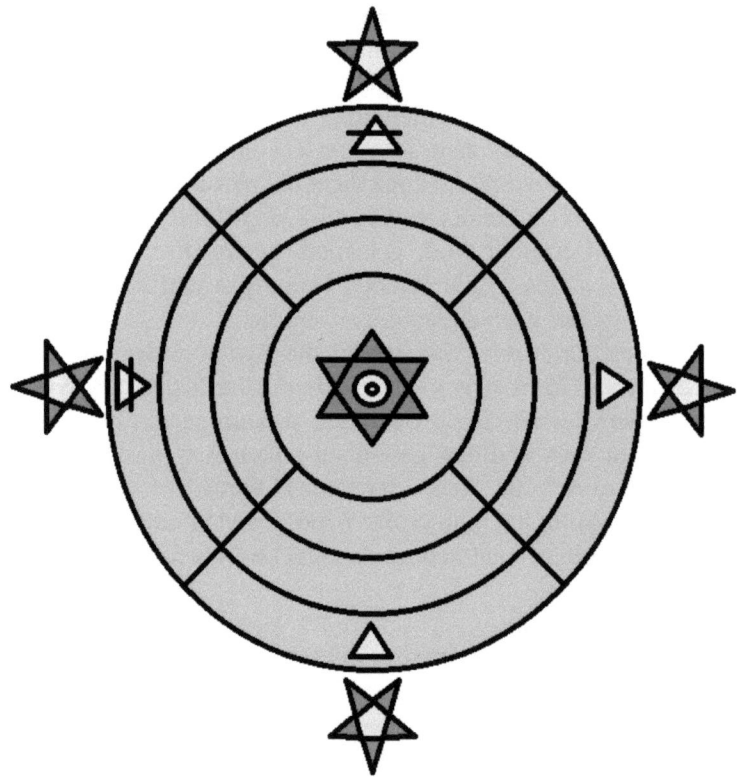

Das Pentagramm-Ritual ist so, wie es bisher beschrieben worden ist, vollständig. Das bedeutet jedoch nicht, daß es nicht noch einige mögliche sinnvolle Ergänzungen gibt. Ob man sie benutzen will, hängt von der eigenen Einstellung zu dem Pentagramm-Ritual ab. Diese Ergänzungen gehören zu der „Personalisierung" des Rituals, wodurch es den eigenen, individuellen Ansichten, Einstellungen und Vorgehensweisen besser entspricht.

Diese Ergänzungen sind folglich nicht allgemeingültig und für alle wichtig und richtig, sondern sie sind lediglich für den einen oder anderen, der sie auswählt und benutzt, richtig und sinnvoll und erhöhen für ihn die Effektivität des Pentagramm-Rituals.

Das Folgende sind nur einige Beispiele von möglichen Ergänzungen. Derartige

Ergänzungen ergeben sich vor allem aus dem ständigen Gebrauch des Pentagramm-Rituals, bei dem einem das eine oder andere Detail auffällt, das man gerne ändern möchte. Es ist natürlich genausogut möglich, daß man derartige Ergänzungen in einem Buch findet oder von einem anderen Magier hört und sie sinnvoll findet und sie in den eigenen Gebrauch des Pentagramm-Rituals übernimmt.

III 1. Der Kreis

Das Ziehen des Kreises zu Beginn des Pentagramm-Rituals ist bereits erwähnt worden. Dadurch wird der Ritual-Ort klarer definiert und folglich auch die Schutzfunktion des Rituals erhöht. Dieser Kreis erscheint dann auch in dem Text des Rituals als *„Ich sehe inmitten des Kreises, um mich flammen Pentagramme und über mir leuchtet der sechsstrahlige Stern. "*

III 2. Die Elemente-Landschaften

Die Landschaften hinter den vier Erzengeln sind etwas, was sich fast von alleine ergibt – wenn man weiß, daß Gabriel der Erzengel des Wassers ist, sieht man eben ein Meer hinter ihm …

III 3. Die Verbündeten

Die vier Verbündeten, also das eigene Krafttier, die Kraftpflanze, der Kraftstein und der Kraftpilz sind – falls man sie kennt – eine ausgesprochen individuelle Ergänzung des Pentagramm-Rituals.

III 4. Die Seele

Es ist naheliegend, die eigene Seele in sich oder in dem eigenen Herzchakra zu imaginieren, wenn man bereits den Kontakt zu ihr hergestellt hat. Dies würde man naheliegenderweise dann tun, wenn man das Hexagramm über sich imaginiert.

III 5. Die Schutzgottheit

Die Schutzgottheit ist sozusagen das Meer, von dem die eigene Seele ein Tropfen ist. Wenn sie einem bekannt ist, kann man sie in der Mitte des Kreises unter dem Hexagramm imaginieren, wobei man dann in ihrer imaginierten Gestalt steht. Das führt man sinnvollerweise dann durch, wenn man das Hexagramm im dem Ritual-Text erwähnt.

Die Schutzgottheit, in deren Gestalt man steht bzw. deren Gestalt man angenommen hat, ist dabei natürlich aufs Engste mit der eigenen Seele im eigenen Herzchakra verbunden, die sozusagen ein Kind der eigenen Schutzgott ist.

Auch das Rufen bzw. Imaginieren der eigenen Seele und der eigenen Schutzgottheit machen das Pentagramm-Ritual wesentlich individueller.

Man kann für das Rufen der eigenen vier Verbündeten, der eigenen Seele und der eigenen Schutzgottheit auch passende Sätze in den Ritualtext einfügen, um die Imagination zu erleichtern.

Während man diese individuellen Sätze bei einem Solo-Ritual laut aussprechen kann, wäre es vermutlich störend, wenn bei einem Gruppen-Ritual alle Teilnehmer gleichzeitig verschiedene „Ergänzungs-Sätze" aussprechen würden. Bei einem Gruppen-Ritual sollte man daher die einfache, allgemeine Form des Pentagramm-Rituals verwenden.

III 6. Das Sonnensymbol

Das Sonnensymbol in dem Hexagramm über dem Kreis ist bereits erwähnt worden. Dies ist eine Verdeutlichung der Symbolik des Hexagramms und eine Betonung der Verwandtschaft dieses Hexagramms mit Tiphareth, mit dem Herzchakra und mit der Seele. Diese Ergänzung erscheint nur als Symbol, aber nicht in den Worten des Rituals.

III 7. Das Kreuz

Manchen Menschen ist das Kreuz – wie bereits gesagt – zu christlich, weshalb sie es entweder ganz fortlassen oder es durch die Man-Rune oder eine andere Geste der Zentrierung ersetzen.

III 8.   Das Brot

Manchmal gibt es auch Unstimmigkeiten über die Bedeutung von Symbolen – z.B. die Frage, wie Stab und Schwert den beiden Elementen Luft und Feuer zugeordnet werden sollen. Diese Zweifel sind jedoch bei der Symbolik des Pentagramm-Rituals eher selten.

Das Ersetzen der Münze als Erd-Symbol in den Händen des Erzengels Auriel durch ein rundes Brot ist eine ausgesprochen individuelle Vorliebe.

III 9.   Die Insel

Das Motiv der Insel ist bisher noch nicht in diesem Buch erwähnt worden. Es stammt entweder vom Golden Dawn selber oder aus dem näheren Umkreis dieses Ordens.

Dabei wird der Kreis als eine Insel imaginiert, die vom Meer und einer Flammen-wand („Waberlohe") umgeben und von Licht erfüllt ist. Die dabei verwendeten Texte stammen wahrscheinlich aus griechischen Ritual-Texten, obwohl sie auch eine deut-liche Verwandtschaft mit dem persischen Zend-Avesta zeigen (in dem sie in dieser Form jedoch nicht vorkommen).

Durch diese „Insel-Ergänzung", die anschließend an das Pentagramm-Ritual durch-geführt wird, wird die Zentrierungs- und Schutzfunktion des Pentagramm-Rituals noch enmal deutlich verstärkt. Da diese Ergänzung sehr bildhaft ist, wird sie vermut-lich vor allem Menschen mit einer starken Wasser-Betonung ansprechen, also – astro-logisch gesehen – Menschen mit einem Krebs-, Skorpion- oder Fische-Aszendenten oder mit dem Mond oder dem Neptun im 1. Haus.

Diese Ritual-Ergänzung besteht aus drei Teilen und sieht wie folgt aus.

1. Insel: der Ritualort wird als Insel imaginiert und man versprüht am Kreisrand, während man im Uhrzeigersinn an ihm entlanggehst, Wasser (evtl. nur imaginiert), und spricht:
> *„So muß deshalb der Priester, der die Arbeiten des Feuers be-herrscht, das Weihwasser des lautbrandenden Meeres versprühen."*

2. Waberlohe: man imaginiert eine Wand aus Feuer entlang des Randes der Insel, geht dabei am Rand der Insel mit einem brennenden Räucherstäbchen o.ä. (Symbol des Feuers) entlang (evtl. nur imaginiert) und spricht:
> *„Und wenn Du, nachdem alle Phantome geflohen sind, das heilige,*

formlose Feuer siehst, das Feuer, das durch die Tiefen des Universums blitzt und flammt, höre dann die Stimme des Feuers!"

3. Lichtsäule: man imaginiert eine Lichtsäule (Mittlere Säule) in der Mitte der Insel und spricht:

> *„Heilig seid Ihr, Herr des Universums!*
> *Heilig seid Ihr, den die Natur nicht erschaffen hat!*
> *Heilig seid Ihr, der Eine-Alles-Einzige!"*

Im Original lautet die letzte Zeile nicht *„Heilig seid Ihr, der Eine-Alles-Einzige!"*, sondern *„Heilig seid Ihr, Herr des Lichtes und der Finsternis!"*

Da diese grundlegende Polarisierung der Welt meiner eigenen Weltsicht nicht entspricht, habe ich diese Zeile so umgeschrieben, daß sie für mich paßt. Es gibt jedoch auch einige Magier (insbesondere Skorpione und Gnostiker), für die die Zeile *„Heilig seid Ihr, Herr des Lichtes und der Finsternis!"* geradezu die Essenz dieser gesamten Ergänzung ist.

Man sollte derartige Texte immer so verwenden, wie es für einen selber am besten paßt – schließlich sollen diese Ergänzungen und Abänderungen letztlich stets die Effektivität des Rituals erhöhen, was eben genau dann erreicht wird, wenn die Form des Rituals vollständig die eigene Weltsicht ausdrückt.

III 10.   Die Mittlere Säule

Die Lichtsäule in der vorigen Ergänzung ist eine Variante der „Mittleren Säule", die in der Magie häufig verwendet wird. Auch sie wird anschließend an das Pentagramm-Ritual durchgeführt. Wenn man die „Übung der Mittleren Säule" mit dem Motiv der Insel kombinieren will, folgt die Mittlere Säule nach der Insel-Imagination – aber das kann man natürlich auch anders handhaben, wenn man es anders plausibler findet.

Die „Übung der Mittleren Säule" besteht aus drei Teilen und sieht wie folgt aus:

a) kabbalistisches Kreuz (wie beim Pentagramm-Ritual)

b) Mittlere Säule

> 1. Kether: Einige Handbreit über dem Kopf wird Kether als gleißend weiße Kugel imaginiert und dabei der Gottesname von Kether intoniert, also auf einem gleichbleibenden Ton möglichst vollklingend

und im Idealfall mit Obertönen und dem natürlichen Vibrato der Stimme gesungen: *„Eheieh".*

Kether und die noch folgenden vier hebräischen Namen der Sephiroth bezeichnen die fünf Bereiche auf der Mittleren Säule. Die Namen, die man dabei singt, sind die traditionellen Gottesnamen aus dem Alten Testament, die diesen Bereich bezeichnen. Diese Namen aus dem hebräischen Original des Alten Testamentes sind allerdings oft nicht wörtlich ins Deutsche übertragen worden, sondern einfach mit „Gott" oder „Jahwe" übersetzt worden.

Dieses Singen hat Ähnlichkeit mit der Gregorianik und mit der indischen und tibetischen Art, Mantren zu singen. Diese Art der Intonation von „Heiligen Worten" findet sich bei fast allen Völkern – so wird in den germanischen Mythen und Sagen wird immer wieder erwähnt, daß Dinge geweiht, also mit magischer Kraft aufgeladen werden, indem man in sie hineinsingt („Er sang Runen in das Schwert."; „Er sang Runen in den Vordersteven des Drachenbootes.")

Es genügt aber für den Anfang durchaus, die Gottesnamen einfach möglichst klangvoll zu „vibrieren".

2. Da'ath: Auf dem Scheitel, also am Sitz des Kronenchakras, wird Da'ath als in den Farben des Regenbogens strahlende Kugel imaginiert und dabei der Gottesname Da'aths intoniert: *„Yod-He-Vau-He".*

3. Tiphareth: In der Mitte der Brust, also am Herzchakra, wird Tiphareth als goldgelb leuchtende Kugel imaginiert und der Gottesname Tiphareths intoniert: „Yod-He-Vau-He Eloha va-Daath".

4. Yesod: Um die Genitalien herum, also am Wurzelchakra und somit um den Sitz der Kundalinischlange, wird Yesod als violett glühende Kugel imaginiert und dabei der Gottesname Yesods intoniert: *„Schaddai el-Chai".*

5.Malkuth: Unter den Füßen, also in der Erde, wird Malkuth als braune (oder als die traditionelle schwarze oder vierfarbige, zitronengelb-olivgrün-rotbraun-schwarze) Kugel imaginiert und der Gottesname Malkuths intoniert: *„Adonai ha-Aretz".*

c) kabbalistisches Kreuz (wie beim Pentagramm-Ritual)

Die fünf Bereiche auf dem Lebensbaum, die Farben und die Gottesnamenskraft sind

der Übersichtlichkeit halber noch einmal in der folgenden Übersicht zusammen-
gefaßt worden:

die Mittlere Säule					
Bereich	*Sephirah*	*Farbe*	*Ort*	*Gottesname*	*Bedeutung*
Einheit	Kether	weiß	Himmel	Eheieh	„Ich bin, der ich bin"
abgren- zungsloser Bereich	Da'at	regen- bogen- farben	Scheitelchakra	Yod-He-Vau-He	= Jahwe; Bedeutung ungeklärt
abgegrenz- ter Bereich	Tiphareth	golden	Herzchakra	Yod-He-Vau-He Eloah va-Daath	„Jahwe, der Herr des Wissens"
interner Bereich	Yesod	violett	Wurzelchakra	Schaddai el-Chai	„mächtiger Berggott des Lebens"
Materie	Malkuth	braun	Erde	Adonai ha-Aretz	„Herr der Erde"

III 11. Das Herzchakra

Eine zunächst einmal unscheinbare, aber wirkungsvolle Ergänzung, die auch spontan auftreten kann, ist das Leuchten des eigenen Herzchakras, das den gesamten
Raum innerhalb des Kreises ausfüllt. Dies kann man während des gesamten Rituals
imaginieren.

Dies ist letztlich das, was der Magier auf der Tarotkarte macht: Er drückt seine
eigene Wahrheit aus, er gestaltet seine Welt, er inkarniert sich vollständig, er formt
sein Mandala der vier Elemente von seiner eigenen Quintessenz, also von seiner Seele
in seinem Herzchakra aus.

Bildhaft gesprochen, geht die Sonne auf und beginnt zu scheinen. Das ist auch die
Grundsymbolik des „Golden Dawn"-Ordens, dessen Symbol eben die am Morgen aus
dem Meer aufsteigende Sonne ist.

IV Die Heilung der eigenen Haltung

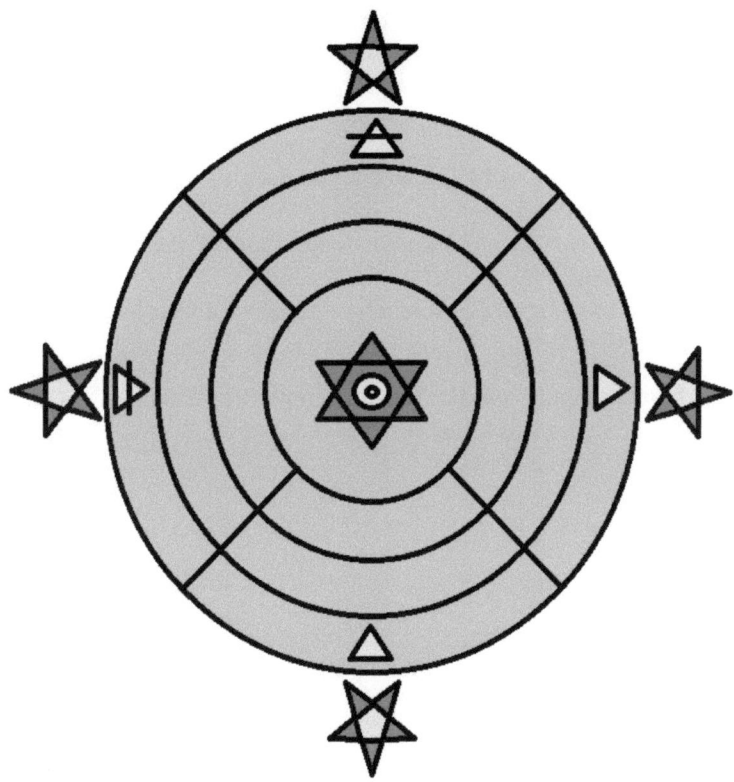

Man kann der Meinung sein, daß die eigene Haltung generell richtig ist – man kann jedoch auch vermuten oder klar erkannt haben, daß die eigene Haltung noch einige Altlasten, Einseitigkeiten, Traumata und ähnliches enthält und daher dem Erreichen der eigenen Ziele im Wege steht.

Falls man derartige Zweifel an dem „Heilsein" der eigenen Haltung, der eigenen Vorgehensweisen und der eigenen Lebensstrukturen hat, ist es naheliegend, nach einer Heilung für diese Verzerrungen zu suchen.

Solch ein Anliegen ist natürlich sehr viel umfassender als das Pentagramm-Ritual, das ja nur ein magisches Werkzeug ist, aber sowohl die möglichen Störungen der eigenen Psyche als auch deren Heilung stehen auch mit dem Pentagramm-Ritual in Zusammenhang.

IV 1. Die drei Polarisierungen

Die Fülle der oralen Phase (0-1 Jahr), die Stärke der analen Phase (1-3 Jahre) und die Selbstliebe der phallischen Phase (3-12 Jahre) sind die Grundlage der heilen Psyche.

Manchmal werden diese drei Fundamente der Psyche jedoch auch aus dem Gleichgewicht gebracht:

> - Bei einer Störung der Fülle entstehen durch Polarisierung der laute Süchtige und der leise Asket;
> - bei einer Störung der Stärke entstehen durch Polarisierung der laute Täter und das leise Opfer;
> - bei einer Störung der Selbstliebe entstehen durch Polarisierung der laute Star und der leise Fan.

Diese sechs Abweichungen von der Mitte rufen natürlich auch in Bezug zum Pentagramm-Ritual unterschiedliche Haltungen hervor.

IV 1. a) Süchtiger: der Chaos-Magier

Der Süchtige lebt in einer Welt des Mangels und er greift nach immer mehr, weil er den Mangel in sich selber trägt und ihn nicht füllen kann. Die Heilung beginnt – wie immer – damit, den Mangel nicht mehr vermeiden zu wollen, sondern ihn zu fühlen und ihn dann anzunehmen und zu entspannen und ihn schließlich verwandeln zu können.

Bei der Durchführung des Pentagramm-Rituals wird der Süchtige die vier Erzengel vor allem als Quellen der Lebenskraft ansehen, die ihm über vier „Nabelschnüre" zum einen Lebenskraft und zum anderen auch ihre materiellen Gaben zusenden: den Reichtum und das Geld der Erde, die Liebe und die Nähe des Wassers, das Wissen und die Erkenntnisse der Luft und die Macht und den Sex des Feuers. Der Süchtige wird vermutlich nach einem dieser Elemente die größte Gier haben – oft ist es die Nähe des Wassers, also die Geborgenheit, der Kontakt … und somit (unbewußt und ungewollt) auch die Abhängigkeit von anderen Menschen.

Diese Magier werden vermutlich von Magie-Formen, in denen das „haben wollen" klar und direkt erscheint wie z.B. in der Sigillen-Magie, besonders stark angezogen werden.

Um heil zu werden, muß der Süchtige vorübergehend zu seinem Gegenpol, also zu einem Asketen werden – auch wenn der Asket für ihn als die Selbstaufgabe und das Scheitern schlechthin erscheint. Allerdings kommt es auch vor, daß Süchtige zeitweise asketisch leben und dann wieder in die Sucht verfallen. Es reicht also nicht aus, beide Pole zu kennen und leben zu kennen, um wieder zu der eigenen Mitte zu gelangen – hier also zu der inneren Fülle – aber ohne beide Pole zu kennen, ist es kaum möglich, diese Mangel-geprägte Polarisierung in Gier und Verzicht aufzulösen.

Wenn der Süchtige sich selber geheilt hat – oder auch schon während seiner Selbstheilung – kann er seine Ausrichtung auf das Ersehnte in ein spontanes Leben, in einen improvisiertem Tanz im Hier und Jetzt verwandeln und dadurch wieder ein Gespür für die Eigendynamik des Lebens erhalten.

Möglicherweise wird er dann zu einem konzeptfreie Chaos-Magier, der in dem Kreis der vier Elemente seinen Lebenstanz tanzt und sich ohne jegliche Form und zugleich mühelos die Dinge herbeiwünscht – und auch erhält – die er gerade am meisten braucht oder am meisten genießen kann. Der „Sucht-Magier" wird dann zu einem Hedonismus-Zauberer, also zu einem Magier, der sich durch das Genießen durch sein Leben leiten läßt.

Da, wo's am besten schmeckt, geht's lang …

IV 1. b)   Asket: der Einsiedler

Auch der Asket lebt in einer Welt des Mangels – er ist der Gegenpol zu dem Süchtigen. Während der Süchtige ein kleines, bedürftiges Kind bleibt und nie genug bekommen kann, wird der Asket viel zu schnell alt und verzichtet auf alles, um seinen inneren Mangel nicht zu mehr fühlen zu müssen. Während der Süchtige zerfließt, wird der Asket starr. Der Süchtige giert vor allem nach Nähe und Kontakt, während der Asket beides vermeidet und dadurch schließlich zum Einsiedler werden kann. Beide sind in der Regel nicht sonderlich glücklich …

Im Pentagramm-Ritual sieht der Asket vor allem das innere Bild der Richtigkeit, das er anstrebt. Während der Süchtige von den Erzengeln etwas haben will, will der Asket wie die Erzengel werden und selber anderen geben. Der Süchtige hat das im Blick, was seine Gier haben will – der Asket hat sein Ideal im Blick, dem er gleich werden will. Der Süchtige ist der Hilflose – der Asket ist der Helfer.

Um heil zu werden, muß der Asket wie der Süchtige seinen inneren Mangel wieder sehen und fühlen können, was ihm jedoch schwerer fällt als dem Süchtigen, da der Asket seinen Mangel gründlich verdrängt und hinter seinem Ideal verborgen hat. Der genaue Verlauf einer solchen Askese-Heilung kann sehr vielfältig sein und läßt sich nur in einem individuellen Gespräch herausfinden. Letztlich wird jedoch auch hier der Kontakt zu dem Mangel und die Entspannung dieses Mangels angestrebt.

Wie der Süchtige muß auch der Asket erst einmal seinen Gegenpol – hier also den Süchtigen – kennenlernen und eine Zeitlang leben, um aus der „Welt des Mangels" wieder in die „Welt der Fülle" zurückkehren zu können.

Der Asket kann bei seinem Selbstheilungsprozeß seine Starre und seine Disziplin zu einer regelmäßigen Meditation nutzen, durch die er das Wasser des Lebens wieder in seine ursprünglichen Bahnen lenken kann. Der Asket wird dann zu einem einsgerichteten Yogi.

IV 1. c)   Täter: der Machtmagier

Manche Magier haben grundlegende andere Einstellung als der Sucht-Magier und der Askese-Magier, deren Thema der Mangel ist. Zu diesen anderen Magier-Typen gehört z.B. die „imperialistische Haltung" der Magier, deren Psyche eine Polarisierung der Kraft erlitten haben und die den Pol der Macht gewählt haben. Diese Magier wollen letztlich allmächtig und unsterblich werden – sie wollen ganz einfach bestimmen, was geschieht.

Im Pentagramm-Ritual befehlen sie folglich den Erzengeln, was sie zu tun haben – oder sie verzichten ganz auf die Erzengel und benutzen die Lebenskraft als frei formbare Substanz. In diesem Fall ist das Pentagramm-Ritual für sie jedoch nicht mehr sonderlich gut geeignet – außer man faßt die Erzengel als Bilder ohne eigene Impulse auf. Diese Magier sind sozusagen „Macht-Magier". Allgemein auf die Psyche bezogen gehören diese manchmal extrem dominanten Magier zu dem Typ des Täters.

Das leidvolle Spiel, in das sie geraten sind, ist das der Macht des Täters und der Ohnmacht des Opfers. Bei ihnen ist die in sich selber ruhende Kraft verloren gegangen und hat entweder resigniert und ist zu der Ohnmacht des Opfers geworden oder ist völlig übersteigert worden und ist dadurch zu der Macht des Täters geworden.

Für einen Macht-Magier sind die vier Pentagramme am ehesten Angriffs-Waffen – sozusagen japanische Shuriken, also die Wurfsterne der Ninjas. Mit ihnen werden Feinde passiv ferngehalten oder eher noch aktiv angegriffen.

Der Täter-Magier kann seinen Mut und seine Kraft jedoch auch nutzen, um sich allen inneren Ängsten zu stellen und hinter ihnen seine innere Kraft-Quelle wiederzufinden. Er wird dann von einem letztlich Angst-geprägten Magier zu einem Krieger-Magier – zu einem Tempelritter, zu einem Kung-Fu-Kämpfer, zu einem Shaolin-Mönch.

Die Angst ist das Grundproblem sowohl des Täters als auch des Opfers. Die Angst läßt die eigene Kraft als unzureichend erscheinen, wodurch der Täter in eine heftige und zerstörerische Aggression gerät, während das Opfer in eine ebenso heftige, aber selbstzerstörerische Panik verfällt. Die Begegnung mit der eigenen Angst ist das Tor, durch das sowohl der Täter als auch das Opfer gehen müssen, um wieder heil zu werden und zu ihrer Kraft zurückkehren zu können.

Für den Täter kann es dabei hilfreich sein, wenn er wirklich akzeptieren kann, daß es immer irgendwo einen Stärkeren als ihn gibt, und wenn er aufhört, sich selber und sein Wohlergehen über seine Macht zu definieren.

Wie bei den beiden Polarisierungen der Fülle – also dem Süchtigen und dem Asketen, die beide im Mangel leben – ist es auch für den Täter und das Opfer notwendig, zunächst ihren Gegenpol anzunehmen und leben zu können, bevor sie zu ihrer Kraft zurückkehren können.

IV 1. d) Opfer: der Gottesdiener

Es gibt natürlich auch den Gegenpol zu dem Macht-Magier – man könnte ihn den „dienenden Magier" nennen. Er fühlt sich tendenziell ohnmächtig und sucht bei den vier Erzengeln nach Rat, Schutz und Hilfe.

Der eigene Wille des „Gottesdieners" ist meistens nicht allzu gut entwickelt und er fühlt sich ohne die „Hilfe von oben" weitgehend schutzlos und hilflos. Allgemein auf die Psyche bezogen gehören diese Magier zu dem Typ des Opfers.

Sie haben Angst, andere zu verletzen, ihnen weh zu tun, sie suchen den Frieden um jeden Preis und können den Verlust der allgemeinen Harmonie einfach nicht ertragen. Sie suchen den Frieden, weil sie überzeugt sind, keinen Kampf gewinnen zu können.

Sie wollen alles mit dem Schildarm erreichen und vermeiden selbst noch in größter Gefahr, ihren Schwertarm zu benutzen. Daher fassen sie die vier Pentagramme auch nicht wie der Täter als Angriffswaffen und Wurfsterne auf, sondern als Schilde, mit denen sie sich verteidigen ohne den anderen weh zu tun.

Um heil zu werden, muß sich der Opfer-Magier wie der Täter-Magier der eigenen Angst stellen. Dabei fürchtet er am meisten, selber zu einem Täter zu werden, da der Täter für ihn das Verbotene, das Böse, das Zerstörerische, das Ur-Übel und der Teufel schlechthin ist – eben die Schattenseite des Opfers. Doch ohne den eigenen Gegenpol kennenzulernen und ihn eine Zeitlang auch selber zu leben, kann das Opfer nicht aus seiner Prägung herausfinden. Nachdem das Opfer beide Pole kennt und leben kann, wird es ihm erst möglich, von der Angst zu der Kraft zurückzukehren. Dann wird das Pentagramm für ihn sowohl zu dem Shuriken in seiner Schwerthand als auch zu dem Schutzsymbol an seinem Schildarm.

Um die Opfer-Haltung aufzulösen und zu der eigenen Kraft zurückkehren zu können, wird es notwendig sein, die eigene Angst vor dem Tod zu überwinden. Nur wer den Tod nicht mehr fürchtet, kann zu einem Krieger werden, der sich wirklich vollkommen auf den Kampf selber konzentriert und dabei wirklich effektiv ist. So wird aus dem Opfer-Magier ein wahrer Ritter. Die Angst ist sowohl für den Opfer-Magier als auch für den Täter-Magier das Tor zu der eigenen Kraft.

Das Opfer, also der „Gottesdiener" kann den rituellen Einweihungs-Tod nutzen, durch die er wieder zum Herz des Lebens zurückkehren kann. Es gibt für jeden der sechs Magier-Typen, die von einer der sechs möglichen Polarisierungs-Varianten geprägt worden sind, die Möglichkeit, ihre Prägung nicht als Gefängnis für ihren Zustand, sondern als Hilfsmittel für ihre Selbstheilung zu nutzen. Bei dem Magier, der von der Opfer-Rolle geprägt worden ist, ist dies die Hingabe an eine Gottheit. Ein solcher Magier wird am ehesten zu einem alles loslassende Eingeweihten werden.

IV 1. e) Star: der Willens-Magier

Während der phallischen Phase, also auf der Ebene der Selbstliebe, die idealerweise bei jedem Kind nach der oralen Phase der Fülle und der analen Phase der Kraft entsteht, ist die Polarisierung der größenwahnsinnige Star und der von Minderwertigkeitsgefühlen gebeutelte Fan.

Der Star-Magier braucht den Beifall und die Anerkennung der anderen: Er muß stets im Rampenlicht stehen und berühmt werden – am besten berühmter als Merlin, Paracelsus und Crowley zusammen. In seinem Kern wird er von Selbstzweifeln geplagt, die das Lob und die Bewunderung von außen als Krücke benutzen – und auch als ein Bollwerk gegen die Selbstzweifel, die er in den eigenen Keller verbannt hat.

Für den Star-Magier sind die vier Erzengel Möglichkeiten der Selbstvergrößerung. Wenn er sie in sich aufnimmt, steigert sich seine Ausstrahlung und dadurch auch die Zahl seiner Bewunderer. Der Star-Magier tut alles für seinen Narzißmus: Er ist der Mittelpunkt der Welt – oder sieht das zumindestens so. Für ihn ist der Fan das, was er am dringendsten braucht – aber zugleich ist der Fan das, was er am meisten fürchtet, und was er auf keinen Fall selber werden will. Der Fan ist der Schatten des Stars und der Star ist der Schatten des Fans.

Daher fürchten sich der Star und der Fan heimlich voreinander – genauso wie sich Täter und Opfer gegenseitig anziehen und einander fürchten und wie sich auch Süchtiger und Asket gegenseitig anziehen und zugleich einander fürchten.

Es wirkt zunächst wie eine üble Ironie, daß kein Asket ohne einen Süchtigen leben kann und umgekehrt, daß auch kein Täter ohne Opfer leben kann und umgekehrt, und daß schließlich auch kein Star ohne Fan leben kann und umgekehrt. Die entgegengesetzten Pole ziehen sich an. Doch darin liegt auch die Möglichkeit der Selbstheilung, da der Gegenpol einem jeden das zeigt, was man selber verdrängt hat: Der eigene Schatten ist immer auch der eigene Heiler.

Wenn bei dem Star-Magier eines Tages die Selbstzweifel an die Oberfläche durchbrechen und er sich vollkommen wertlos und ungeliebt fühlt, hat er die Chance, seine Selbstzweifel besser kennenzulernen und sie zu fühlen und sie anzunehmen. Das ist der Anfang seiner Heilung.

Der Star kann seinen Größenwahn jedoch dazu nutzen, sich immer mehr zu weiten, bis er sich schließlich selber als Gott erlebt und dadurch die Quelle des Lebens in der Unio mystica wiederfindet. Dann wird er zu einem egozentrischen Willens-Magier, der jedoch in seiner Selbstliebe ruht und sich nicht mehr an einem aufgeblasenen und übersteigerten Selbstbild festklammert. Er hat den soliden, geerdeten Egoismus wiedergefunden.

IV 1. f) Fan: der Mystiker

Der Fan ist der Gegenpol zu dem Star. Er hat sich selber klein gemacht, um nicht mehr den eigenen Mangel an Selbstliebe spüren zu müssen: Wenn er nicht mehr zu strahlen versucht, braucht er auch nicht mehr zu spüren, daß er nicht strahlen kann.

Bei der Durchführung des Pentagramm-Rituals zeigt sich das dann darin, daß der Fan-Magier die unerreichbaren Erzengel anhimmelt und zu ihnen aufschaut und sich von ihnen willenlos leiten läßt. Sie sind sein unerreichbares Ideal. Dies ist genau das Gegenteil zu dem Verhalten und der Ansicht des Star-Magiers, der in den vier Erzengeln nur Möglichkeit zur Selbstvergrößerung sieht.

Wie der Star-Magier muß auch er seinen Gegenpol – also den Star – integrieren. Dazu muß er seinen eigenen verborgenen Größenwahn hinter seinen Minderwertigkeitskomplexen wiederfinden, fühlen und annehmen. Wie bei allen anderen Polarisierungen genügt es allerdings nicht, den eigenen Schatten zu sehen, aber es ist der unabdingbare erste Schritt zu der eigenen Heilung: Nur wer beide Pole seiner eigenen Polarisierung kennt und leben kann, kann zu der eigenen heilen Mitte zurückkehren – in diesem Fall also zu der Selbstliebe.

Wie bei allen sechs Polarisierungen kann auch der Fan-Magier seine eigene Polarisierung dazu nutzen, sich selber zu heilen. Diese Methode ist von den nordindischen Yogis vor ca. 1000 Jahren, die „Mahasiddhis" genannt worden sind und die den tibetischen Buddhismus begründet haben, als „Wasser im Ohr mit Wasser entfernen" bezeichnet worden.

Der Fan-Magier kann sich aufgrund seines Aufblickens zu einem leuchtenden Vorbild ohne große Mühe einer Gottheit vollständig in liebevoller Verehrung hingeben. Durch dieses Bhakti-Yoga kann er dann letztlich wieder zu sich selbst zurückkehren. Dann ist der Fan-Magier zu einem sehnsuchtsvollen Mystiker geworden.

Durch seine Liebe zu einer Gottheit findet der Fan-Magier schließlich zu der Liebe zu sich selber zurück. Ein Zwischenschritt auf diesem Weg ist es oft, daß er sich selber als eins mit der betreffenden Gottheit erlebt und auf diese Weise seine Liebe zu der Gottheit auch auf sich selber ausdehnt, da er sich selber sozusagen als eine Zelle in dem physischen Körper dieser Gottheit, der aus allen Verehrern dieser Gottheit besteht, erlebt.

Eine andere Möglichkeit ist es für den Fan-Magier, als Echo auf seine Liebe zu der Gottheit auch die Liebe der Gottheit zu ihm zu erleben, die ihm schließlich unwiderlegbar deutlich macht, daß auch er selber liebenswert ist – wodurch dann auch seine eigene Selbstliebe wiedererweckt wird.

IV 1. g) Die Kombination der Polaritäten

Die in den vorigen Abschnitten beschriebenen sechs möglichen Polarisierungen treten nicht unbedingt einzeln auf, auch wenn jeder Mensch – sofern er nicht ganz in sich selber ruht – eine dieser Polarisierungen als Schwerpunkt seiner Abweichung von dem „Weg der Mitte" hat. Dieser „Weg der Mitte" erscheint in dem Pentagramm-Ritual als das Sonnen-Hexagramm, als Tiphareth in der Mittleren Säule und natürlich vor allem als die eigene Seele in dem eigenen Herzchakra.

Bei den drei Polarisierungen der drei Grundqualitäten Fülle, Kraft und Selbstliebe gibt es drei „laute" Pole und drei „leise" Pole. Diese sind:

die drei Grundqualitäten und ihre Polarisierungen		
„lauter" Pol	*heile Form*	*„leiser" Pol*
Süchtiger	Fülle	*Asket*
Täter	Kraft	*Opfer*
Star	Selbstliebe	*Fan*

Die drei möglichen Grundhaltung eines Menschen lassen sich als „heile", „laut" und „leise" beschreiben:

- Der heile Mensch ruht in sich selber, d.h. er ist von Fülle, Kraft und Selbstliebe erfüllt.

- Der „laute" Mensch ist in eine Fixierung auf die eigenen Bedürfnisse geraten, d.h. er wird von der Gier des Süchtigen, von dem Machtstreben des Täters und der Bewunderungs-Sucht des Stars geprägt.

- Der „leise" Mensch ist in eine Fixierung auf die Vermeidung der Wahrnehmung der eigenen Bedürfnisse geraten, d.h. er wird von dem Verzicht des Asketen, von der Ohnmacht des Opfers und der Vergötterungs-Sucht des Fans geprägt.

Daraus ergibt sich, daß der Sucht-Magier, der von den Erzengeln Lebenskraft und Wunscherfüllung erhalten will, zugleich auch die Pentagramme als Wurfstern-Waffen ansieht und die Erzengel auch zur Vergrößerung seines aufgeblähten Egos benutzt.

Der Askese-Magier, für den die vier Erzengel unerreichbare Ideale sind, ist das Pentagramm ein Schutzschild und die Erzengel Wesen, zu denen er bewundernd und voller Verehrung aufblickt.

IV 1. h)   Der heile Zustand

Der heile Magier trägt in sich hingegen die Fülle, die Kraft und die Selbstliebe, die es ihm ermöglichen, sich selber in allem, was ihm begegnet, auszudrücken. Für einen solchen Magier ist jede Situation eine Möglichkeiten, zu zeigen und zu leben, wer und was er ist. Durch diese Haltung entsteht eine mühelose Wunscherfüllung.

Für ihn sind die Pentagramme Tore zu den vier Erzengeln, mit denen er sich verbindet, bei denen er Rückhalt findet und mit denen er zusammenwirkt. Er erlebt sich als ein Wesen, das gewissermaßen aus den Erde-Fäden des Auriel, den Wasser-Fäden des Gabriel, den Luft-Fäden des Raphael, den Feuer-Fäden des Michael und den Licht-Fäden der eigenen Seele gewebt worden ist. Er erlebt sowohl sich selber als auch die vier Erzengel als Teile des Kontinuums von Da'ath.

Er braucht keine Sucht und keine Askese, da er in der Fülle lebt, die die vier Erzengel repräsentieren.

Er braucht keine Macht und keine Ohnmacht, da er in der Kraft lebt, die von ihm zu den vier Erzengeln und wieder zurück fließt.

Er braucht keinen Größenwahn und keine Minderwertigkeitskomplexe, da er in der Selbstliebe lebt, die sowohl in seinem eigenen Herzchakra leuchtet als auch in den Herzchakren der vier Erzengel.

- - -

Generell haben Menschen die Neigung, ihre eigenen Ansichten und ihre Weltsicht für die richtige zu halten. Daher ist das, was hier als „richtig" und als „heile" beschrieben wird, zwar schlüssig und in sich logisch, aber man kann nicht einfach sagen, daß alle Menschen genau dies anstreben sollten. Ein Täter ist überzeugt, daß ihm nur Macht helfen kann, das zu erreichen, was er haben will, und genauso ist ein Asket überzeugt, daß nur seine Ideale dazu führen können, daß die Welt zu einem besseren Ort wird.

Man kann also nur schauen, ob man die Ausführungen in diesem Kapitel in irgendeiner Weise als anregend erlebt – und dann an dem Ort weitermachen, an dem man gerade steht.

IV 2.   Natürliche Einseitigkeiten

Wenn man von den vier Elementen aus schaut, ist so gut wie jeder Mensch einseitig – fast jeder hat ein bevorzugtes Element: die Taten des Feuers, die Erkenntnisse der Luft, die Gefühle des Wassers und den Besitz der Erde.

Die Quintessenz ist unabhängig von diesen vier Elementen die Bewußtheit, mit der man lebt.

IV 1. a)   die vier Elemente

Fast jeder Mensch ist in Bezug auf die vier Elemente einseitig, aber es wird vermutlich keinen Menschen geben, bei dem ein Element vollständig fehlt. Diese unterschiedlichen Schwerpunkte sind jedoch nichts, was geheilt werden muß – sie sind ganz einfach der eigene Stil.

Das Horoskop zeigt im Groben, zu welchem Element man in seinem Leben neigt. Um das festzustellen, kann man dem Element des Tierkreiszeichens, in dem der eigene Aszendent steht, 5 Punkte geben, dem Zeichen, in dem die Sonne steht, 2 Punkte und den übrigen Planeten jeweils einen Punkt. Der Aszendent erhält 5 Punkte, weil er den eigenen Stil sehr stark prägt.

Wenn man es einfacher haben will, sollte man einfach nur nach dem Aszendenten-Zeichen und dem zu ihm gehörenden Element schauen.

Man kann dies an einem Beispiel veranschaulichen:

- Aszendent, Sonne, Merkur, Venus und Pluto in einem Feuerzeichen: 10 Punkte
- Mars, Jupiter und Saturn in einem Wasserzeichen: 3 Punkte
- Mond und Uranus in einem Luftzeichen: 2 Punkte
- Neptun in einem Erdzeichen: 1 Punkt

Diese Person ist offenbar ein „Feuer-Mensch", also ein Tat-Mensch, ein Choleriker, der jedoch auch emotional ist und Mitgefühl hat (Wasser), der jedoch nicht gerne nachdenkt (Luft) und nicht unbedingt danach schaut, wie beständig die Früchte seines Tuns sind (Erde).

Das ist jetzt natürlich eine sehr oberflächliche Orientierung – eine Deutung des Horoskops ist sehr viel detailreicher und präziser.

IV 1. b) die zwölf Tierkreiszeichen

Astrologisch gesehen, erscheinen die vier Elemente jeweils in drei Dynamiken: erschaffend („kardinale Zeichen"), ausgestaltend („fixe Zeichen") und anwendend (bewegliche Zeichen").

Elemente und Tierkreiszeichen				
	Feuer	*Luft*	*Wasser*	*Erde*
erschaffend	Widder	Waage	Krebs	Steinbock
ausgestaltend	Löwe	Wassermann	Skorpion	Stier
anwendend	Schütze	Zwillinge	Fische	Jungfrau

Man kann nun das Pentagramm-Ritual aus der Sicht dieser zwölf Tierkreiszeichen betrachten – was natürlich einseitig ist, da niemand nur Jungfrau oder nur Wassermann ist. Aber es kann helfen, die Vielfalt der vier Elemente und daher auch die Vielfalt der Arten, auf die man das Pentagramm-Ritual erleben kann, besser zu begreifen.

1. Feuer:

- Der <u>Widder</u> ist das erschaffende Feuer. Er ist der Taoist im Hier und Jetzt, der Gründer, der Handelnde.

Als Magier ist er daher sehr direkt, einfach und unkompliziert – der unbekümmerte Spontan-Zauberer, der zum Taoismus neigt. Er sieht das Pentagramm-Ritual vorwiegend als eine Möglichkeit, seine Kraft im Augenblick zu bündeln und sie dadurch wirksamer werden zu lassen.

- Der <u>Löwe</u> ist das ausgestaltende Feuer. Er ist der König, der Herrscher, der Egozentriker, der Individualist.

Als Magier ist er daher jemand, der vor allem sich selber ausdrücken und darstellen und erleben will – der Individualitäts-Zauberer. Er sieht das Pentagramm-Ritual vorwiegend als Möglichkeit, sich selber durch die Differenzierung in die vier Elemente zu erkennen sowie sich durch den Kraftzuwachs durch die vier Erzengel noch leuchtender auszudrücken und darzustellen.

- Der Schütze ist das angewandte Feuer. Er ist der Idealist, der Weltverbesserer, der Zupackende.

Als Magier ist er daher stets auf das bestmögliche ausgerichtet und verfolgt stets ein klares Ziel – der Idealismus-Zauberer. Er sieht das Pentagramm-Ritual vorwiegend als Hilfsmittel, um zum einen die Ideale klarer erkennen zu können und zum anderen sie auch schneller und gründlicher erreichen zu können.

2. Luft:

- Die Waage ist die erschaffende Luft. Sie ist der Künstler, der Schöngeist, der Diplomat.

Als Magier ist er daher auf die Erschaffung von Begegnung, Gleichgewicht und Harmonie ausgerichtet. Er sieht das Pentagramm-Ritual vorwiegend als Möglichkeit, die Elemente in sich selber auszugleichen, Einseitigkeiten zu vermeiden und sie innerhalb des Rituals in Schönheit anzuordnen und erstrahlen zu lassen.

- Der Wassermann ist die ausgestaltende Luft. Er ist der Wissenschaftler, der Theoretiker, der Denker, der Utopist.

Als Magier ist er daher forschend, theoretisierend und auf der Suche nach der Form der Welt, die die Menschen insgesamt anstreben sollten. Er sieht das Pentagramm-Ritual vorwiegend als Möglichkeit, alle Elemente der Welt zusammenzubringen, miteinander in Bezug zu setzen, sie als einheitlichen Entwurf zu begreifen und mit ihrer Hilfe die Utopie auf die Erde zu bringen.

- Der Zwilling ist die angewandte Luft. Er ist der Neugierige, der Spielende, der Scherzbold.

Als Magier ist er daher unternehmungslustig, stets offen für Neues und an allem interessiert. Er sieht das Pentagramm-Ritual vorwiegend als vier Tore, die in verschiedene Aspekte der Welt führen, die man ergründen und mit denen man spielen kann und die viele Überraschungen enthalten.

3. Wasser:

- Der Krebs ist das erschaffende Wasser. Er ist der Empfindliche, die Mimose, der Behütende, der Introvertierte.

Als Magier ist er daher eher still und beschützend und behütend. Er sieht das Pentagramm-Ritual vorwiegend als Möglichkeit, das eigene Innere, die eigene Familie und im weitesten Sinne unseren Heimat-

planeten Erde zunächst einmal als innere Bilderwelt besser kennenzulernen und dann zu beschützen.

- Der <u>Skorpion</u> ist das ausgestaltende Wasser. Er ist der Intensive,
der Provokateur, der Verwandler, der Einsgerichtete.

Als Magier ist er daher eindeutig und tendenziell extrem und un-
beugsam. Er sieht das Pentagramm-Ritual vorwiegend als Mittel an,
die eigenen Ansichten durchzusetzen und seine eigenen Einflußmög-
lichkeiten zu vergrößern und auszuweiten.

- Der <u>Fisch</u> ist das angewandte Wasser. Er ist der Träumer, der
Anteilnehmende, der Mystiker.

Als Magier ist er daher sehr empfindsam, mitfühlend und eher
schauend als handelnd. Er sieht das Pentagramm-Ritual vorwiegend
als Möglichkeit, noch intensiver mit dem in Kontakt zu kommen, was
ihn umgibt, und dann wie ein Segelschiff-Kapitän durch kleine Bewegungen und Impulse die Ereignisse so zu lenken, daß er dahin kommt,
wo er hin will.

4. Erde:

- Der <u>Steinbock</u> ist die erschaffende Erde. Er ist der Beständige, der
Erschaffer der Fundamente, der Wächter, der Hüter, der Ordner.

Als Magier ist er daher langsam, bedächtig und zugleich sehr stark
formend. Er sieht das Pentagramm-Ritual vorwiegend als Möglichkeit, feste Regeln und dadurch Stabilität in das zu bringen, was er
anstrebt und aufbaut.

- Der <u>Stier</u> ist die ausgestaltende Erde. Er ist der Beschützer, der
Genießer, der Hedonist.

Als Magier ist er daher sammelnd, hortend und genießend. Er sieht
das Pentagramm-Ritual vorwiegend als Möglichkeit, das Fördernde
und den Genuß in seiner ganzen Vielfalt zu erkennen, zu erfassen und
in stets ausreichender Menge zur Verfügung zu haben.

- Die <u>Jungfrau</u> ist die angewandte Erde. Er ist der Handwerker, der
Pedant, der Detail-Betrachter, der Heiler.

Als Magier ist er daher ordnend, systematisierend, reparierend und
heilend. Er sieht das Pentagramm-Ritual vorwiegend als Werkzeug
an, mit dessen Hilfe man die unerwünschten Zustände in die erwünschten Zustände, also in Gesundheit und Funktionieren, umbauen
kann.

Man kann – wenn man möchte – einmal diese jeweils drei Varianten der vier Elemente in der jeweiligen Himmelsrichtung imaginieren. Dazu kann man sich entweder die jeweils drei Tierkreis-Symbole in der jeweiligen Richtung imaginieren, man kann sie sich auch in der Mitte des Pentagramms als dreifachen Wirbel vorstellen, man kann den jeweiligen Erzengel bitten, einem Visionen zu dem jeweiligen Tierkreiszeichen zu senden usw.

Das ist natürlich nicht unbedingt notwendig, um das Pentagramm-Ritual auf eine effektive Weise durchführen zu können, aber es kann der Elemente-Symbolik evtl. ein wenig mehr Tiefe verleihen.

Tierkreiszeichen und Pentagramm-Ritual	
Die vier Dreiergruppen der Tierkreiszeichen	*das Pentagramm mit dem dreifachen Wirbel*
♈ ♌ ♐ ♋ ♏ ♓ ♎ ♒ ♊ ♑ ♉ ♍	

273

IV 3. Kopplungen

Ein wesentliches Element im Pentagramm-Ritual sind die Verbindungen von einem selber zu den verschiedenen Aspekten des Rituals: zu dem Kreis, den Pentagrammen, den Gottesnamen, den Erzengeln, dem Hexagramm und dem kabbalistischen Kreuz. Durch das Ritual benutzt man diese Symbole und stellt sich selber in Bezug zu ihnen.

Wie die kurze Betrachtung der Tierkreiszeichen im vorigen Kapitel gezeigt hat, kann der Bezug des Magiers zu den Symbolen des Pentagramm-Rituals sehr verschieden aussehen – sie reichen vom „Werkzeug" (Jungfrau) über das „Ideal" (Schütze) bis hin zu dem Empfinden von einer „Verwandtschaft" (Krebs) mit ihnen. Diese Verbindungen können dem Magier als „Koppelung" an sie (Waage), als Nabelschnur zu ihnen (Krebs), als die Strahlen des eigenen Selbstausdrucks (Löwe), als Waffen (Skorpion) usw. erscheinen.

Es gibt jedoch unabhängig von diesen astrologischen Unterschieden noch einige weitere Dynamiken, die in dem Verhältnis des Magiers zu den Symbolen des Pentagramm-Rituals eine Rolle spielen.

- Aus der Erde steigt Lebenskraft empor und fließt in den Menschen empor wo sie dann als Tummo (Kundalini) erscheint. Von der Sonne fließt Lebenskraft herab, die im Menschen dann als Bindhu („Segen") erscheint.

Das Tummo ist offenbar mit dem Kreis verbunden, in der der Magier steht, und das Bindhu mit dem Hexagramm über ihm. Auch diese beiden Symbole sind daher Tore zu der Lebenskraft – zu der Lebenskraft der Erde und zu der Lebenskraft der Sonne.

- Durch die Imagination der Erzengel, durch die Traumreisen zu ihnen und auch durch die Bitten an sie, die Ratschläge und Hilfen von ihnen, die Gespräche mit ihnen, die durch sie vermittelten Erkenntnisse usw. entstehen Lebenskraft-Nabelschnüre („Silberschnüre") zu ihnen, die wahrscheinlich wie alle derartigen Lebenskraft-Nabelschnüre von dem eigenen Sonnengeflecht ausgehen.

Man kann diese Silberschnüre auch gezielt imaginieren und – wenn man das will – auch wieder auflösen.

- In der Mitte des 3D-Mandalas des Pentagramm-Rituals steht die Seele in dem Herzchakra des Magiers. Das ist zwar eigentlich selbstverständlich, aber es könnte sein, daß es ab und zu hilfreich ist, sich dies noch einmal zu vergegenwärtigen.

- Auf der Aura, also auf der Hülle des eigenen Lebenskraftkörpers, die einen selber in der Form eines auf seiner Spitze stehenden Eies umgibt und die in alle Richtungen ungefähr eine Armlänge weit reicht, befinden sich sechs spezielle Punkte. Da sich auch bei dem 3D-Mandala des Pentagramm-Rituals in diesen sechs Richtungen jeweils ein Symbol befindet, ist es naheliegend, den Bezug zwischen diesen sechs Aura-Punkten und den sechs Punkten im Pentagramm-Ritual einmal genauer zu betrachten:

> - Der obere Aura-Punkt ist die Verbindung zur Sonne und entspricht genau dem Symbol des Sonnen-Hexagramms über dem Magier.

> - Der untere Aura-Punkt ist die Verbindung zur Erde und entspricht genau dem Symbol des Kreises unter dem Magier.

> - Der vordere Aura-Punkt (auf der Höhe des Herzchakras) ist die Konzentration auf das, was man tun und erschaffen will, also auf die Zukunft. Das hat keinen direkten Bezug zu der Luft – obwohl man natürlich seinen Verstand benutzen sollte, wenn man etwas erreichen will.

> - Der hintere Aura-Punkt (auf der Höhe des Herzchakras) ist der Rückhalt bei den eigenen Eltern, bei den Ahnen, bei den Göttern – zumindest ist dies im Idealfall so. Auch dies hat keinen direkten Bezug zu dem Wasser – auch wenn das Wasser durchaus für die Geborgenheit bei den eigenen Vorfahren und bei der Muttergöttin steht.

> - Der rechte Aura-Punkt (auf der Höhe des Herzchakras) ist das innere heile Männerbild. Auch hier gibt es keinen direkten Bezug – wenn man jedoch das Männliche auf ziemlich traditionelle Weise den Taten zuordnen will, ergäbe sich eine Verwandtschaft mit dem Feuer.

> - Der linke Aura-Punkt (auf der Höhe des Herzchakras) ist das innere heile Frauenbild. Auch hier gibt es keinen direkten Bezug – wenn man jedoch das Weibliche auf ziemlich traditionelle Weise der Förderung des Gedeihens der Kinder und des Hauses zuordnen will, ergäbe sich eine Verwandtschaft mit der Erde.

Die Bedeutungen des oberen und des unteren Aura-Punktes stimmen mit den oberen und dem unteren Symbol im Pentagramm-Ritual vollständig überein; die vier anderen Aura-Punkte haben nur eine sehr lose Ähnlichkeit mit den vier Element-Symbolen aus dem Pentagramm-Ritual.

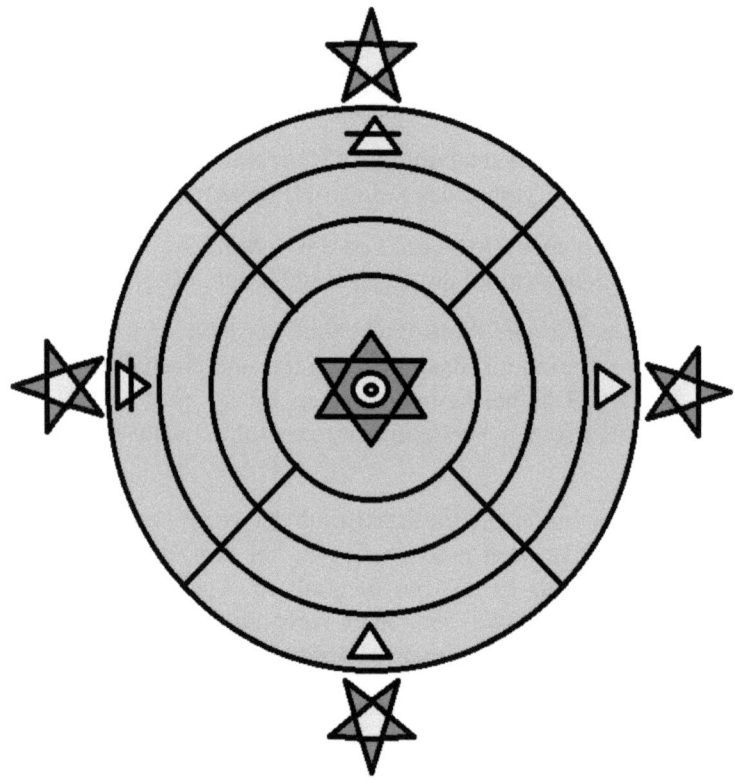

V 1.   Die beiden Grundformen

Das Pentagramm-Ritual wird in zwei Formen durchgeführt: als Anrufung und als Bannung. Die Anrufung stärkt den Magier, die Bannung schützt ihn. Diese beiden Formen des Rituals sind zwar verschieden, aber das Ritual hat auch in der bannenden Form, die allgemein üblich ist, eine stärkende Funktion.

Bei dem Pentagramm-Ritual werden das bannende und das anrufende Pentagramm der Erde verwendet – sie sind die solidesten und zugleich friedlichsten Pentagramme, da bei ihnen das Element Erde verwendet wird.

Die fünf Spitzen des Pentagramms entsprechen den vier Elementen und dem Licht (Quintessenz): Licht – oben; Feuer – rechts unten – Luft – links oben; Wasser – rechts oben; Erde – links unten. Die Reihenfolge der vier Elemente (Licht – Feuer – Luft – Wasser – Erde) plus Quintessenz ist also die Folge auf dem Pentagramm, die entsteht, wenn man oben beginnt und dem Lauf des Pentagramms im Uhrzeigersinn folgt.

Die anrufenden Pentagramme beginnen oben bei der Spitze des Pentagramms bzw. bei der gegenüberliegenden Spitze – sie rufen etwas herab. Sie entsprechen dem „Blitzstrahl der Schöpfung" auf dem kabbalistischen Lebensbaum und im Yoga dem Bindhu.

Die bannenden Pentagramme führen von unten nach oben zur Spitze bzw. zur gegenüberliegenden Spitze – sie führen etwas hinauf. Sie entsprechen der „Schlange der Weisheit" auf dem kabbalistischen Lebensbaum und dem Tummo (Kundalini) im Yoga.

Zur Übersicht sind hier noch einmal alle Pentagramme in beiden Funktionen aufgeführt.

Zum leichteren Erkennen der Systematik bei dem Ziehen der Pentagramme ist in den Graphiken die Spitze des Pentagramms, die dem jeweiligen Element entspricht, grau markiert.

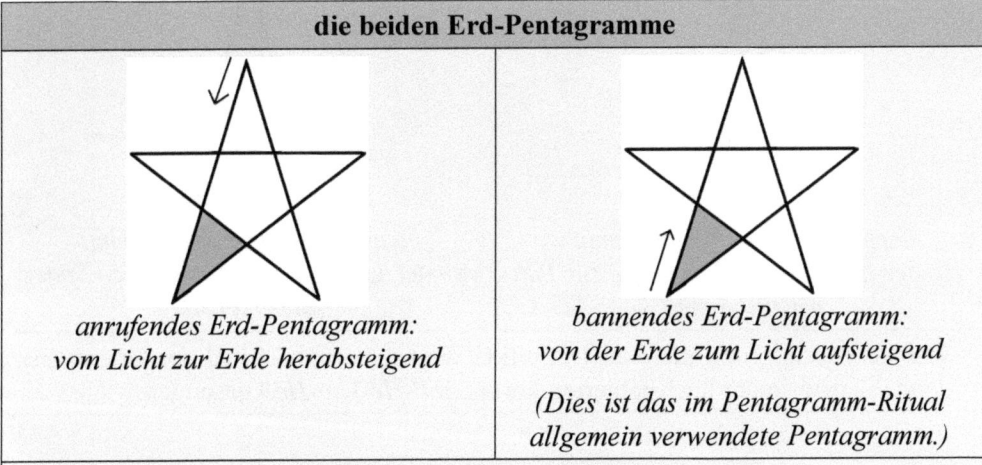

die beiden Erd-Pentagramme

anrufendes Erd-Pentagramm:
vom Licht zur Erde herabsteigend

bannendes Erd-Pentagramm:
von der Erde zum Licht aufsteigend

(Dies ist das im Pentagramm-Ritual allgemein verwendete Pentagramm.)

Zur Verstärkung und klareren Definition wird dabei manchmal der Gottesname „*Adonai*" gesungen. Das ist jedoch innerhalb des Pentagramm-Rituals nicht üblich, sondern nur bei der Verwendung eines einzelnen Erd-Pentagramms z.B. bei einer Talisman-Weihung.

die beiden Feuer-Pentagramme	
	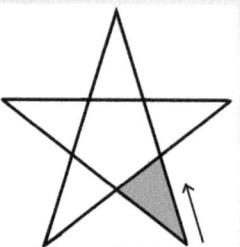
anrufendes Feuer-Pentagramm: *vom Licht zum Feuer herabsteigend*	*bannendes Feuer-Pentagramm:* *vom Feuer zum Licht aufsteigend*

Zur Verstärkung und klareren Definition wird dabei manchmal der Gottesname „*Elohim*" gesungen.

die beiden Luft-Pentagramme	
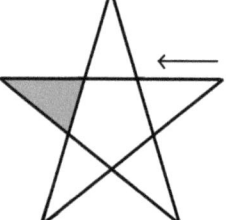	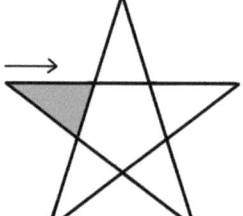
anrufendes Luft-Pentagramm: *vom der höchstmöglichen Spitze zur Luft* *herabsteigend*	*bannendes Luft-Pentagramm:* *von der Luft zur höchstmöglichen Spitze* *aufsteigend*

Zur Verstärkung und klareren Definition wird dabei manchmal der Gottesname „*Jehovah*" bzw. in der buchstabierten Form „*Yod-He-Vau-He*" gesungen.

die beiden Wasser-Pentagramme	
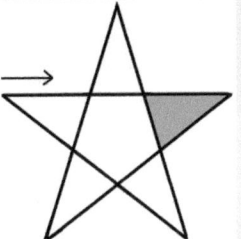	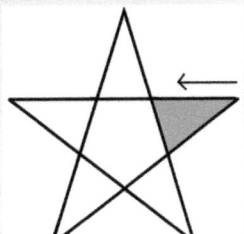
anrufendes Wasser-Pentagramm: *vom der höchstmöglichen Spitze aus zum Wasser herabsteigend*	*bannendes Wasser-Pentagramm:* *vom Wasser zur höchstmöglichen Spitze aufsteigend*

Zur Verstärkung und klareren Definition wird dabei manchmal der Gottesname „El" gesungen.

Da die erste gezogene Linie, mit der das Pentagramm beginnt, bei den beiden Formen des Wasser-Pentagramms und bei den beiden Formen des Luft-Pentagramms allesamt auf der waagerechten Linie des Pentagramms liegen und diese daher doppelt belegt sind, bleiben für die beiden Formen des Licht/Geist-Pentagramms die beiden unteren Schräglinien des Pentagramms übrig. Da man sie in zwei Richtungen ziehen kann, ergeben sich somit vier Varianten.

Die Licht/Geist-Pentagramme sind daher vom Golden Dawn noch einmal in „aktives Licht/Geist-Pentagramm" und „passives Licht/Geist-Pentagramm unterschieden worden. Die „aktive Linie" verbindet die beiden Spitzen der beiden aktiven Elemente Feuer und Luft; die „passive Linie" verbindet die beiden Spitzen der beiden passiven Elemente Wasser und Erde.

Beim Licht/Geist/Quintessenz sind die aufsteigenden Linien anrufend und die absteigenden Linien bannend. Sie stellen hier die Bewegung des Geistes, also des Bewußtseins dar:

> - Bei der Anrufung erhebt sich das Bewußtsein in Malkuth durch die Imagination in Yesod zu der eigenen Seele in Tiphareth oder zu einer Gottheit in Da'ath oder zu dem Einen Gott in Kether hinauf.

> - Bei der Bannung wird der Eine Gott in Kether angerufen, damit er über eine Gottheit in Da'ath, dann die eigene Seele in Tiphareth und schließlich über die Lebenskraft in Yesod im Hier und Jetzt von Malkuth schützend eingreift.

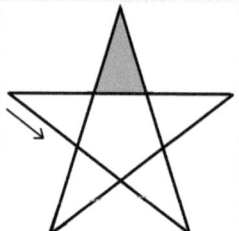

anrufendes aktives
Licht/Geist-Pentagramm:
vom Feuer zur Luft aufsteigend

bannendes aktives
Licht/Geist-Pentagramm:
von der Luft zum Feuer absteigend

Zur Verstärkung und klareren Definition wird dabei manchmal der Gottesname „*Eheieh*" gesungen.

anrufendes passives
Licht/Geist-Pentagramm:

bannendes passives

vom Licht zur Erde herabsteigend	Licht/Geist-Pentagramm: von der Erde zum Licht aufsteigend
Zur Verstärkung und klareren Definition wird dabei manchmal der Gottesname „Agla" gesungen.	

Die Ausgangspunkte, von denen aus man die insgesamt 12 verschiedenen Pentagramme (je 2x Erde, Wasser, Luft, Feuer, aktiver Geist, passiver Geist) zieht und auch die Richtung, in der man sie zieht, sind also durchaus logisch konzipiert worden – auch wenn man dieses System erst einmal eine Weile betrachten muß, um seine innere Logik wirklich erfassen zu können.

V 2.   Die Art der Durchführung

Wie bei fast allen Dingen lernt man auch über das Pentagramm-Ritual dadurch am meisten, daß man es oft und in den verschiedensten Situationen benutzt.

V 2. a)   Die tägliche Übung

In den meisten Büchern wird die tägliche Durchführung des Pentagramm-Rituals empfohlen. Man bekommt dadurch natürlich in derselben Weise Übung wie man durch tägliches Joggen seine Muskeln trainiert. Allerdings gibt es auch andere Möglichkeiten, die klare Ausrichtung des eigenen Willens und die Lebendigkeit der eigenen Imagination zu verbessern.

Vielen Menschen fällt es schwer, sich lange Zeit innerlich auf ein Symbol wie z.B. das Pentagramm zu konzentrieren und es sich leuchtend und farbig vorzustellen. Es gibt jedoch so gut wie keine Menschen, denen Traumreisen schwerfallen, wenn sie sie einmal zusammen mit jemandem gemacht haben, der bereits Übung darin hat.

Bei der Traumreise sieht man innerlich Bilder und hört man innerlich Worte, wodurch man mit inneren Bildern und inneren Worten vertraut wird. Wenn die Vertrautheit mit dieser Art der inneren Wahrnehmung einmal hergestellt worden ist, fällt es sehr viel einfacher, auch Dinge optisch oder akustisch zu imaginieren.

Man kann also durch Traumreisen das Imaginieren üben – das Sehen auf Traumreisen ist zwar passiv und das Imaginieren aktiv, aber im Bereich der Lebenskraft ist der Unterschied zwischen Wahrnehmung und Handlung bei weitem nicht so groß wie im physischen Bereich.

Um die Konzentration zu üben, kann man sich innerlich zunächst einmal die Dinge vorstellen, auf die der eigene Wille derzeit sowieso ausgerichtet ist. Dies können die verschiedensten Dinge sein wie Sex (Feuer), das Universitäts-Diplom (Luft), die Beziehung (Wasser) oder Geld (Erde).

Durch die Wahl des passenden Objektes vereinfacht sich die Imagination ganz beträchtlich. Außerdem ruft die innere Imagination das herbei, was man imaginiert – man sollte also die Erfüllung der eigenen Wünsche und nicht die eigenen Ängste imaginieren.

V 2. b)   Die Vertiefung

Dieses ganze Buch dient letztlich dazu, das eigene Verständnis des Pentagramm-Rituals durch die verschiedenen Betrachtungen und durch die Anregungen zu eigenen Experimenten wie z.B. den Traumreisen zu den vier Erzengeln zu vertiefen.

Je klarer die Bedeutung wird, die man selber den Symbolen in einem Ritual gibt, desto effektiver wird das Ritual werden. Dasselbe gilt für die häufige Verwendung des Rituals – auch dadurch wird es wirksamer werden.

Ebenso kann die Durchführung des Rituals zusammen mit anderen Menschen dem Ritual eine weitere Tiefe geben, da es dadurch sozusagen aus dem eigenen Inneren heraustritt und zu einer äußeren Realität wird. Dabei kann es auch interessant sein, der Ausstrahlung des Rituals nachzuspüren, wenn es von anderen Menschen und nicht von einem selber durchgeführt wird.

Man kann das Pentagramm-Ritual auch mit anderen einfachen Anrufungs- und Schutzritualen wie dem Rosenkreuz-Ritual des Golden Dawn, dem Schwitzhütten-Ritual der Indianer oder dem Schutz durch die vier Göttinnen Isis, Nephthys, Neith und Selket im Alten Ägypten vergleichen.

Zu der Vertiefung gehört auch das Überprüfen der Wirksamkeit des Rituals. Dies kann man auf verschiedene Weisen durchführen:

- Man kann prüfen, ob man beim Durchführen des Pentagramm-Rituals von Menschen, Anrufen und ähnlichem gestört wird oder nicht.

- Man kann an einem Ort (Zimmer, Wiese, Waldstück u.ä.), an dem man noch nie das Pentagramm-Ritual durchgeführt hat, das Ritual durchführen und dann einen Freund bitten, zu schauen, an welchem Ort sich die imaginierten Symbole des Pentagramm-Rituals befinden.

- Man kann eines der Elemente-Pentagramme und den dazugehörigen Erzengel an einem bestimmten Ort imaginieren und dann einen Freund nachspüren lassen, ob er erkennt, welches Element sich an diesem Ort befindet.

- Man kann größere Rituale oder Magie-Experimente mit und ohne vorausgehendem Pentagramm-Ritual durchführen und dann die Wirkung vergleichen.

- Man kann statt des Pentagramm-Rituals nur einen Kreis ziehen und dann den Unterschied überprüfen.

- Man kann das Ritual benutzen, um sich vor einer Gefahr zu schützen oder um sich mehr Standfestigkeit zu verschaffen – das ist dann sozusagen der „Ernstfall-Test".

Der eigenen Kreativität sind hier keine Grenzen gesetzt …

V 2. c)   Die kreative Verwendung

Das Pentagramm-Ritual ist kein Selbstzweck, sondern ein Werkzeug. Man kann mit ihm natürlich auch die eigene Konzentration und die eigene Imagination üben, aber auch das dient nur dazu, dieses Werkzeug effektiver zu machen.

Wie man das Pentagramm-Ritual anwendet, muß natürlich jeder für sich selber herausfinden, da jeder andere Neigungen, eine andere Weltsicht und andere Lebensumstände hat. Die folgende Liste ist daher lediglich als Anregung gedacht.

Für einige dieser Anwendungsmöglichkeiten ist es notwendig, daß man vorher geübt hat, das Ritual nur in der eigenen Vorstellung durchzuführen, also ohne Worte, Gesten usw.

Es ist weiterhin hilfreich, wenn man sozusagen eine „Blitz-Version" des Rituals geübt hat, bei der man das Gesamte 3D-Mandala des Pentagramm-Rituals innerhalb von zwei Sekunden um sich herum aufrichtet – z.B. indem man einfach (innerlich) das Wort „Pentagramm" sagt.

- Man kann das Ritual nutzen, um sich vor einer schwierigen Verhandlung oder vor einer Prüfung Standfestigkeit, Kraft und Schutz zu holen.

- Man kann mit diesem Ritual eine beginnende Krankheit abwehren.

- Man kann mit dem Ritual einen Ort von früheren Prägungen an diesem Ort reinigen. Das empfiehlt sich z.B., wenn man eine neue Wohnung bezieht, um die Lebenskraft und somit auch das Lebensgefühl der Vormieter zu entfernen.

- Wenn man in eine Verkehrskontrolle gerät oder wenn man zu schnell gefahren ist, kann man sich mit dem Ritual vor der Polizei schützen.

- Man kann sich in jeder Art von Gefahrensituation durch dieses Ritual schützen – sei es eine Prüfung, ein Unfall, eine gewaltsame Demonstration, ein Sturm im Wald oder was auch immer.

- Man kann sich bei einer beginnenden Krankheit durch dieses Ritual gegen größere Schäden schützen.

- Man kann sich durch das Ritual Kraft rufen, wenn man erschöpft ist.

- Man kann sich durch dieses Ritual wieder „aufrichten", wenn man durch einen anderen Menschen in einem Gespräch oder Streit „kleingemacht" worden ist.

- Man kann mithilfe dieses Rituals einen „geordneten und gesäuberten Magie-Arbeitsplatz" erschaffen, an dem man dann ungestört Anrufungen, Evokationen, Weihungen usw. durchführen kann.

- Man kann sich mit diesem Ritual nach heftigen Erlebnissen z.B. nach einem plötzlichen Erwachen der Kundalini oder nach einer erfolgreichen Dämonenbeschwörung, aber auch nach einem Unfall oder dem Einsturz eines Hauses wieder erden und den inneren Halt wiederfinden.

Man sollte stets die Wirksamkeit der Anwendung des Pentagramm-Rituals, um zu sehen, wie wirksam es gewesen ist, was man evtl. noch verbessern könnte und ob es für die betreffende Situation geeignet gewesen ist.

- - -

Letztlich ist das Pentagramm-Ritual so wichtig wie es für einen selber nützlich ist.

VI Das Große Pentagramm-Ritual

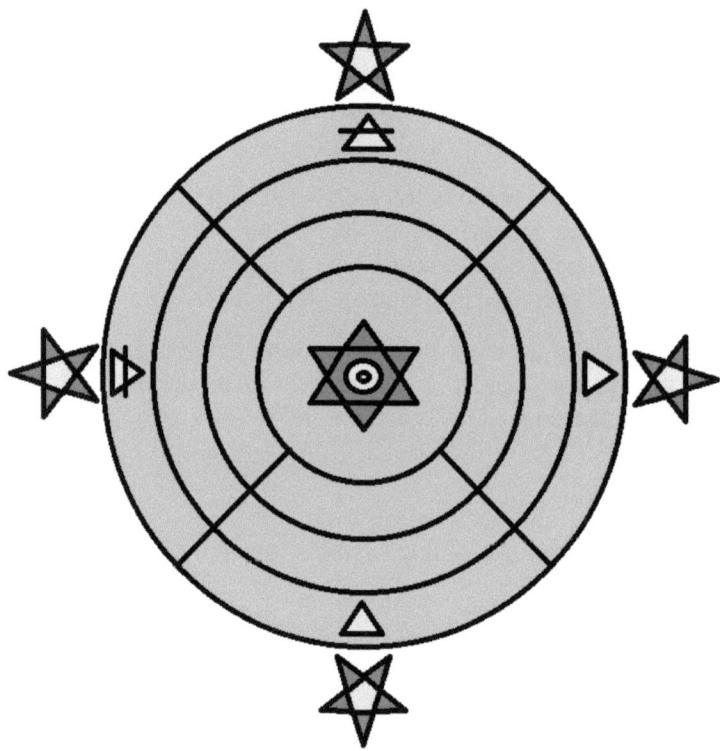

VI 1. Allgemeines

Das Große Pentagramm-Ritual hat im Grunde denselben Aufbau wie das Kleine Pentagramm-Ritual; es ist lediglich etwas komplexer, d.h. die einzelnen Symboliken werden differenzierter dargestellt und imaginiert. Dadurch wird das Ritual kraftvoller und wirksamer.

Der Teil des Rituals, der erweitert wird, sind die vier Pentagramme. Beim Kleinen Pentagramm-Ritual besteht dieser Teil aus dem Ziehen eines Pentagramms in jeder der vier Richtung und dem anschließenden Singen eines Gottesnamens. Bei dem Großen Pentagramm-Ritual besteht dieser Teil in den vier Richtungen jeweils aus sechs Elementen:

- dem Ziehen des Licht/Geist-Pentagramms und dem Singen eines aus der Henochia-Sprache stammenden Gottesnamens,

- dem Symbol in der Mitte des Pentagramms und dem Singen eines aus dem Hebräischen (Aramäischen) stammenden Gottesnamens,

- der Geste des Öffnen eines Vorhanges,

- dem Ziehen des Elemente-Pentagramms und dem Singen eines Gottesnamens,

- dem Symbol des Elementes und dem Singen eines Gottesnamens,

- dem Gruß an die Geister des betreffenden Elements.

Das Große Pentagramm-Ritual hat eine deutlich größere Kraft als das Kleine Pentagramm-Ritual, was jedoch nicht bedeutet, daß man immer dieses Ritual statt des Kleinen Pentagramm-Rituals benutzen sollte, denn das Kleine Pentagramm-Ritual reicht für die meisten Zwecke vollkommen aus. Man muß nicht unbedingt mit Kanonen auf Spatzen schießen …

Es empfiehlt sich, das Große Pentagramm-Ritual erst einmal eine Weile zu üben und seine Wirkung zu erkunden und sie mit der Wirkung des Kleinen Pentagramm-Rituals zu vergleichen, bevor man es in einem größeren Zusammenhang verwendet.

Im Allgemeinen wird nur das Große Anrufende Pentagramm-Ritual verwendet, aber nicht das Große Bannende Pentagramm-Ritual. In dem folgenden Kapitel ist daher auch nur die anrufende Version angegeben.

Für Bannungen reicht das Kleine Bannende Pentagramm-Ritual, also die Standard-Version des Pentagramm-Rituals, vollkommen aus.

VI 2. Aufbau

Das Große Pentagramm-Ritual wird wie folgt durchgeführt:

1. Ziehen des Kreises
    - wie im Kleinen Pentagramm-Ritual

2. Kabbalistisches Kreuz
    - wie im Kleinen Pentagramm-Ritual

a) aktives Licht/Geist-Pentagramm
- das rechts abgebildete Pentagramm in der angegebenen Weise ziehen
- dabei wird der aus der Enochia-Sprache stammende Gottesname *„Exarpe"* („Ex-ahr-peh") gesungen

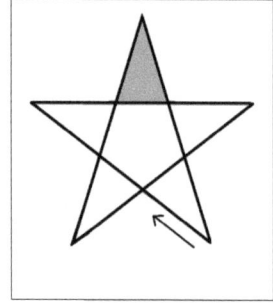

b) Licht/Geist-Symbol
- das rechts abgebildete Symbol in der Mitte des Pentagramms ziehen
- dabei wird der aus dem Hebräischen (Aramäischen) stammende Gottesname *„Eheieh"* gesungen

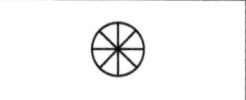

c) Öffnen des Vorhangs
- beide Arme mit den Händen zusammen schräg nach vorne oben heben; einen imaginierten Vorhang teilen, wobei man die Arme in die Waagerechte bringt; dann den imaginierten Vorhang öffnen, indem man die Arme zu den beiden Seiten bewegt

d) Luft-Pentagramm

    - das rechts abgebildete Pentagramm in der angegebenen Weise ziehen

    - dabei wird der aus der Enochia-Sprache stammende Gottesname *„Oro Ibah Aozpi"* („Oro I-ba-ha Ai-oz-pi") gesungen

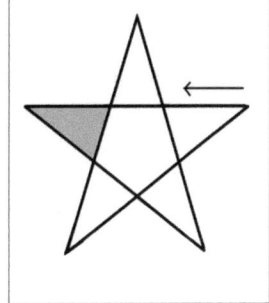

e) Luft-Symbol

    - das rechts abgebildete Symbol des fixen astrologischen Luft-Tierkreiszeichens Wassermann in der Mitte des Pentagramms ziehen

    - dabei wird der aus dem Hebräischen (Aramäischen) stammende Gottesname *„Yod-he-Vau-He"* gesungen

f) Gruß der Sylphen (Luftgeister)

    - Oberarme zur Seite, Unterarm nach oben, Hände zur Seite, Handfläche nach oben („den Himmel tragen")

a) aktives Licht/Geist-Pentagramm
    - das rechts abgebildete Pentagramm in der angegebenen Weise ziehen
    - dabei wird der aus der Enochia-Sprache stammende Gottesname *„Bitom"* („Bi-tom") gesungen

b) Licht/Geist-Symbol
    - das rechts abgebildete Symbol in der Mitte des Pentagramms ziehen
    - dabei wird der aus dem Hebräischen (Aramäischen) stammende Gottesname *„Eheieh"* gesungen

c) Öffnen des Vorhangs
    - beide Arme mit den Händen zusammen schräg nach vorne oben heben; einen imaginierten Vorhang teilen, wobei man die Arme in die Waagerechte bringt; dann den imaginierten Vorhang öffnen, indem man die Arme zu den beiden Seiten bewegt

d) Feuer-Pentagramm

    - das rechts abgebildete Pentagramm in der angegebenen Weise ziehen

    - dabei wird der aus der Enochia-Sprache stammende Gottesname *„Oip Teaa Pedoce"* („O-ih-peh Ti-a-a Ped-o-ci") gesungen

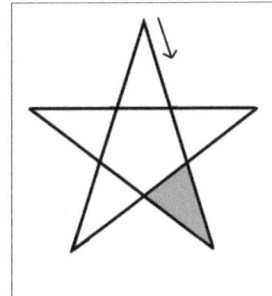

e) Feuer-Symbol

    - das rechts abgebildete Symbol des fixen astrologischen Feuer-Tierkreiszeichens Löwe in der Mitte des Pentagramms ziehen

    - dabei wird der aus dem Hebräischen (Aramäischen) stammende Gottesname *„Elohim"* gesungen

f) Gruß der Salamander (Feuergeister)

    - vor der Stirn wird mit Daumen und Zeigefingern das aufrechte Dreieck des Feuer-Symbols gebildet

a) passives Licht/Geist-Pentagramm
- das rechts abgebildete Pentagramm in der angegebenen Weise ziehen
- dabei wird der aus der Enochia-Sprache stammende Gottesname „*Hcoma*" (Ha-coh-mah") gesungen

b) Licht/Geist-Symbol
- das rechts abgebildete Symbol in der Mitte des Pentagramms ziehen
- dabei wird der aus dem Hebräischen (Aramäischen) stammende Gottesname „*Agla*" gesungen

c) Öffnen des Vorhangs
- beide Arme mit den Händen zusammen schräg nach vorne oben heben; einen imaginierten Vorhang teilen, wobei man die Arme in die Waagerechte bringt; dann den imaginierten Vorhang öffnen, indem man die Arme zu den beiden Seiten bewegt

d) Wasser-Pentagramm
- das rechts abgebildete Pentagramm in der angegebenen Weise ziehen
- dabei wird der aus der Enochia-Sprache stammende Gottesname *„Empeh Arsel Gaiol“* (Em-peh Ai-ar-sel Ga-i-ol") gesungen

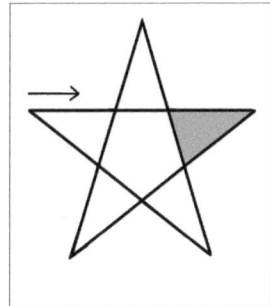

e) Wasser-Symbol
- das rechts abgebildete Symbol des fixen astrologischen Wasser-Tierkreiszeichens Skorpion in der Mitte des Pentagramms ziehen
- dabei wird der aus dem Hebräischen (Aramäischen) stammende Gottesname *„Al“* gesungen

f) Gruß der Undinen (Wassergeister)
- die Daumen und die Zeigefinger beider Hände formen vor der Brust das nach unten weisende Dreieck des Wasser-Symbols

a) passives Licht/Geist-Pentagramm
  - das rechts abgebildete Pentagramm in der angegebenen Weise ziehen
  - dabei wird der aus der Enochia-Sprache stammende Gottesname *„Nanta"* („Nan-tah") gesungen

b) Licht/Geist-Symbol
  - das rechts abgebildete Symbol in der Mitte des Pentagramms ziehen
  - dabei wird der aus dem Hebräischen (Aramäischen) stammende Gottesname *„Agla"* gesungen

c) Öffnen des Vorhangs
  - beide Arme mit den Händen zusammen schräg nach vorne oben heben; einen imaginierten Vorhang teilen, wobei man die Arme in die Waagerechte bringt; dann den imaginierten Vorhang öffnen, indem man die Arme zu den beiden Seiten bewegt

d) Erd-Pentagramm
- das rechts abgebildete Pentagramm in der angegebenen Weise ziehen
- dabei wird der aus der Enochia-Sprache stammende Gottesname „Emor Dial Hectega" („Emor Di-al Hec-te-gah") gesungen

e) Erd-Symbol
- das rechts abgebildete Symbol des fixen astrologischen Erd-Tierkreiszeichens Stier in der Mitte des Pentagramms ziehen
- dabei wird der aus dem Hebräischen (Aramäischen) stammende Gottesname *„Adonai"* gesungen

f) Gruß der Zwerge (Erdgeister)
- rechter Arm schräg nach vorne oben, linker Arm schräg nach hinten unten

- - -

Da diese vier Pentagramme auf den ersten Blick recht komplex wirken, folgt hier noch einmal eine Zusammenfassung:

Osten: Luft			
1.	*2.*	*3.*	*4.*
Pentagramm: „Exarp" Symbol: „Eheieh"	Öffnen des Vorhangs	Pentagramm: „Oro Ibah Aozpi" Symbol: „Yod-He-Vau-He"	Gruß der Sylphen

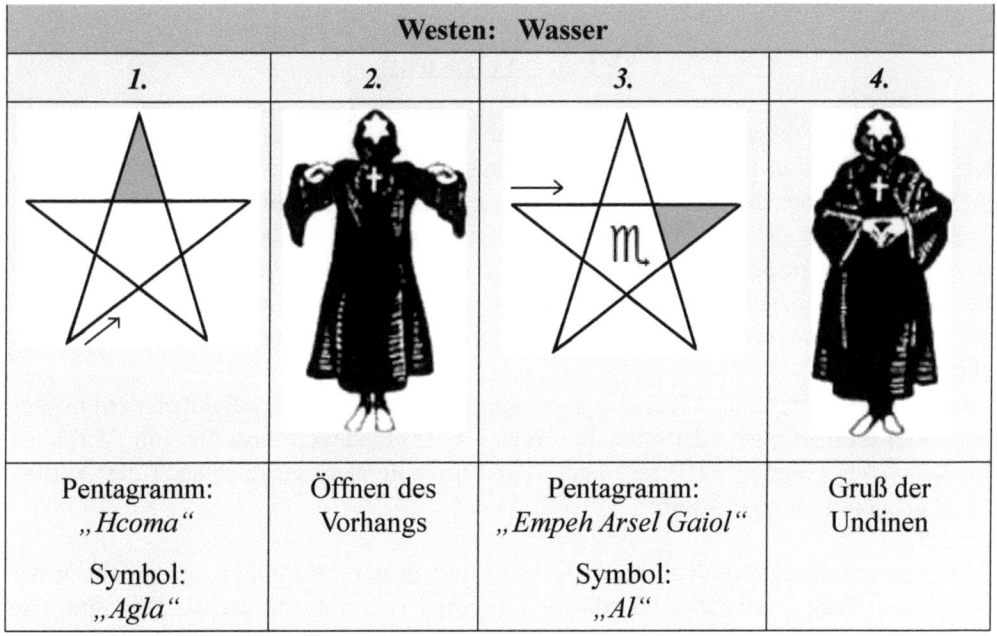

Süden: Feuer			
1.	*2.*	*3.*	*4.*
Pentagramm: „*Bitom*" Symbol: „*Eheieh*"	Öffnen des Vorhangs	Pentagramm: „*Oip Teaa Pedoce*" Symbol: „*Elohim*"	Gruß der Salamander

Westen: Wasser			
1.	*2.*	*3.*	*4.*
Pentagramm: „*Hcoma*" Symbol: „*Agla*"	Öffnen des Vorhangs	Pentagramm: „*Empeh Arsel Gaiol*" Symbol: „*Al*"	Gruß der Undinen

Norden: Erde			
1.	*2.*	*3.*	*4.*
Pentagramm: „*Nanta*"	Öffnen des Vorhangs	Pentagramm: „*Emor Dial Hectega*"	Gruß der Zwerge
Symbol: „*Agla*"		Symbol: „*Adonai*"	

VI 3. Wirkung

Das Große Pentagramm-Ritual ruft vor allem mehr Lebenskraft herbei als das Kleine Pentagramm-Ritual. Man kann es einmal zur Probe eine Woche lang morgens, mittags und abends durchführen – die Wirkung ist sehr anschaulich.

Es ist ratsam, sich erst mit dem Kleinen Pentagramm-Ritual vertraut zu machen, bevor man das Große Pentagramm-Ritual benutzt. Man würde ja auch erst lernen, mit einem Schraubenzieher umzugehen, bevor man einen Akkuschrauber verwendet – oder erst den Umgang mit einem Hammer lernen, bevor man den Schlagbohrer in die Hand nimmt …

Das Große Pentagramm-Ritual eignet sich für Gelegenheiten, bei denen man besonders viel Lebenskraft oder eine besonders hohe Konzentration für ein Vorhaben braucht. Dies könnten z.B. Heilungen, ein Einweihungsritual oder auch der Aufbau eines größeren Mandalas sein.

Wie bereits gesagt, wird es normalerweise nur in der anrufenden, aber nicht in der bannenden Form verwendet (bei der lediglich die Richtung, in der die Pentagramme gezogen werden, umgekehrt wird).

VII Verbindung zu anderen Symboliken

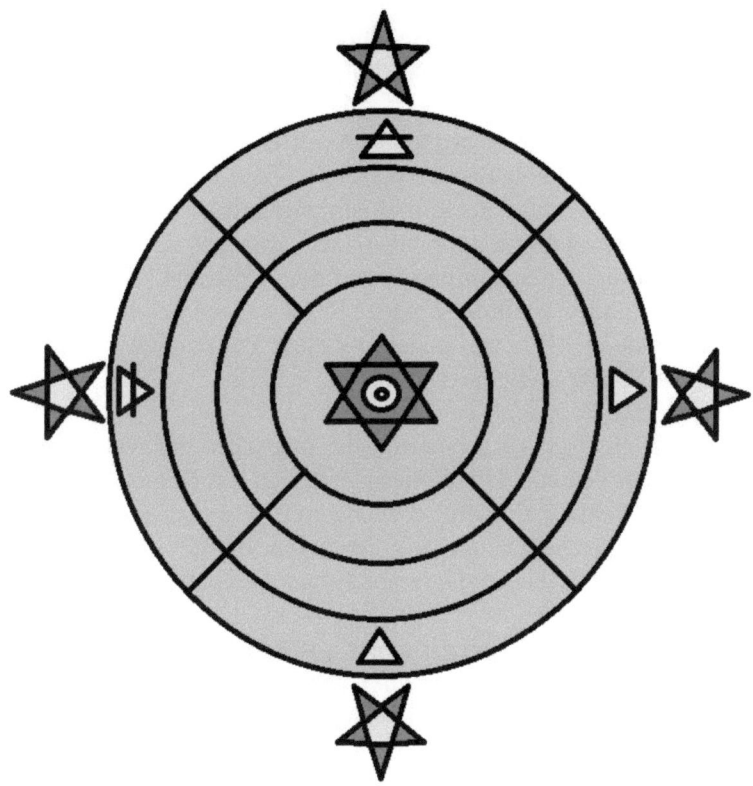

Das Pentagramm-Ritual – sowohl das Kleine als auch das Große – hat eine symbolische Verbindung zu einigen anderen magischen Systemen und auch zu einigen Wesen, die man bei der Durchführung dieses Rituals mitbedenken kann.

Diese Kenntnisse und dieses Wissen kann die Symbolik des Rituals vertiefen und es dadurch effektiver machen – aber dies ist nicht unbedingt dafür notwendig, damit das Ritual an sich funktioniert.

Die meisten dieser Zusammenhänge sind schon erwähnt worden, aber sie werden hier noch einmal insgesamt aufgeführt:

> - Die Schlange der Weisheit ist mit der Kundalini identisch. Sie steigt von unten aus der Erde herauf auf und ist daher mit dem Wurzelchakra und mit dem Kreis des Pentagramm-Rituals verbunden, der sozusagen das „Tor der Kundalini" ist.

Die Schlange der Weisheit ist auf dem kabbalistischen Lebensbaum der Erkenntnis- und Heilungsprozeß. Sie ist daher vor allem mit der anrufenden Version des Rituals verbunden, da diese Anrufungen nicht nur Lebenskraft herbeirufen, sondern auch einen selber heilen und die eigenen Erlebnismöglichkeiten und Erkenntnisse weiten sollen.

- Der <u>Blitzstrahl der Schöpfung</u> ist mit dem Bindhu identisch. Er ist das Gegenstück zu der Schlange der Weisheit. Diese Form der Lebenskraft strömt von oben von der Sonne herab und ist daher mit dem Scheitelchakra und mit dem Sonnen-Hexagramm verbunden, das sozusagen das „Tor des Bindhu" ist.
Der Blitzstrahl der Schöpfung ist auf dem kabbalistischen Lebensbaum der Schöpfungs- und Gestaltungsprozeß. Er ist daher vor allem mit der bannenden Version des Rituals verbunden, da diese Bannungen vor allem eine Ordnung, einen Schutz und eine Abgrenzung schaffen.

- Der <u>kabbalistischer Lebensbaum</u> ist sozusagen der weltanschauliche Hintergrund dieses Rituals. Die Gottesnamen und die Namen der Erzengel stammen aus dem kabbalistischen Lebensbaum bzw. aus dem Alten Testament.
Der kabbalistische Lebensbaum ist zudem die Grundstruktur des „Golden Dawn"-Ordens, der das Pentagramm-Ritual entworfen hat.

- Das <u>kabbalistische Kreuz</u> stammt von seinen Worten her aus dem neuen Testament (in aramäischer Sprache), während die Wahl der Worte sich auf den kabbalistischen Lebensbaum beziehen:

- Kether: „Ateh …"   = „Denn Dein ist …"
- Malkuth: „… Malkuth …"   = „… das Reich …"
- Geburah: „… ve Geburah …" = „… und die Kraft …"
- Chesed: „… ve Gedulah …" = „… und die Herrlichkeit …"
- Da'ath: „… le Ohlam."   = „… in Ewigkeit."
- gesamt: „Amen"   = „Amen"

- Die Übung der <u>Mittlere Säule</u> bezieht sich auf den mittleren Teil des Lebensbaumes und wird oft in Zusammenhang mit dem Pentagramm-Ritual verwendet. Sie ist – magie-technisch gesehen – eine Verstärkung und Intensivierung der senkrechten Achse des kabbalistischen Kreuzes.

- Die <u>Seele</u> ist wie bei so gut wie allen Ritualen das Zentrum, da es die Mitte des Magiers ist, der dieses Ritual durchführt. Sie ist auch körperlich gesehen das Zentrum, da sie sich im Herzchakra befindet. Sie entspricht auf dem Lebensbaum der Sephirah Tiphareth.

- Das <u>Hexagramm</u> mit den sieben Planeten findet sich auch auf dem kabbalistischen Lebensbaum sowohl graphisch als auch mit denselben Planeten-Zuordnungen wieder und entspricht dort den Sephiroth Yesod (Mond), Hod (Merkur), Netzach (Venus), Tiphareth (Sonne), Geburah (Mars), Chesed (Jupiter) und Da'ath (Saturn).

- Das <u>Sonnen-Hexagramm</u> ist zwar auch mit den Planeten-Hexagrammen verbunden, aber es erscheint in dem Pentagramm-Ritual vor allem als Symbol, durch den das Bindhu, d.h. Gottes Segen von der Sonne in den Magier herabfließt.

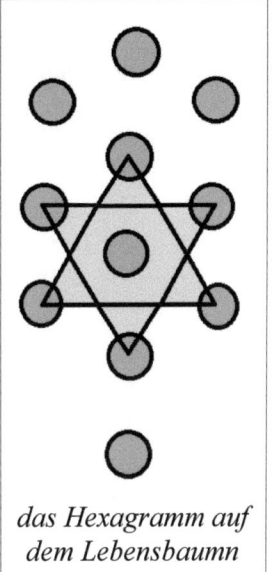

das Hexagramm auf dem Lebensbaumn

- Das sehr alte <u>Kreis/Kreuz-Sonnensymbol</u>, von dem es die beiden Formen „⊕" und „⊗" gibt, stellt den Horizont, die vier Richtungen und die Mitte dar. Es ist somit die Grundform des Mandalas der vier Elemente, der Schwitzhütte und vieler anderer komplexer Symbole. Auf diesem Symbol ist auch das Pentagramm-Ritual aufgebaut worden, das daher im wesentlichen ein Ordnungs-, Sonnen-, Mitte- und Zentrierungs-Ritual ist.

- Die aus der frühen Jungsteinzeit um 8.000 v.Chr. stammende <u>Swastika</u> ist das weiterentwickelte Kreis/Kreuz-Symbol: Der Kreis ist meistens fortgelassen worden und die vier Speichen des „Sonnenrades" sind gebogen oder abgewinkelt worden, um das Drehen dieses Rades anzudeuten: „卍".

- Die <u>Schwitzhütte</u> beruht wie viele alte Rituale auch auf dem 3D-Mandala der sieben Richtungen: Osten, Süden, Westen, Norden, Oben, Unten und Mitte.
Die Symbolik der Mitte ist so gut wie überall dieselbe; oben und unten stimmen auch weitgehend überein; bei den vier Himmelsrichtungen besteht zwar die generelle Orientierung an „Osten = Morgen, Geburt", „Süden = Mittag, Leben", „Westen = Abend, Tod" und „Norden = Nacht, Jenseits", aber

die genau Deutung dieser Grundsymbolik kann doch recht verschieden ausfallen.

- Das <u>Krafttier</u>, die <u>Kraftpflanze</u>, der <u>Kraftstein</u> und der <u>Kraftpilz</u> entsprechen auf der Mittleren Säule der Sephirah Yesod. Das Krafttier gehört zum Feuer, die Kraftpflanze zum Wasser, der Kraftstein zur Erde und der Kraftpilz zur Luft.

- Die <u>Schutzgottheit</u> entspricht auf der Mittleren Säule der Sephirah Da'ath.

- Der <u>Eine Gott</u> entspricht auf der Mittleren Säule der Sephirah Kether.

VIII   Die individuelle Sicht

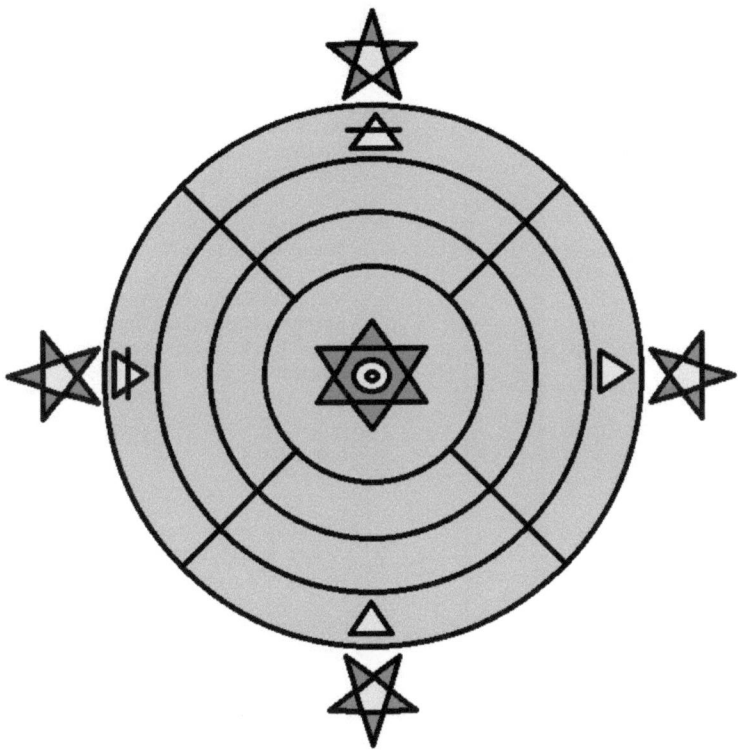

Zu der individuellen Sicht auf das Pentagramm-Ritual ist schon einiges gesagt worden. Sie hängt von dem eigenen Horoskop und der eigenen bisherigen Biographie und somit von dem eigenen Weltbild ab.

Daraus ergibt sich sowohl die eigene Grundhaltung beim Durchführen des Rituals als auch die bevorzugte Verwendung des Rituals. Dies kann – wie bereits ausführlich dargestellt – ein Brauchen, Streben, Bitten, Hoffen, Befehlen, Durchsetzen, Gehorchen, Selbstvergrößern und noch vieles anderes mehr sein.

Hier gibt es kein „richtig" oder „falsch", weshalb auch dieses Buch keine Anleitung zu einer bestimmten Haltung sein soll, aus der heraus man dieses Ritual durchführen sollte. Es ist lediglich eine etwas ausführlichere Sammlung von Anregungen, durch die man die zu einem selber passende Haltung und die zu einem selber passende Art der Verwendung dieses Rituals zu finden kann – wodurch das Ritual dann deutlich effektiver werden kann.

Bücher von Harry Eilenstein

- The Synthesis of Physics and Magic (192 p.)	- Money Magic for Beginners (60 p.)
- Telepathy for Beginners (60 p.)	- Magic Objects for Beginners (64 p.)
- Telepathy for Advanced Learners (52 p.)	- Shamanism for Beginners (52 p.)
- Telekinesis for Beginners (56 p.)	- Chakra-Magic for Beginners (148 p.)
- Life Force for Beginners (76 p.)	- Language of the Moon – for Beginners (128 p.)
- Kundalini for Beginners (104 p.)	- Self Knowledge for Beginners (60 p.)
- Astral Projection for Beginners (60 p.)	- Da'ath-Magic for Beginners (64 p.)
- Meditation for Beginners (60 p.)	- Astrology for Beginners (112 p.)
- Prophecy for Beginners (60 p.)	- Number Symbolism for Beginners (64 p.)
- Ritual Magic for Beginners (64 p.)	- Mandalas for Beginners (76 p.)
- Magic Chant for Beginners (108 p.)	- Crop Circles for Beginners (344 p.)
- Invocations for Beginners (52 p.)	- Feng Shui for Beginners (96 p.)
- Evocations for Beginners (62 p.)	- Magic Research for Beginners (140 p.)
- Auto-Movement for Beginners (60 p.)	
- Elves for Beginners (56 p.)	- Magic for Beginners – Anthology I (636 p.)
- Hypnosis for Beginners (56 p.)	- Magic for Beginners – Anthology II (616 p.)
- Love Magic for Beginners (52 p.)	- Magic for Beginners – Anthology III (684 p.)
	- Magic for Beginners – Anthology IV (580 p.)

Religion allgemein
- Die sieben Schritte des Lebens (428 S.)
- Muttergöttin und Schamanen (168 S.)
- Totempfähle (440 S.)
- Der Urriese (168 S.)

Jungsteinzeit
- Göbekli Tepe (472 S.)
- Die Göttin von Göbekli Tepe (144 S.)

Ägypten
- Hathor und Re 1: Götter und Mythen im Alten Ägypten (432 S.)
- Hathor und Re 2: Die altägyptische Religion – Ursprünge, Kult und Magie (396 S.)
- Isis (508 S.)
- Ma'at (200 S.)

Christentum
- Christus (60 S.)
- Die Biographie des Teufels (144 S.)

Indogermanen
- Die Entwicklung der indogermanischen Religionen (700 S.)
- Wurzeln und Zweige der indogermanischen Religion (224 S.)

Griechen
- Pan (336 S.)
- Poseidon (668 S.)

Inder
- Dakini (80 S.)
- Vajra (76 S.)

Germanen
- Die Götter der Germanen (87 Bände – siehe nächste Seite)
- Odin (300 S.)

Kelten
- Cernunnos (690 S.)
- Taliesin (228 S.)
- Der Kessel von Gundestrup (220 S.)
- Der Chiemsee-Kessel (76)

Psychologie
- Über die Freude (100 S.)
- Das Geheimnis des inneren Friedens (252 S.)
- Das Beziehungsmandala (52 S.)
- Gefühle und ihre Verwandlungen (404 S.)
- einsgerichtet (140 S.)
- Liebe und Eigenständigkeit (216 S.)
- Von innerer Fülle zu äußerem Gedeihen (52 S.)

Heilung
- Die Symbolik der Krankheiten (76 S.)

Kunst
- Herz des Tanzes – Tanz des Herzens (160 S.)
- Die Wurzeln der Kunst (60 S.)
- Wege zur Musik-Improvisation (32 S.)

Drama
- König Athelstan (104 S.)

„Magie für Anfänger"

- Telepathie für Anfänger (60 S.)
- Telepathie für Fortgeschrittene (52 S.)
- Telekinese für Anfänger (52 S.)
- Analogien für Anfänger (56 S.)
- Omen und Orakel für Anfänger (52 S.)
- Lebenskraft für Anfänger (60 S.)
- Meditation für Anfänger (56 S.)
- Kundalini für Anfänger (100 S.)
- Hypnose für Anfänger (56 S.)
- Auto-Movement für Anfänger (56 S.)
- Chakra-Magie für Anfänger (148 S.)
- Astralreisen für Anfänger (56 S.)
- Astrologie für Anfänger (120 S.)
- Silberschnüre für Anfänger (52 S.)
- Zaubersprüche für Anfänger (60 S.)
- Ritual-Magie für Anfänger (56 S.)
- Mandalas für Anfänger (68 S.)
- Geldzauber für Anfänger (56 S.)
- Liebeszauber für Anfänger (52 S.)
- Invokationen für Anfänger (52 S.)
- Evokationen für Anfänger (60 S.)
- Geister für Anfänger (52 S.)
- Elfen für Anfänger (56 S.)
- Magie-Forschung für Anfänger (140 S.)
- Magie-Romantik für Anfänger (60 S.)
- Selbsterkenntnis für Anfänger (52 S.)
- Einweihungen für Anfänger (60 S.)
- Drogen-Kabbala für Anfänger (216 S.)
- Zahlensymbolik für Anfänger (60 S.)
- Die Sprache des Mondes – für Anfänger (116 S.)
- Zaubergesänge für Anfänger (100 S.)
- Zukunftschau für Anfänger (60 S.)
- Schamanismus für Anfänger (52 S.)
- Schwitzhütten für Anfänger (52 S.)
- Magische Gegenstände für Anfänger (68 S.)
- Übertragungen für Anfänger (68 S.)
- Zaubertränke für Anfänger (64 S.)
- Magie-Gesten für Anfänger (252 S.)
- Da'ath-Magie für Anfänger (64 S.)
- Kornkreise für Anfänger (348 S.)
- Feng Shui für Anfänger (96 S.)
- Tao für Anfänger (112 S.)
- Magie für Anfänger – Sammelband   I (696 S.)
- Magie für Anfänger – Sammelband II (664 S.)
- Magie für Anfänger – Sammelband III (580 S.)
- Magie für Anfänger – Sammelband IV (700 S.)
- Magie für Anfänger – Sammelband V (676 S.)

Eilenstein, Frater V.D., Knecht, Büdenbender

- Magie heute – Berichte aus der Praxis (288 S.)
- Living Magic (261 p.)

„Traumreisen"

- Traumreisen zu Heilpflanzen (700 S.)

Magie

- Handbuch für Zauberlehrlinge (408 S.)
- Wie man das Pentagramm-Ritual zum Leben erweckt (308 S.)
- Tarot (104 S.)
- Physik und Magie (184 S.)
- Die Synthese von Physik und Magie (200S.)
- Die Magie-Formel (156 S.)
- Schwarze Löcher in der Magie (56 S.)
- Krafttiere – Tiergöttinnen – Tiertänze (112 S.)
- Schwitzhütten (524 S.)
- Mythen und Magie der Harfe (116 S.)
- Drei Adeptus Major Rituale (192 S.)
- Drei Adeptus Exemptus Rituale (120 S.)
- Zwei Infans Abyssi Rituale (128 S.)
- Die Magie der Propheten Elias und Elisa (96 S.)

Meditation

- Der Lebenskraftkörper (230 S.)
- Die Chakren (100 S.)
- Das Chakren-System mit den Nebenchakren (296 S.)
- Organe und Chakren (64 S.)
- Die platonischen Körper in den Chakren (156 S.)
- Meditation (140 S.)
- Drachenfeuer (124 S.)
- Kundalini I (676 S.)
- Kundalini II (672 S.)
- Reinkarnation (156 S.)
- einsgerichtet (140 S.)

Astrologie

- Astrologie (496 S.)
- Photo-Astrologie (428 S.)
- Die astrologischen Aspekte (88 S.)
- Horoskop und Seele (120 S.)

Kabbala

- Kursus der praktischen Kabbala (150 S.)
- Eltern der Erde (450 S.)
- Blüten des Lebensbaumes:
    - Die Struktur des kabbalistischen Lebensbaumes (370 S.)
    - Der kabbalistische Lebensbaum als Forschungshilfsmittel (580 S.)
    - Der kabbalistische Lebensbaum als spirituelle Landkarte (520 S.)

Büdenbender, Eilenstein

- Chaos, Alk und Magic (436 S.)

Die Themen der 87 Bände der Reihe „Die Götter der Germanen"

1. Die Entwicklung der germanischen Religion
2. Lexikon der germanischen Religion
3. Der ursprüngliche Göttervater Tyr
4. Tyr in der Unterwelt: der Schmied Wieland
5. Tyr in der Unterwelt: der Riesenkönig   Teil 1
6. Tyr in der Unterwelt: der Riesenkönig   Teil 2
7. Tyr in der Unterwelt: der Zwergenkönig
8. Der Himmelswächter Heimdall
9. Der Sommergott Baldur
10. Der Meeresgott: Ägir, Hler und Njörd
11. Der Eibengott Ullr
12. Die Zwillingsgötter Alcis
13. Der neue Göttervater Odin   Teil 1
14. Der neue Göttervater Odin   Teil 2
15. Der Fruchtbarkeitsgott Freyr
16. Der Chaos-Gott Loki
17. Der Donnergott Thor
18. Der Priestergott Hönir
19. Die Göttersöhne
20. Die unbekannteren Götter
21. Die Göttermutter Frigg
22. Die Liebesgöttin: Freya und Menglöd
23. Die Erdgöttinnen
24. Die Korngöttin Sif
25. Die Apfel-Göttin Idun
26. Die Hügelgrab-Jenseitsgöttin Hel
27. Die Meeres-Jenseitsgöttin Ran
28. Die unbekannteren Jenseitsgöttinnen
29. Die unbekannteren Göttinnen
30. Die Nornen
31. Die Walküren
32. Die Zwerge
33. Der Urriese Ymir
34. Die Riesen
35. Die Riesinnen
36. Mythologische Wesen
37. Mythologische Priester und Priesterinnen
38. Sigurd/Siegfried
39. Helden und Göttersöhne
40. Die Symbolik der Vögel und Insekten
41. Die Symbolik der Schlangen, Drachen und Ungeheuer
42.a Die Symbolik der Herdentiere I
42.b Die Symbolik der Herdentiere II
43. Die Symbolik der Raubtiere
44. Die Symbolik der Wassertiere und sonstigen Tiere
45. Die Symbolik der Pflanzen
46. Die Symbolik der Farben
47. Die Symbolik der Zahlen
48. Die Symbolik von Sonne, Mond und Sternen
49.a Das Jenseits I – Das Hügelgrab
49.b Das Jenseits II – Der Jenseitsweg
50. Seelenvogel, Utiseta und Einweihung
51. Wiederzeugung und Wiedergeburt
52. Elemente der Kosmologie
53. Der Weltenbaum
54. Die Symbolik der Himmelsrichtungen und der Jahreszeiten
55.a Mythologische Motive I
55.b Mythologische Motive II
56. Der Tempel
57. Die Einrichtung des Tempels
58. Priesterin – Seherin – Zauberin – Hexe
59. Priester – Seher – Zauberer
60. Rituelle Kleidung und Schmuck
61. Skalden und Skaldinnen
62 Kriegerinnen und Ekstase-Krieger
63. Die Symbolik der Körperteile
64.a Magie und Ritual I
64.b Magie und Ritual II
64.c Magie und Ritual III
65. Gestaltwandlungen
66.a Magische Angriffs-Waffen
66.b Magische Verteidigungs-Waffen
67. Magische Werkzeuge und Gegenstände
68. Zaubersprüche
69. Göttermet
70. Zaubertränke
71. Träume, Omen und Orakel
72. Runen
73. Sozial-religiöse Rituale
74. Weisheiten und Sprichworte
75. Kenningar
76. Rätsel
77. Die vollständige Edda des Snorri Sturluson
78. Frühe Skaldenlieder
79.a Mythologische Sagas I
79.b Mythologische Sagas II
80. Hymnen an die germanischen Götter